도깨비 본색, 뿔 난 한국인

김열규 지음

김열규 교수의 도깨비 읽기, 한국인 읽기

사계절

낯도깨비 ©오윤, 1984(『오윤, 낯도깨비 신명마당』, 국립현대미술관 엮음, 컬처북스, 2006)

책머리에

어릴 적부터 도깨비 이야기는 무척 재미있었다. 무서워서 소름이 확 끼쳐 이불을 뒤집어쓰면서도 할머니 얘기에 홀리곤 했다. 꽉 움켜쥔 주먹에 땀이 고여도 재미진 탓이려니 했다. 그러는 한편으론 늘 궁금했다. 어떻게 생겼을까? 그래서 할머니에게 물어도, "그래, 나도 잘 몰라. 이마에 뿔이 나고 얼굴이 술 취한 듯 불그레하단 것 말고는 나도 모르지, 뭐" 할 뿐이었다.

한데 그 알 수 없음이 호기심을 더한층 크게 자극했다. 궁금증이 점점 더해감에 따라 이야기에 홀리는 정도도 더 커져갔다. 그 궁금증은 나의 상상력을 부채질하는 한편으로, 나의 마음속 이야기로 자리 잡아갔다. 내 마음과 상상 속에 현주소를 두고는 생생하게 살아 숨 쉬었다.

도깨비에 대한 무섬증과 궁금증은 마고할미, 백여우 이야기와 함께 부풀려지면서 서로 얽히기도 했다. 그 셋은 적어도 내게는 한국의 묵은 '판타지'였고, 동시에 전통적인 미스터리이기도 했다.

도깨비 둔갑을 흉내 낸답시고 친구들과 이불 쓰고 숨기 놀이도 했고, 부엌에서 부지깽이를 훔쳐내서는 "돈 나와라, 와라 와라, 뚝딱!" 하면서 동전을 내던지기도 했다. 학교 갈 때 쓰는 모자에다 종이로 뿔을 만들어 붙이고는 껑충껑충 춤을 추기도 했다. 그러는 사이 나는 차츰차츰 도깨비와 동화되어갔다. 도깨비 노릇을 잘해서 친구들 부러움을 사는 게 우등상을 타는 것보다 더 신났다.

"와, 내가 도깨비다!"

모자로 만든 감투를 쓰고 부지깽이를 들고 나서면 친구들이 질색을 하고 도망을 갔다. 그렇듯 도깨비로 화해서 그들을 뒤쫓을 때 나는 예사 도깨비가 아니었다. 이마에 뿔이 하나도 아니고 둘씩이나 치솟은 왕도깨비가 되어 있었다.

그러는 사이에 또 다른 생각을 갖게 되었다. 그것은 민속학 공부를 하고 심층심리학 공부를 하면서 갖게 된 것인데, 나만이 도깨비가 아니라 한국인이면 누구나 도깨비라는 것을 차츰 알아차리게 되었다. 심지어 한국인과 도깨비는 쌍둥이라는 생각이 들기도 했다. 한국인이 도깨비의 양지라면, 도깨비는 한국인의 음지라는 생각에 사로잡히게 되었다.

도깨비에게는 한국인의 욕망이 들끓고 있다. 알게 모르게 부글대고 있다. 그래서 도깨비는 가릴 것 없고, 숨길 것 없는 한국인의 심성의 알맹이다. 무의식의 바닥에 웅크리고 있는 우리들 한국인의 자화상 같은 게 바로 도깨비다. 그러기에 도깨비는 자신의 본래 모습보다 우리들 한국인의 모습으로 나타나곤 한다. 한국인이 둔갑하면 도깨비가 될 테고, 도깨비가 둔갑하면 영락없이 한국인이 될 것이다.

필자는 이 책 한 권으로 도깨비라는 거울에 비친 한국인의 가려진 정체를, 그 아이덴티티를 파헤쳐보고자 한다.

억눌린 욕망이 폭발하면, 우리는 도깨비가 된다. 가려진 무의식이 터져오르면, 한국인은 누구든 도깨비가 된다.

'아! 무의식과 욕망으로는, 눌러진 본능으로는 난 도깨비구나!'

우리들 한국인 각자로 하여금 이런 발언을 하도록, 이 한 권의 책은 권하고 또 권하게 될 것이다.

2010년 5월, 푸르른 봄날에

김열규

차례

둘째 마당 도깨비와 한국인의 촌수

도깨비 장난질

셋째_{마당}

넷째마당 · 고약한 사내 근성과 도깨비불의 유혹

다섯째마당 · 도깨비와 한국인은 쌍둥이

도깨비의 신원 증명과 이력서

첫째
마당

그 본색, 그 성깔

도깨비 알아맞히기, 그건 험난한 것,
지적인 모험도 같고 방황도 같은 것,

하지만 그래서 더 재미난 것.

도깨비, 한국인이 맞닥뜨리고 겪은 것

우리 할아버지가 남양에서 살다가 여기 강릉으로 이사를 왔거든. 그때
는 마을이래야 이 근처 밭 사이로 집이 드문드문 했더.

마을 앞 바닷가에 등대가 있기는 했는데, 어느 밤 그 근처 온 바닷가에
유독 화광이 충천하더래. 등댓불까지 삼킬 듯이 하면서 불빛이 어마어
마했다는 거야.

바다에 불이 날 턱도 없는데 이상하다고, 할아버지께서 무슨 불인가
하고 궁금해서 가보셨대. 그분이 워낙 담력이 세셨거든.

가까이 가서 보니까, 아니 이게 뭐야. 난데없이 도깨비들이 놀고 있는
데, 그들이 요란을 떨 적마다 불빛이 요동을 치더라는 거야. 그것만이
아니더래. 뱅글뱅글 돌면서 춤을 추는데, 한 바퀴 돌 적마다,

"쾌이 척척, 쾌이 척척, 쾌이 척척!"

그렇게 세 번씩 소리치는데, 할아버지 어깨가 절로 덩실덩실하도록 그
도깨비 무리가 춤추고 노는 게 신나더라는 거야.

그 얘기를 할아버지께서 자주자주 들려주셨어.

이것은 강원도 현지의 민속학자들이 직접 모은 설화집에서 뽑은 것
이다. 한데 읽어서 누구나 금방 알아볼 수 있듯이, 오늘날의 우리들로서
는 도저히 못 믿을 이 괴상한 이야기가 다름 아닌 '경험 이야기'의 모양
새를 갖추고 있다. 할아버지가 직접 겪은 사건을 손자가 전해 들은 형식
으로 이야기가 엮어져 있다.

물론 모든 도깨비 이야기가 이런 형식을 갖추고 있는 것은 아니다.
그러나 적잖은 도깨비 이야기가 이렇듯 '경험담'으로 전해지고 있는 것

은 사실이다.

직접 보았다는 정도가 아니라, 바로 도깨비와 맞닥뜨리고는 뭔가를 함께 겪은 것으로 이야기되기도 한다. 이건 물론 과장이나 아니면 허풍일 수 있다. 그러나 그것보다 심각할 수도 있는 환시幻視며 환청幻聽, 환각幻覺을, 이를테면 물리적으로는 없는 것을 마치 실제로 있는 것마냥 보고 듣고 감각한 것에 관한 것들이 몽땅 도깨비 이야기로 둔갑한 것일 수도 있다.

다른 사람은 몰라도 당사자에게는 꾸며낸 말도 아니고 거짓말도 아닌 그런 경험이 있을 수 있다. 그래서 이야기가 절실하고 심각해서, 듣는 사람도 무조건 말이 안 된다고 잡아뗄 수만은 없다. 크게는 한 나라 안에서, 작게는 한 마을, 한 집안에서 대에 대를 물려서 말하고 듣고 하기가 반복되다 보면, '이야기'는 어느 겨를엔가 '현실'이 되고 '실제'가 된다.

그래서 누구나 비슷한 것을 경험하면, "아, 바로 저것이구나!" 할 수 있게 되는 것이다. 이런 것을 '집단적 무의식'의 발로라고 할 수 있다. 하나의 문화 공동체에는 역사야 변하건 말건, 물리적으로 세상이야 변하건 말건 아랑곳없이 누구나 마찬가지로 이어받고 간직한 무의식의 덩어리에서 비롯된 어떤 형상形象, 어떤 이미지, 어떤 사고 형태가 갖추어져 있기 마련이다. 그것을 저 위대한 분석심리학자 칼 융의 생각을 빌려서 '원형元型' 또는 '원초형原初型'이라고 말해도 잘못될 것은 없다.

그것은 공동체와 함께 나누어 갖고 있는 우리들 누구나의 꿈이고, 그 속에서 곧잘 나타나는 형상들이라고 해도 좋을 것이다. 그리고 거의 밤마다 우리는 그 원형을 꿈꾼다.

도깨비는, 자주자주 꿈꾸다가 보니 꿈인지 생시인지 가늠할 수 없게 된 어떤 절실한 꿈의 내용, 그 알짜, 알맹이 같은 것이다. 우리들의 또 다른 이웃이 도깨비다.

괴상망측, 이상야릇

내가 말일세. 술 한 잔 걸치고 딸네 집에서 기분 좋게 돌아오는 길이었다네. 그 왜 거기 고개 있잖아? 우리 마을 너머 비탈진 고개 말이야. "안 주냐? 못 주냐?", 지나가는 사람보고 도깨비가 나와서는 그렇게 요란 떤다는 고 '안주냐고개'를 넘어오는데, 그게 비가 부슬부슬 버리는 야밤중인데 느닷없이 숲 속에 불빛이 보이더라고. 처음엔 움찔했지. 그러다가 반갑기도 하고.

그쪽으로 갔지. 그러니까 "오라버니, 어서 오셔요." 불덩이가 고운 말로 부르는 거야.

'웬 떡이냐?' 했지. 나이 지긋한 나더러 젊고 앳된 색시 목소리로 "오라버니"라니.

더 가까이 다가서는데 불이 이젠 날름날름 손짓까지 하는 게 아닌가! 더, 더 깊숙이 숲으로 들어서자, 불이 뱅글뱅글 나를 껴안듯이 하고는 맴돌기 시작했어.

기분이 좋아서 나도 돌고 돌았지 뭔가. 학이 춤추듯이……

그러자 문득 흰 옷 입은 예쁜 아가씨가 나타나서는, "시장하실 텐데 이것 드셔요" 하면서 제 입에 물고 있던 구수한 수수떡을 내 입으로 옮겨 물리는 거야. 그 야들야들한 입술 맛이 얼마나 기가 막혔는지 자네들은 모를 거야.

첫째 마당. 도깨비의 신원 증명과 이력서

떡을 물고 씹고 하면서 여전히 아가씨를 안다시피 하고는 맴돌았지.

내 손을 잡은 그 아가씨 손이 그저 비단이야, 비단! 하늘을 나는 기분이 그런 걸 거라고. 그러다가 그만 정신이 아뜩해졌지 뭐야.

한참을 비실대다가 퍽 쓰러졌어!

그렇게 밤을 샌 모양이야. 아침에 아들놈이 흔들어 깨우기에 일어났지 뭔가. 온 집안 식구가 밤새 기다리다가 나를 찾아나섰던 거지.

녀석들이 나를 일으켜 세우는데, 아니 이게 뭔가? 내 입에서 개똥을 한 덩이 빼버더니 내팽개쳤어.

입에선 구린내가 진동을 하고, 나 참 기가 막혀서. 숨도 제대로 못 쉬겠더라고.

그뿐이 아니야. 진흙투성이 옷은 여기저기 찢겨져 있는데다 그나마 온 옷이 가시투성이야. 그 여자가 잡았던 내 손도 할퀴고 찢기고 해서 피투성이였어.

아들이 여간 놀란 게 아니야.

"아버지, 간밤에 무슨 일을 겪었습니까?"

그러니, 내가 목숨 부지한 것만 해도 천행이지. 그게 도깨비짓이야!

이것 역시 실제 겪은 일로 이야기되고 있다. 그만큼 도깨비는 우리의 또 다른 현실이었다.

그건 그렇고, 이 이야기는 도깨비 이야기 중에서도 가장 흔한, 도깨비에게 사람이 홀림을 당하는 전형적인 이야기다.

그런데 괴담이나 기담奇談, 또는 귀신 이야기치고도 너무 괴상하다. 요즘 한창 나도는 판타지 스토리나 이미지에 비해도 하나도 꿀릴 게 없다. 온 세계를 통틀어도 이른바 '그로테스크' 미학의 최고 걸작일 것이다.

예쁜 여자가 도깨비로 둔갑한 것은 그렇다고 치자. 하지만 그 부드러운 손길이 사내 손을 피로 물들인 가시였다니, 알다가도 모를 일이다. 또 그녀가 사내를 이끌고 춤을 추어댄 그 화려한 무도장이 진흙투성이 가시덤불이었다니, 믿기지 않는다.

그리하여 달콤한 유혹은 폭력으로 뒤바뀌었다. 에로스의 손길이 성희롱인지 뭔지 알 수가 없다. 아니, 그 정도가 아니다. 심지어 성을 빙자한 살인미수죄로 도깨비를 법정에 세운다 해도 변호하고 나설 사람이 없을 것 같다.

여기까지만 해도 뭐가 뭔지 판단하기 어려운데 이보다 더한 게 있다. 여기서는 일단 도깨비의 정체가 불길이라고 할 만도 하다. 처음 불길로 나타나서는 이내 여자로 둔갑을 했으니, 본시의 정체는 불길이라고 할 수밖에 없다.

한데 그 불길이 또 요상할 대로 요상하다. 빛깔이 빨갛다가는 파랗고, 푸르무레하다가는 불그죽죽해지기도 한다. 부옇다 싶으면 금방 하야스름해지기도 하니 변덕, 아니 변색이 예사 아니다. 빛났다가 꺼지는가 하면, 환했다가 어두침침해지기도 곧잘 되풀이하니, 보고 있는 사람 눈이 따가울 게 틀림없다. 또 비가 내리는 밤이면 빛이 오히려 더 요염을 떠니, 이른바 '워터프루프'로, 물기가 안 묻게 방수 처리가 되어 있는지도 모른다.

빛의 모양새도 만만찮다. 동그란 불꽃인가 하면 이글대는 숯덩이다. 한술 더 떠서 혜성彗星마냥 꼬리를 길게 나붓대는 것도 있다. 여우가 온통 불로 화신해서 꼬리 치면 저럴까 싶기도 하다.

그런가 하면, 수놈 도깨비들이 패거리를 짓고 술판과 춤판을 벌일 때면 그 둘레 온 숲을 죄다 태워버릴 듯 불꽃이 솟구치기도 한다. 폭발하는 화산도 이에는 미치지 못할 것이다.

그 움직임도 복잡하다. 반듯하게 외줄을 긋다가는 이내 갈지자걸음을 친다. 오르락내리락, 갈팡질팡, 뱅글뱅글 요동친다. 그뿐이 아니다. 좌우로 흔들면서 동그라미도 곧잘 그려댄다.

이래서 우리는 도깨비 이야기에서 불을 뺄 수가 없다. 불똥이 튀어서 화재가 나고, 그래서 119를 부르는 한이 있더라도 그를 말함에는 불이 절대 필요하다.

괴상한 것은 또 있다. 인적이 드문 산속에 개똥은 어디서 났단 말인가? 그것만 해도 수상쩍은데, 어디서 어떻게 떡방아를 찧었길래 개똥에서 수수떡 맛이 나게 한 걸까? 그저 뒤죽박죽이고 수수께끼다. 도깨비는 그야말로 의문부호, 일정한 해답이 없는 물음표(?)다. 그 이상은 도무지 알 수가 없다. 그게 도깨비의 본색이다.

물론 따로따로, 한 녀석 한 녀석 따지고 들면 그때의 정체를 집어낼 수도 있다. 하지만 전체로 따져서 보편적인 본색을 찾아내자면 헷갈리게 마련이다. 한마디로 도깨비는 괴상망측하다. 이상야릇하다. 그런데 이것이야말로 그가 누구인지 알 수 있는 중요한 단서이기도 하다.

그 꼬락서니, 그 몰골

이건 우리 마을 이장이 실제로 겪은 이야기인데 퍽 재미나다네. 그가 어느 날 장엘 갔다가 늦게 돌아오는데, 하필 달도 없는 캄캄한 야밤이었더. 마을에서 한참 먼 들길을 걸어오고 있는데, 저만큼 숲 속이 왁자

지멀 소란했다지 뭔가. 불길도 번쩍거리고.

소란이 불길을 부채질하고 불길이 소란을 더 시끄럽게 하는 그런 지경이었던 모양이야. 하지만 뭔가 잔칫집 분위기가 나더래.

궁금해서 야금야금 다가갔더니, 아니나 다를까, 숲 속 제법 넓은 풀밭에서 술잔치에 노래 춤판이 벌어져 있더래.

어떻게 보면 사람 떼거리 같기도 했지만 뭔가 좀 이상하게 느껴져서, 바싹 다가가서는 도토리나무를 타고 올라가 두 가닥의 가지 틈새에 걸터앉았다나, 이 양반이.

몸을 나뭇가지 사이에 숨기고는 뭔가 하고 자세히 버려다보는데, 아, 그게 사람 무리가 아니더라지 뭔가. 정말이지 도깨비 무리였어. 술 먹는 놈, 장구 치는 놈, 노래 부르는 놈에 춤추는 놈 해서 놀이판 반, 난장판 반이더라나.

이따금 크게 피운 모닥불이 환하게 타오를 적마다 그들의 모습이 훤하게 눈에 들어왔는데, 글쎄, 얼핏 보면 사람 같은데 소상하게 살펴보니 그게 아니더래.

키는 사람과 견주어서 크고 작고 할 게 없었고 몸집도 그랬더. 머리, 얼굴, 몸통에 팔다리도 갖추고 사대육신이 멀쩡하더래.

그런데 자세하게 보니 그게 아니었다지 뭔가.

머리는 북슬북슬, 털벙거지 같고 얼굴도 복슬복슬, 털북숭이였다나. 몸통은 짧은 털 무더기 같아 보이고 다리도 마찬가지였더.

배가 유달리 불룩하고 허리가 별나게 두툼한 게 흡사 살찐 장사 같아 보이는데, 허리에 두른 호랑이 가죽 덕분에 더한층 장사답게 보이더라나.

한데 말이야, 춤이라고 추면서 들어올린 다리가 하늘을 뚫을 것같이 끝추서곤 했다지 뭔가. 땅바닥을 세게 밟으면 금방 맨 땅바닥에 작은 연못이 뚫리곤 했다니, 참 놀랍지?

별 희한한 춤을 다 본다 싶은데 더 이상한 게 눈에 들었다나.

앞이마에 뿔이 돋아 있었는데, 맨머리가 아닌 놈은 그가 쓴 관을 뚫고 쌍뿔이 우뚝우뚝 솟아 있었대.

눈도 무섭게 부라리고 있었는데, 노래 장단 따라서 빛을 더하고, 춤사위가 거칠어지면서 눈의 빛살도 춤을 추듯 번쩍대더래, 글쎄.

한데 더 굉장한 일이 있었지. 그들이 뒤로 돌아서도 여전히 눈빛은 휘황했는데. 그러고 보니 그놈들은 눈을 얼굴에 한 쌍, 뒤통수에 또 한 쌍 갖고 있는 게 아닌가!

거기다 눈빛이 요란하다 보니 그들이 얼굴을 돌리고 몸을 뒤틀고 할 적마다 그 왜 밤하늘에 번쩍이는 서치라이트인가 뭔가 하는 그것 모양으로 불빛이 양 사방으로 얽히고 뒤섞이고 하더라니, 기가 찰 일이지?

그런데 일이 터졌어. 어느 순간 그 불빛 몇 줄이 나그네 얼굴을 비추는 바람에 그가 화들짝 놀라서 움찔하는 틈에 걸터앉았던 나뭇가지가 그만 부러졌어.

'우지직, 우지직!' 하다가 '꽈당!' 부러졌어.

그의 몸이 나뒹굴면서 가지를 연달아서 부수질렀다니, 일 났지 뭔가.

'꽈당 꽈당, 쾅쾅!'

고요한 야밤중의 숲 속에서 요란한 소리가 메아리치면서 사방팔방의 어둠을 찢고 부수고 했다고 그가 말했어. 본래 입담이 좋은 양반이거든.

"와, 벼락이다!"

난데없이 울리는 소리에 놀란 도깨비들은 춤이고 노래고 술이고 모두 버던지고는 삼십육계를 놓더래. 다리야 날 살리라고 도망들 치더래.

한데 우리 이장이 욕심이 많거든. 도깨비들이 먹다 남긴 술이야 고기 안주야 해서 한 짐 챙겨서 짊어졌다는 거지.

잔뜩 지고 일어서는데 웬걸, 그게 안 되더라는 거야. 술이나 안주치고는 엄청 무거웠어. 그래도 용을 쓰고 또 용을 쓰고 하는데도 어림없더라는 거지.

그러자 갑자기 등에서 무엇인가 와르르 무너져 버리더래, 글쎄. 놀라서 만져보니, 아니 이게 뭐야. 쇠똥이 뒤엉긴 흙이더라나!

다음 날 아침 그 집 식구들이 찾아나섰다가, 바로 어젯밤의 그 숲 속 풀밭에서 찾긴 했는데 그게 괴상해. 온몸은 쇠똥과 흙으로 된 무덤 속에 묻히다시피 하고는 겨우 머리만 내밀고 있더라는 거야. 간신히 숨을 할딱거리면서…….

또 경험 이야기가 소개되었다. 그만큼 옛사람들은 도깨비 이야기의 진실성을 믿고 있었던 것이다.

한데 이 이야기 속에는 도깨비의 초상화가 그려져 있다. 물론 다른 이야기들에 나오는 도깨비 겉모양새와 별다를 게 없다. 이 이야기가 보여주고 있는 모습, 그 정도가 우리가 볼 수 있는 도깨비 초상화의 거의 전부다. 하긴 유달리 귀가 쫑긋하고 벌스레 눈 가장자리가 찢어져 보이는 등등 세부에 관한 묘사를 찾아볼 수 있는 이야기도 개중에는 있지만, 그렇더라도 이 이야기에 나오는 모습과 크게 다를 것도 없다.

그러니 도깨비는 유인원類人猿, 곧 사람 닮은 원숭이가 아닌 '유인귀', 이를테면 사람 모습을 빼닮은 귀물鬼物이나 괴물이라고 해야 하는 게 아닌지 모르겠다. 아니면 온몸이 털북숭이인 걸로 봐서 '유원귀類猿鬼', 이를테면 원숭이를 닮은 귀물일지도 모를 일이다.

그러나 그 진품 몰골을 직접 본 사람은 매우 드물다. 대개는 진짜 사람 모양으로 둔갑한 꼴만 보았기 때문이다. 아니면 앞 절에서 본 대로 불빛으로 나타나는 게 고작이다.

그러니 절대 다수의 한국인에게 도깨비는 수수께끼다. 본체本體는 좀처럼 나타나지 않는 특별한 의미의 '은자隱者', 말하자면 제 모습을 감추고 숨기고 해서 나도는 '꼴불견' 아닌 '본체 불견'이다.

그런데 여기 덧붙일 화제가 하나 있다. 그건 도깨비 눈이다. 이 이야기에서 도깨비 눈에 관심이 쏠리지 않는다면 그건 거짓말이다. 머리 앞뒤에 눈이 붙어 있다니, 이게 도대체 웬 말인가? 아니 웬 눈인가 말이다.

자동차는 앞머리에 전조등이 있고 뒤쪽에 후미등이 있다. 그렇듯이 도깨비에게는 '전조안前照眼', 아니면 '전두안前頭眼'이 있으면서도 '후두안後頭眼'도 있는 셈이다.

사람이 그렇다면 얼마나 좋을까? 그러면 뒤통수 얻어맞는 따위 흉측한 일은 아예 없을 것이다. 또 지하철 안에서 뒷주머니에 넣어둔 지갑을 소매치기 당할 일도 없을 테니, 그 아니 좋은가 말이다. 그뿐만이 아니다. 여성을 뒤에서 목 죄고 덤비는 성폭력도 발을 못 붙일 것이다. 여성들은 모름지기 도깨비를 모셔다가 '보디가드'로 삼으라 권하고 싶다. 물론 그의 괴상망측함은 묻지 않기로 하고 말이다.

전국 도깨비 대회

불빛이 요란하다. 번쩍댄다. 드넓은 무대가 온통 난리판이다.

냄비 뚜껑이 땡그랑대면서 춤을 추는 결에서 달걀이 신난 듯 뒹굴어댄다. 그것들을 내려다보면서 뾰족한 낫이 허공을 난도질한다. 그들 장단에 맞추어 징이 울려대면 부지깽이가 청중에게 삿대질을 해댄다.

이것만으로도 아우성이 극에 달하고 소란스러움, 요란함이 온 장벽를 뒤흔들어대는데 또 다른 한패가 무대 뒤에서 기다렸다는 듯 달려든다. 갓과 짚신이 손 마주 잡고 돌아치는 것과 맞겨루면서 도리깨가 무대 바닥을 벼 타작하듯 갈겨댄다. 그 새를 누비며 발가벗은 애기들이 물구나무서기를 해댄다.

갑자기 조명이 꺼진다. 거뭇거뭇한 그림자들이 얼씬대는가 싶은 것도 잠시, 그것들이 모두 불빛이 된다. 일순, 무대는 푸르고 붉은 요상한 불빛이며 불덩이들의 일루미네이션으로 넘쳐난다.

아까 막까지 좋아라고 손뼉 치고 발 구르던 관객들이 파랗게 질린다. 얼굴을 두 손으로 가리고 비명을 지르는 여성도 한둘이 아니다.

이건 상상의 무대 쇼지만 전혀 근거가 없는 것도 아니다. 여기에 나오는 온갖 물건은 도깨비고 모든 빛살도 도깨비다. 그것들이 합세해서 연출하는, 또는 연기하는 모든 움직임은 도깨비의 전형적인 짓거리고 소행이다.

도깨비들이 마음 내키는 대로 놀이판을 벌였다 하면 꼭 이와 같은 장면을 연출할 것이다. 따라서 그 종자도 가지가지다. 인도깨비, 진도깨비, 낮도깨비……. 이들은 극히 그 일부일 뿐이다.

인도깨비는 모르긴 해도 사람 모양의 도깨비일 테지만 이들에는 처녀, 색시, 애기, 영감 등이 껴 있기 마련이다. 진도깨비는 널리 쓰이는 말은 아닌데, 아마도 가짜가 아닌 진짜 도깨비라는 뜻이 아닌가 싶다. 낮도깨비는 아닌 밤중이 아니고 '아닌 대낮'에 시도 때도 모르고 나도는 황당한 녀석이다. 제주도나 남해안에는 바다 위를 떠다니거나 노니는 '수족水族 도깨비'도 있다.

그렇게 도깨비 종류는 세상 물건 가지만큼 많고 또 많다. 그래서 다음과 같은 이야기도 전해온다.

그렇게 오래전이 아니다. 잘해야 100년쯤 됐을까? 평양 대동강변의 부벽루 아래에서 커다란 모임이 벌어졌다. 가로되, '전국 도깨비 대동단결 궐기대회'가 열린 것이다.

조선 땅 팔도의 방방곡곡에서 온갖 도깨비들이 멀고 가깝고를 가림 없이 구름 떼처럼 몰려들었다.

별의별 이름, 별의별 모양새의 도깨비 무리가 그 넓은 모래사장을 가득 메웠다. 그러자 최고의 두령이, 말하자면 전국 도깨비 대원수가 부벽루 위에 올라섰다.

"자, 여러분 잘 오셨습니다. 이제 우리들 이 거대한 모임을 보면 저 못된 인간들이 기절초풍할 것입니다. 더는 우릴 깔보지도 않고 괴물 취급도 않을 것입니다. 이건 장담해도 좋습니다."

우두머리의 일장 연설에 다들 박수를 쳐댔다.

"옳소, 위대한 우리 두령님 만세! 도깨비 만세!"

어찌나 소리가 우렁찬지 온 대동강 물이 출렁댔다. 잠시 뒤 조용해지자 두령이 명했다.

"각 지역 대표는 그 휘하 대원들의 점호를 하시오."

도별로 점호가 시작됐다. 이름을 차례차례 불러갔다. 거의 반나절이나 지난 다음, 드디어 맨 끝으로 함경도 차례가 되었다.

지역 대표가 "아무개, 아무개……" 이름을 불러가는데, 한 녀석이 대답이 없었다. 입만 벙긋벙긋할 뿐이다.

두령이 물었다.

"왜 저자는 대답을 하지 않소?"

"네, 저 녀석은 여기 오기 얼마 전, 어떤 고약한 사람과 친구가 되었지 뭡니까? 그게 화근이 될 줄이야 본인도 몰랐겠죠. 사람 친구와 마주 앉아서 술자리를 차리고 한참 잘 나가던 판에 사람이 그만 심술을 부린 거죠. 저 친구 입에다 아주 뜨거운 개장국을 바가지로 들이부었지 뭡니까. 그래서 그만 혀가 타서는 말을 못하게 된 것이니 용서하십시오."

이렇게 지역 대표는 앞뒤 사정을 털어놓았다.

"좋아! 나중에 내가 혀 재생 수술을 해줄 것이니 걱정 놓으라고."

두령은 이렇게 인자하게 모임을 마무리 지었다고 전한다.

그 바로 뒤, 도깨비 무리들이 모두 제 고향으로 돌아간 다음, 우연찮게 그곳을 지나가던 보부상 한 사람이 찌그러진 냄비 뚜껑이며 움푹 팬 가마솥, 녹다 만 쇠 부지깽이 등등, 버려진 온갖 물건 가지가지 챙겨다가 일시에 떼부자가 되었다고도 한다.

그 보부상이야 횡재를 했지만, 지금 이 자리에서 다급하게 도깨비 정체를 따지고 있는 우리로서는 여전히 알쏭달쏭할 뿐이다.

이름도 오만 가지, 헛갈리고 섞바뀌고

도깨비 호적이나 주민등록부를 뒤지면 눈알이 빠질 게 뻔하다.

도깨비, 도채비, 돗깨비, 돗가비, 돗채비……

허깨비, 허채비, 헛깨비, 헛가비, 헛채비……

이게 몽땅 도깨비의 이름이다. 어느 이름으로 부르거나 그들은 대답하고 나선다. 한데 또 다른 이름들.

두두리, 두두을, 목랑, 목매……

이들까지 치면 도깨비 이름은 여간 부산스러운 게 아니다.

도깨비로 번역될 만한 한자를 따지면 더 복잡해진다. 귀鬼, 귀물鬼物, 귀매鬼魅…… 따위 말고도 귀鬼가 변으로 붙은 글자가 흔해빠졌다. 망魍을 비롯해서, 귀 변에 이离자를 붙인 이魑, 역시 귀 변에 양兩자를 붙인 양魎, 또 귀 변에 초肖자를 붙인 소魈.

이것들이 전부 한자 자전에는 도깨비라고 떡하니 밝혀져 있다.

한데 앞머리에 관형사가 붙으면 도깨비 이름은 한결 더 다양해진다. 글쎄, 앞머리에 달랑대는 그 말들은 어쩌면 도깨비가 옛 선비들이 즐겨 쓴 호號나 자字를 본따서 갖다 붙인 건지도 모른다.

달걀, 등불, 홀이불, 멍석, 강아지, 삼태기……

등등 말고도 더 있다.

사람, 처녀, 사발, 종지, 징, 솥, 도리깨, 나막신, 메주……

이 하고많은 말들을 도깨비라는 말의 머리에 달고 다니는 족속들이 쌓이고 쌓였다. 그러니 요즘 시대에 어울리게 컴퓨터, 디지털, 휴대 전화, 게임 등등의 이름을 머리에 이고 있는 도깨비들이 나타나지 말라는 법도 없다. 그러지 않아도 전자 게임의 화면은 그 상당수가 도깨비 놀이 판이지 않은가 말이다.

그러니 앞에서도 말했듯 가령, '전국 도깨비 대회'가 열렸다 하면 어떻게 될까? 이 세상에 존재하는 거의 모든 것을 본성으로 하여 타고났을 뿐만 아니라 수시로 또 다른 물건들로 둔갑하는 것들이 수도 없이 모여들 게 뻔하다. 결국 '전국 도깨비 대회'는 '전국 만물 대회'가 되고 말 것이다.

종내기, 그 종자와 핏줄

도깨비도 목숨 누리고 사는 생명체다.
그러니 핏줄, 혈통이 없을 수 없는데,
해서 집안 내력이 있을지도 모른다.

하니까 그들이 족보 들고 돌아다니지
말라는 법은 없을 것이다.

그들의 까마득한 할아비들

그 옛날, 신라에 "정사政事. 그까짓 것! 그게 어디 예쁜 여자만 할라고?" 하는, 그런 왕이 있었다. 제25대 사륜왕이 그 모양이었는데, 그래서 나라 살림 꼴이 말이 아니게 되자 신하들이 그를 몰아내었다.

한데 그가 죽고 난 뒤에 그에게 주어진 시호諡號가 진지대왕眞智大王이라니 무엇인가 아리송하다. '진지'면 진실과 지혜를 의미하거나 아니면 진실로 안다는 것을 의미하는데, 그렇다면 그가 다른 것은 몰라도 여자만은 진짜로 잘 알았다는 걸까? 도무지 궁금해서 견딜 수가 없다.

그가 아직도 왕의 자리에 있을 적의 일이란다. 도화녀桃花女, 이를테면 '복사꽃 아씨'라는 여인이 예쁘다는 소문을 듣고는 무조건 불러들여서 다짜고짜 덤벼들었다.

여인은 남편이 있음을 내세워서 완강하게 저항했다. 왕이 죽이겠다고 위협해도 소용없었다. 하다 못한 왕이 물었다.

"네 남편이 죽은 뒤에도 이 왕을 거부하겠느냐?"

"그야 사정이 달라질 것입니다."

이 대답을 듣고 왕은 겨우 여인을 풀어주었다.

바로 그해 안에 왕은 자리에서 쫓겨나 죽었고, 그 2년 뒤에 도화녀의 남편도 죽었다. 그러자 왕이 살아 있을 때 모습 그대로 도화녀의 방에 나타났다.

"이제 때가 왔도다. 넌 약속을 지켜라."

머뭇대던 여인은 부모에게 가서 의논했다. 부모는, "어명인데 어길 수야 있겠느냐" 하면서 딸을 왕이 있는 방으로 들여보냈다.

왕은 여인과 함께 이레를 한 방에서 머물다 갔다. 그사이 줄곧 오색구름이 지붕을 감싸고 향기가 온 집 안에 가득했다.

드디어 달이 차서 여인이 순산을 하게 됐는데, 천지가 진동을 했다. 태어난 사내아이의 이름은 비형鼻荊이라고 했다.

비형은 15세에 이미 진평왕에게서 집사 벼슬을 받을 정도로 매우 영특했다. 그런데 비형은 밤마다 멀리 가서 귀신들을 데리고 놀았다.

이를 알게 된 왕이 비형에게, 귀신들을 데리고 신원사 북쪽 시내에 다리를 놓으라 명했다. 그러자 비형은 하룻밤 사이에 큰 다리를 놓았고, 그것을 신라 사람들은 '귀교鬼橋'라고 불렀다.

한데 비형의 신비하고도 괴상한 이야기는 계속된다.

비형은 동료 귀신 가운데 길달吉達이란 자를 왕에게 추천해서 집사 벼슬살이를 하게 했는데, 그는 왕에게 보통 충직한 게 아니었다.

그 덕택에 길달은 각간角干이란 대신급 벼슬자리에 있던 임종이란 사람의 양자가 될 수 있었다.

한데 어느 날 느닷없이 그가 여우로 둔갑해서 도망을 치다가 비형에게 잡혀서 죽임을 당하고 만다. 그 뒤 모든 귀신들은 비형의 이름만 들어도 무서워서 얼씬도 안 했다고 한다.

이 괴이쩍은 이야기 속의 비형을 우리는 한국 도깨비의 원조라고 보아도 괜찮을 것 같다. 적어도 구체적으로 줄거리의 앞뒤를 고루 갖추고 전해지는 도깨비 이야기는 이것이 처음이기 때문이다.

그가 도깨비의 원조로 섬겨질 만한 이유는 여러 가지다. 첫째, 그는 죽은 이의 영혼과 산 여인 사이에서 태어난, 반 귀신에 반 사람이다. 이것은 도깨비가 신비로운 존재로서, 사람이 아닌데도 곧잘 사람 모습을 갖추곤 했다는 것을 연상하게 한다.

둘째, 그는 밤마다 귀물鬼物들과 어울려서 놀았다고 했다. 이것은 비형 자신이 귀물과 한 패거리란 것에 대해서 말하는 것이지만, 이것 말고도 도깨비 무리가 그렇듯이 그의 동료들이 아침 종소리를 듣자마자 이내 사라지곤 했다는 사실이 우리의 관심을 끌고 있다.

셋째, 그는 귀물들을 거느리고 단 하룻밤 사이에 다리를 놓았다. 단숨에 둑을 쌓고 집을 짓고 다리를 놓고 하는 것은 전형적인 도깨비의 재주다. 이것은 도깨비의 행동이나 처신이 순간적이고 단발單發적이라는 사실과 맞맺어져 있다.

넷째, 그는 흉한 귀물들을 물리치는 마력魔力을 가진 존재로서 믿음을 받았다. 사람을 위해서 액물림을 하는 것도 도깨비 능력 중 하나다. 후세의 도깨비 중 적어도 일부는 마을이나 한 집안의 수호신, 곧 서낭신과 같은 구실을 도맡고 있음이 이에서 연상된다.

이렇듯 이들 네 가지 조건만 가지고도 비형은 도깨비의 원조로 우러러 모셔질 법하고도 남는다. 한데 여기 중요한 문제가 있다. 그것도 여간 중요한 게 아니다. 그것은 비형의 성분에 관한 문제이자, 나아가 도깨비 일족 전체의 신원과 맞맺어진 문젯거리이다.

이미 말한 바와 같이 비형의 아버지는 죽은 이의 영혼이 화신化身한 존재, 곧 인간의 몸뚱이로 변해서 나타난 존재다. 이를테면 귀신이다. 그에 비해 어머니는 산 사람이다. 그러니까 비형은 죽음과 삶 사이에 걸쳐서 마련된 생명이다. 그야말로 '반신반인半神半人'이다. 비형의 생명의 반은 죽음에서 왔고 또 다른 반은 생生에서 왔다. 그에게서는 생生과 사死가 서로 맞물려 있다.

그것은 그가 귀신과 인간의 중간자이면서 그 양자를 반반씩 갖추고 있다는 것을 말해준다. 비형이란 존재는 중간치 또는 중치로, 이것과 저것 또는 여기와 저기 사이의 존재, 무엇인가 서로 다른 것들의 가장자리가 맞닿고 있는 곳에 자리 잡은 존재라는 것이다.

요컨대 도깨비는 생사 사이의 '경계 존재'이다. 이 점은 도깨비의 본바탕을 말할 때 매우 큰 뜻을 갖게 된다. 왜냐하면 비형의 후손인 도깨비들에게서 그 존재의 '경계성'은 여러모로, 여러 국면에 걸쳐서 드러나기 때문이다. 이 점은 뒤에서 자세하게 다루어질 것이므로, 우선 여기서는 요점만 줄여서 말하는 것이 좋겠다.

그가 출몰하는 장소며 시간은, 꼭 그렇기만 한 것은 아니지만 많은 경우 경계에 걸쳐 있다. 길머리, 고개, 길가의 으슥한 곳, 또는 숲의 그늘 등등이 그가 나타나는 장소이다. 그런가 하면 해질 녘 조금 지나 어둑어둑하기 시작할 무렵, 누기가 치고 비가 올 것같이 음산한 무렵이 도깨비가 나타나는 시간이다. 시간이며 장소가 다 갈림에 처해 있는 셈이다. 그런가 하면 도깨비가 사라지는 시간도 대개는 날이 새려 하는 신새벽녘이다.

이들 여러 문제와 아울러서 우리는 그의 이름자를 두고 또 다른 문제를 제기하게 되는데, 이 점 역시 유념해야 할 사안이다.

'코 비鼻'에 '가시 형荊', 그게 그의 이름이다. 그러나 '코가시'로만 읽어서는 그의 이름에서 어떤 뜻깊은 것도 찾아낼 수 없다. 그래서 조금은 달리 읽을 필요가 생긴다. 형荊은 가시를 뜻하는 것 말고도 나무를 뜻하기도 한다. 하지만 그 나무는 예사 나무가 아니다. 남들에게 몽둥이찜질을 안기는 데 쓰는 그런 나무다. 흥부가 죄지은 자를 대신해서 돈을 받고 매를 맞던 그 매품팔이에 쓰인 몽둥이를 흔히 곤장棍杖이라고 하는데, 이런 게 바로 형荊이다.

비형의 형荊은 '몽둥이 형荊' 또는 '방망이 형荊'이라고 못 읽을 것도 없는 글자니, 비형은 '몽둥이 도깨비', 그쯤 될지도 모르겠다. 한데 여기서『동국여지승람』이란 옛 문헌의 "비형 이후로 두두리를 크게 모셨다"고 한 대목에서도 짐작이 가듯 비형을 두두리, 곧 도깨비의 비조鼻祖라고 읽게 되면 어떻게 될까? 그렇다면 도깨비의 본성으로서 나무몽둥이나 나무방망이가 차지하는 비중이 한층 더 커지게 될 것이다.

'코 비鼻'를 '비조鼻祖 비', 곧 시조始祖란 뜻으로 읽게 되면 '비형'은 '으뜸가는 몽둥이', 또는 '조상 격인 방망이'라고 읽힐 가능성이 커진다. 무리가 아주 없는 것은 아니지만, 이렇게 읽게 되면 비형은 다름 아닌 '몽둥이 중의 몽둥이'고, '방망이 중의 방망이'가 되는 셈이다.

자, 이쯤 되면 도깨비 시조 비형은 나무공이나 나무방망이가 되는 셈인데, 그 자상한 속내는 다음에서 절을 달리해 더 따져보기로 하겠다.

방망이 처음 들고 나선 조상님들

신라의 으뜸가는 귀족인 어느 김씨 집안 조상 중에 '방이'라는 분이 있었다. 한데 그에게는 동생이 하나 있었다.

동생은 부자고 형인 방이는 가난했다. 형은 어질고 착했지만 아우는 영악하고 구두쇠였다.

어느 해, 방이는 동네 사람에게 땅을 좀 얻어서는 아우에게 누에와 곡식 종자를 나눠달라고 청했다.

심술 맞은 동생은 누에며 씨앗을 모두 가마솥에 쪄서 형에게 주었다. 한데 그 중에서 누에 한 마리가 살아남아가지고는 황소만큼 커지자, 동생이 이를 죽이고 말았다.

그러나 하늘이 돌보았던지 방이네 집안이 온통 누에로 들끓는데, 마을 사람들이 다투어서 실을 뽑아가며 방이는 거들떠보지도 않았다.

한편, 곡식 종자 하나가 간신히 살아남아서 움이 트고 자라서는 그 키가 한 자나 넘게 되었다. 한데 웬걸, 호사다마라고 큰 새 한 마리가 뿌리째 뽑아서는 가지고 달아났다.

방이는 놓칠세라 그 뒤를 쫓았는데, 새는 산중의 어느 바위틈으로 몸을 숨겨버렸다. 실망한 방이가 우두커니 그 바위에 기대어서 넋을 잃고 있는데, 문득 바로 지척에 붉은 옷을 입은 꼬마들이 모여들어서는 놀이판을 벌인다.

한데 더 놀라운 일이 벌어졌다. 그들은 샛노란 황금 방망이를 바위틈에서 꺼내더니, "술 나와라", "안주 나와라" 하고 두들겨댔다. 그러고는 진탕 마시고 먹고 하면서 놀더니, 그 요술 황금 방망이를 아까 바위틈의 그 은밀한 자리에 끼워놓고는 어디론가 사라져버렸다.

방이는 누가 볼세라 냉큼 황금 방망이를 가지고 집으로 와서는, 이내 아우의 재산보다 몇 배 더 큰 부자가 될 수 있었다.

하지만 아우는 배가 아파 견딜 수가 없었다. 착한 형에게 비결을 알아낸 동생은 형이 하던 대로 따라했다. 곡식 씨앗이 자라나 웬만큼 컸을 때, 형 때와 꼭 같이 새가 물고 달아났다.

"됐어, 이제 그까짓 형 재산쯤이야."

새 뒤를 따라가자 아니나 다를까, 형이 일러준 대로 도깨비 무리를 만날 수 있었다.

"야, 우리 방망이 훔쳐간 그 녀석일 거야! 반 죽여놔야지!"

도깨비들은 동생을 보자마자 붙잡아서는, 사흘 동안 쫄쫄 굶게 한 뒤 세 길이 넘치는 둑을 쌓게 중노동을 시켰다. 간신히 그게 다 끝나자 도깨비들은 동생의 코를 코끼리 코만큼 늘어뜨려서는 겨우 놓아주었다. 한데 뜻밖에도 방망이 하나를 허리에 채워서 보내주었다. 하지만 아우는 제 코를 이상하게 바라보는 사람들의 눈길에 시달리다 그만 목숨을 잃고 말았다.

재앙은 이에 그치지 않았다. 그 자손이 행여나 하고 방망이를 두들겼더니, 문득 천둥소리 요란하게 벼락이 치면서 방망이가 온데간데없이 사라져버렸다.

이것은 중국 측 문헌에서 전하는 도깨비 이야기로, 신라시대에 이미 비형과 그들 무리 말고도 또 다른 도깨비 무리가 살고 있었다는 것을 일러주고 있다. 그때부터도 방망이는 멀쩡하게 제 구실, 제 기능을 다하고 있는 것이다.

도깨비 유래는 이렇게 오래고 또 오래다. 까마득하고 아스라하다.

후세의 도깨비 이야기가 귀하게 갖추고 있는 주제의 하나가 '권선징악勸善懲惡'이다. 착한 행동이나 생각은 돕고 권장하는 대신 악한 행동이나 생각은 골리고 욕보이는, 바로 이 주제야말로 도깨비 이야기의 핵심 중 하나다.

그만큼 도깨비 이야기에는 윤리의식이 강하게 갖추어져 있는 셈인데, 조선왕조 때의 대부분의 소설 역시 이 주제를 신주 모시듯 하고 있다. 물론 오늘날에도 문학에서는 부분적으로 살아남아 있다.

그러니까 도깨비는 한국인의 윤리의식이 낳은 귀물鬼物이자 귀물貴物인 셈이다. 귀신 같으면서도 귀중한 것이 도깨비라는 것을 여기서 알아차리게 된다.

나무도깨비, 두들겨라 막대기여!

앞에 보인 방이 이야기로 우리는 도깨비에겐 나무든 쇠붙이든 방망이가 따르기 마련이란 것을 알게 되었다. 한데 도깨비 자체가 나무거나 나무방망이라고 말하면 십중팔구 시비가 붙을 것 같다.

"얼렁뚱땅도 유만부동類萬不同이지! 도깨비가 방망이라니?"

이렇게 나무랄지도 모르겠다.

"난데없이 도깨비가 '나무방망이'라니? 나무몽둥이와 관계가 있다니? 이것이야말로 도깨비장난이 아니고 뭐야!"

이런 타박을 들을지도 모르겠다.

하지만 전혀 근거가 없는 것도 아니다. 무엇보다 도깨비가 갖가지 기능을 가진 방망이를 즐겨 차고 다니고, 그래서 걸핏하면 뚝딱, 방망이를 두들겨대는 것을 유력한 근거의 하나로 내보일 수 있다. 그럴 만큼 방망이나 몽둥이는 도깨비의 분신 같은 것이다. 한데 이보다 더 유력한 이야기들이 전한다.

> 경주에 영묘사라는 절이 있었는데, 그 터는 본시 큰 못이었다. 그걸 두두리豆豆里 무리가 단 하룻밤에 메워서는 절을 짓게 했다.

경주에 왕가수王家藪라는 숲이 있는데, 사람들이 거기 목랑木郎을 받들어 모셨다. 목랑은 흔히들 두두리라고도 하는데, 비형 이후로 사람들은 두두리를 끔찍하게, 또 크게 모셨다.

『동국여지승람』이란 문헌에 적힌, 이와 같은 두 편의 기록에서 우리는 다음의 세 가지를 알아볼 수 있게 된다.

첫째는 '두두리'의 무리나 비형의 무리가 다 같이 하룻밤 새 대규모 토목공사를 해내고 있다는 점이다. 그들은 대단한 토목기사 집단이다. 도깨비는 뭘 하든, 아무리 큰 일이든 즉결처분한다. 어떤 일이든 후닥닥 벼락치기로 해낸다. 즉석에서, 뭐든 즉흥적으로 해내는 것이 꼭 인스턴트다. 돈을 만들어내건, 곡식을 쏟아내건, 아니면 돌무더기를 쏟아붓든 단숨에 해낸다. 태산을 무너뜨리는 것도, 큰 홍수가 지게 하는 것도 단 한순간이다. 아무튼 간에 그게 무엇이든, 어떤 일이든 한결같이 왕창왕창이고 또 후딱후딱이다.

이건 도깨비들이 지닌 엄청난 장기長技의 하나인데, 앞에 보인 두 가지 기록에서 한패의 도깨비는 밤새 다리를 놓고 다른 한 패거리는 하룻밤 새에 큰 못을 매립하고 있다.

둘째는 신라인들이 두두리라고도 부른 '목랑'을 신격화해서 후대의 서낭신처럼 모시고 있었다는 점이다. 신령이 깃든 서낭나무가 목랑일 가능성이 결코 적지 않은 대목이다. 셋째는 두두리 또는 목랑의 시조가 비형으로 믿어졌다는 점이다.

한데 우리가 여기서 목랑, 곧 '나무사내' 또는 '나무사람'을 두두리라고도 했다는 점에 유념해보면, '막대기사내'인 비형과 목랑인 두두리를 서로 연관 지을 수 있게 된다.

두두리는 목랑뿐 아니라 '목매木魅'라고도 일컬어졌다. 매魅는 '도깨비 매', '요괴妖怪 매', 그리고 '홀릴 매'라고들 읽는다. 그러니 목매나 목랑 모두 '나무도깨비'다. 그러기에 목랑을 방망이도깨비 또는 몽둥이도깨비라고 읽을 수 있다면 두두리를 나무몽둥이나 나무방망이와 동일화시킬 수 있을 것이다.

이렇듯 두두리는 목랑으로서 또는 목매로서 나무와 인연이 깊다. 그는 숲의 정령精靈이거나 아니면 나무의 정령일 가능성이 크다.

웬 사람이 한겨울 몹시 추운 밤에 길을 가고 있었다. 자기 마을까지 십 리는 더 가야 할, 고개 마루턱 숲을 지나칠 무렵엔 한기도 심하고 배도 고픈데다 몹시 지쳐 있었다.

어디 잘 만한 곳이 없나 하고 두리번거리는데 저만큼 불빛 같은 게 보였다. 어느 집의 등잔 불빛인가 하고 자세히 살펴보는데 웬걸, 파르스레한 게 아닌가! 조금 으스스했다. 하지만 그 파르스레한 불빛이 손짓하듯 나풀대는 것에 끌려서 발길을 옮겼다. 불빛은 숲 안으로 들어가더니, 바람 기운이 제법 잦아든 다소곳한 곳에서 멈추었다.

가까이 가서 보니 뜻밖에 방이 있었다. 이부자리도 마련되어 있었다.

다음 날 잠에서 깬 사람은 놀랐다. 자신이 굵은 고목의 밑둥치에 난 큰 구멍 안에 누워 있었기 때문이다. 고목은 윗도리는 다 썩어서 없어지고, 뿌리 가까운 아랫부분만 겨우 남아 있었는데, 그나마 움푹하게 삭아 있었다.

그 이야기를 전해 들은 사람들은 그것을 도깨비방이라고 불렀다.

이 이야기야말로 도깨비가 오래된 고목의 정기라고 은근하게 말해주고 있다. 이것은 「단군신화」 속 환웅이 신단수 아래에 처음 내려온 그 때부터 근세에 이르도록 서낭나무를 마을이나 공동체의 지킴이라고들 믿어온 한국인이라면 누구나 그럴싸한 일이라고 생각할 것이다.

그렇듯이 일부 지역에서 마을의 수호신으로 섬겨지기도 했던 도깨비는 목정木精과 다를 바 없었을 테고, 앞의 이야기 속 마음씨 착한 도깨비야말로 목정이고 목랑이고 또 목매라고 보아도 괜찮을 것 같다. 그는 목랑이니까 절로 두두리이기도 한 셈이다.

한데 '두두을豆豆乙'이라고도 이름 붙여진 두두리에 관해서는, 도깨비 연구가 전문이다시피 하는 계명대학교 강은해 교수가 소상하게 풀이해서 보여주고 있다. 그의 설명에 의하면, 두두을이나 두두리가 다 같이 '두들기다'의 '두둘'과 관계된 말이라는 것이다.

그렇다면 도깨비에게서 두들김은 그의 본성과도 같고 또 장기長技와도 같은 것이 아닐까?

"돈 나와라, 와라 와라, 뚝딱!"

"쌀 나와라, 와라 와라, 우당탕!"

이처럼 곧잘 요술방망이를 두들겨대고 자주자주 부자방망이를 두들겨대는 게 도깨비다. 그 짓이야말로 두두을 또는 두두리인 도깨비의 짓거리라고 생각되는 것이다.

한국인은 배부르면 배를 두들기고 신나면 북을 두들겼다. 등이 아프면 등을 두들기고 머릿골이 무거우면 뒤통수도 두들겼다. 다듬잇돌을 두드리고 빨래도 두들겼다. 마른 명태, 곧 건태乾太는 두들겨서 술안주 삼고 마른 문어도 두들겨서 부드럽게 만들어 밥반찬으로 먹었다. 그뿐만이 아니다. 쌀 타작이나 보리타작도 두들김이고, 콩이나 깨알도 두들겨서 털었다.

삶에 보탬이 되는 온갖 손놀림이 두들김이었다. 그런가 하면 남을 아프게 괴롭히는 것도 두들겨서 했고, 뭔가 부수는 것도 두들김에 의지했다. 이렇듯이 좋게 나쁘게, 또는 이롭게 해롭게 한국인은 갖가지로 두들기면서 살아들 왔다. 한국인도 상당한 정도로 두두리, 곧 두드리는 사람이다.

그러나 이에서 우리는 두들김이 악이나 액을 쫓는 일이면서 동시에 우리들 자신을 흉한 것에서 지켜내는 일이기도 했다는 것에 유념해야 한다. 그것은 몽둥이나 작대기 또는 방망이가 웬만한 무기 구실도 도맡아 해냈다는 것과 무관하지 않다.

도깨비는 두두리 또는 나무막대기로서 그 하고많은 두들김의 보람을 갖추고 있었다. 마을 지킴이 구실에다 액막이나 살煞 쫓기 구실도 갖추고 있었기 때문이다.

그렇기에 우리는 도깨비가 목랑, 곧 나무의 정精인 것을 고려하여 두들김의 연장인 나무막대기나 나무방망이가 다름 아닌 도깨비 구실도 맡아내었다는 것을 추리하게도 된다. 목랑인 도깨비는 스스로 방망이가 되고 몽둥이가 되어서는 뭔가를 두들겨대는 두두리가 되고 두두을이 되기도 하는 셈이다.

그런 나머지 민속학계에서는 도깨비의 어원을 아예 '돗구＋아비' 또는 '도구＋아비'에서 구하기도 한다. 돗구나 도구는 기호 지방에서 절구라고 하는 것을 영남과 호남 지역에서 부르는 명칭이다.

그러니까 '돗구아비'의 돗구 또는 도굿대는 절굿공이와 같은 것이다. 절굿공이는 두들기기만 하는 게 아니라 찧고 빻고 부수기도 한다. 산산조각을 낸다. 사람들은 도깨비의 그런 힘을 액이나 살도 물리치는 큰 힘으로 알고 섬기기도 했던 것 같다.

한데 또 있다. 이미 말한 바와 같이 곡식을 빻고 찧는 데 쓰이는 절굿공이는 사람들에게 창조적이고 건설적인 힘의 주체로서 믿어졌을 것이기 때문이다.

그래서 학계에서는 도깨비의 어원인 '돗구아비'는 돗구와 마찬가지 구실과 기능을 맡은 아비, 곧 사내를 의미한다고 본다. 요컨대 갖가지 힘과 기능을 갖추고 여러모로 사람들을 돕는 절굿공이나 나무막대기와 같은 구실을 해내는 신비한 존재, 그게 비형 또는 두두리라는 이름으로 일컬어진 도깨비일 것이다.

물론 그것이 도깨비의 전모全貌라고 말할 수는 없다. 하지만 우리는 거기에서 적으나마 비형이며 두두리 또는 두두을이라고 일컬어진 도깨비의 참다운 모습이며 기능을 찾을 수 있게 된다.

도깨비놀이, 그 만다라, 스펙터클

여기서 화두를 앞으로 옮겨가보자. 비형의 패거리들이 밤새 놀아났다는 그 현장으로 가보자.

비형에게는 왕이 친히 집사라는 벼슬을 내려주었다. 그의 나이 불과 열다섯! 이를테면 미성년의 주제치고는 어마어마한 고관대작이 된 셈이다. 한국 관직官職의 역사에서 모르긴 해도 최초의 '최상위 소년 고관'으로 길이길이 그 이름이 새겨져도 마땅할 것이다.

그런데 도깨비들은 사람 사는 세상에서도 노상 도깨비다운 일만 하는 것일까? 그렇다면 그는 궁중에서 노상 으스댈 수도 있었을 것이다. 어깨에 힘주고 나부대도 다들 그러려니 했을 것이다. 한데도 그는 밤이면 밤마다 궁중을 빠져나와 들판에서, 대자연에서 마음껏 활개쳐댔다. 이게 도대체 웬 영문일까?

왕의 아들이고 보면 궁중에 그를 위한 방도, 잠자리도 따로 갖추어져 있을 것이 뻔하다. 얼마든지 즐겁게 밤을 보낼 수 있었을 테고, 또 편하게 밤시간을 누릴 수 있었을 것이다. 한데도 그는 그런 특권일랑 다 떨치고 궁중 밖으로 도망치다시피 했다. 그러고는 귀신붙이들과 놀이판을 벌였다.

앞에서 이미 보인 그 오랜 기록에는 이 대목에 관해 구체적인 언급이 없다. 특별한 말이 없이 그저 밤에 궁중에서 나갔고, 어두운 야외에서 놀았다고만 적어놓고 있을 뿐이다. 밤도적도 아닌 그들이 왜 야밤에 나가 돌아다녔으며, 또 나가서는 어떻게 놀아댄 것인지 아무 말이 없다.

그래서 우리는 여기서 두 가지 추리를 하게 된다. 한 가지는 밤마다 반복된 비형의 무단 외출에 관한 것이고, 또 하나는 비형 무리의 놀이판에 관한 것이다. 하지만 그 둘은 서로 맞물려 있기 때문에 따로따로 볼 일은 아니다.

우선 그들의 야간 외출부터 이야기해보자.

도깨비의 야간 외출과 그 놀이는 무엇보다 우리 인간들의 꿈에 대해 암시하고 있다. 꿈이라고 아주 제약이 없고 규제가 없는 것은 아니지만, 낮 동안의 행위와 견주어보면 꿈속의 행위며 현상들은 비교도 안 될 만큼 자유분방하다. 한마디로 해방이고 자유다.

인간의 가려진 욕망이, 눌러진 욕구가 왕창왕창 나부대는 것이 다름 아닌 꿈이다. 그 꿈의 터전을 찾아서 비형은 밤마다 외출을 한 것이다. 그는 인간들로서는 꿈에 그치고 말 것을 실제로 실현하고자 밤 외출을 택한 것이다.

"자유 만세!"

"해방 만세!"

이건 꿈이 외치는 소리 없는 아우성이다.

비형의 밤 외출은 자유를 향한 도주이고, 해방을 지향하며 내닫는 탈주다. 그건 탈옥脫獄, 곧 감옥을 부수고 도망치는 것이나 다를 바가 없다.

비형에게 궁중은 감옥 같은 곳이었다. 이것은 우리 인간들에게는 사회가, 제도가 그리고 온갖 규제가 마음의 감옥과 같은 것과 서로 맞물린다. 그게 그것이다.

'외출! 바깥나들이!'

그것은 막사에 갇힌 병사들에게만 경사가 아니다. 군대의 막사와 별로 다를 바 없는 세상에서, 어디 숨통 좀 열린 곳을 찾아 나서는 모든 사람의 경사요 길사吉事다. 한 목숨이 이제 더는 웅크리지 말자는 것이고, 더 이상은 굽실거리지 말자는 구호요 외침이다. 밤의 외출과 바깥나들이는 그 정도가 한결 더 크다.

이제, 비형과 그 일행인 도깨비 무리들이 한밤의 외출 끝에 벌이게 되는 놀이판으로 화제를 옮겨도 좋을 것 같다.

밤 외출로 도깨비들이 벌이는 밤 놀이판, 그 장난의 현장은 우리들 인간의 무의식이 활개치고 나서는 무대나 진배없다. 인간의 억눌린 욕망이 터져오르듯, 사람들의 막힌 욕구가 폭발하듯 도깨비들은 한밤중에 들에 나가 놀이판을 벌이고 대자연의 품에 안겨 장난판이며 난장판을 펼치는 것이다. 한밤 도깨비들의 놀이판은 우리들 인간의 꿈의 터전이나 매한가지다. 인간이 못다 한 소망을, 사람이 하고 싶어도 참고 누를 수밖에 없었던 욕망을 도깨비가 대신 채워주고 풀어주는 것이다. 도깨비는 이래서 한국인의 대리인이 되고 변호사가 된다.

프로이트는 인간의 원시적이며 동물답고 야성에 넘치는 그 부글댐, 그 이글대는 욕망을 '이드'라고 이름 붙였다. 한데 그것은 의식이며 사회의 간섭을 받아서는 마음의 그늘, 그 깊으나 깊은 웅덩이 속에 처박히기 십상이다. 그런 꼴로 박히고 묻힌 것이 수시로, 무시로 터져 나오고 불거져 나오기를 우리들 인간은 바라고 있다.

도깨비는 그러한 인간의 소망을 마음껏 드러내놓은 우리들 한국인의 이드다. 그들은 한국인의 노출되고 실현된 이드의 뭉치고 덩어리다. 그러한 상태다. 그러니 도깨비의 밤놀이는 다소 음산하고 내숭한 인간의 무의식 또는 이드가 펼치는 퍼포먼스의 현장이 되기 마련이다. 도깨비들이 난리를 떨고 요사를 부리며 법석을 피우는 것은 그러기에 당연한 일이다. 그렇지 않으면 도깨비답지 못하다.

하여 여기에서 비형의 후세들이 곧잘 해대던 소행을 참고로 비형 무리가 놀아댄 현장에 대해 마음껏 상상을 펼쳐보고 싶어진다. 드넓은 들판, 도깨비의 놀이판에 달려들고 싶어진다.

도깨비 무리들은 둘러앉아, 소원대로 방망이를 두들겨서는 술이고 안주고 뭐고 마음대로 마련하여 술판에 노래판에 춤판까지 벌였다. 그러나 그것만 가지고는 여간 심심한 게 아니다.

패거리 중의 일부가 느닷없이 일어나더니, 강가의 둑 일부를 탑처럼 치솟게 한 다음 그 꼭대기에서 물구나무서기를 하는 게 아닌가! 그러자 다른 패가 들고일어선다. 바르게, 곧게 흐르던 강물을 갑자기 뺑뺑 돌게 만든다. 사납게 거품이 일고 눈이 아찔하도록 급회전을 하는 물살 속에 몸을 던져서는 헤엄을 치고 수중발레를 펼친다. 한데도 그들 온몸을 가린 털에는 물방울 하나 옮겨붙질 않는다. 다만 그들의 수중

동작을 따라서 푸른 불빛이 파도처럼 일렁댄다.

하나까 셋째 무리가 궐기할 수밖에 없다. 몇 녀석이 어울려서 수레바퀴로 둔갑하여 강물 위를 데굴데굴 구르는 게 아닌가 말이다. 얼핏 보면 물결 따라 흘러가면서 여전히 돌아치는 물레방아처럼 보이기도 한다.

그걸 보고 박수를 치던 또 다른 패가 강물에 뜬 물레방아에 올라서더니 문득 깃발로 둔갑한다. 홀연히 바람이 거칠게 일면서 깃발이 바람에 나부끼다 못해 갈래갈래 찢긴다. 그 찢긴 가닥마다 다시금 수많은 도깨비로 둔갑해서는 바람을 타고 중천을 난다.

한데 바로 그때, 경주 방면의 절들에서 새벽 종소리가 울린다. 순간 도깨비들은 숲 속으로 사라지고 비형 혼자 남는다. 하지만 그도 이내 궁중을 향해서 급히 발길을 옮긴다. 담을 뛰어넘는 소리도 없이 제 방문을 열고 들어간 그는 이내 잠에 곯아떨어진다.

이 도깨비들 놀이판을 허구라고만 하지 말자. 이와 같은 일대 쇼 무대를, 그리고 그 스펙터클을 상상이라고만 국한하지 말자. 앞에서도 말했다시피 비형의 후손들이 노상 해대던 놀이판을 발판 삼아 짐짓 꾸며본 것이기에 허구로만 볼 것도 아니다. 도깨비는 워낙 이벤트며 퍼포먼스의 타고난 명수들이라서 비형 시대 도깨비들도 일단 놀자고만 들면 위에서 그려 보인 상상을 몇 곱절 넘어서서 놀아댔을 것이다.

그들의 후배며 후손들이 한 것만 보아도 이만큼 놀아나고 장난치고 한 것은 으레 그럴 만한 일일 뿐이다. 도깨비는 장난과 유희, 오락에서는 단연 천하제일이다. 놀라운 쾌락주의자들이다. 그들의 퍼포먼스는 인간의 그 하찮은 상상쯤 우습게 여긴다. 한순간에 기상천외의 광경을 펼쳐

보이는 그것들의 변화무쌍은 사람의 말로는 감히 옮겨놓을 수도 없다.
위대하고도 장관인 판타지 이벤트다.

제멋대로, 제 깜냥대로

우리 이웃 마을, 그 왜 마음씨 고운 김 아무개가 어느 날 장엘 갔다가
느지막이 집으로 돌아오게 되었어. 주막에서 모처럼 사돈을 만나 절로
술자리가 길어진 탓이지.

한데 마을이 별로 멀지 않은 고개턱에 왔을 무렵 술기운에 졸음까지
겹쳐서, 어느 바위너설에 기대 잠깐 졸자고 든 것이 그만 곯아떨어지
고 말았다네.

그런 판에 그곳 숲 도깨비 무리가 나타났어. 사람이 죽은 듯이 잠들어
있는 걸 진짜 죽은 걸로 알고, 송장 치워서 장사 지내주자고 도깨비들
이 공론을 했다네. 그러고선 들쳐업고 산 높은 데로 올라갔다지 뭔가.
한 녀석이 한참 무덤 자리를 보더니, "안 돼, 이건 천하제일 명당이야.
이자 분수로는 과해!"

그러고는 다시 조금 더 깊은 골로 들어갔대. 그래서 아까 그 도깨비가
또 다른 자리를 보더니 크게 외치듯 장담을 했다네.

"이 정도면 됐어! 후손들이 큰 대부자는 아니라도 중부자는 될 만한 자
리야. 제법 착하기로 사방에 이름난 사람이니까, 우리 여기다 묻어주
자고."

한데 이보다 좀 전에 이미 김 아무개는 잠이 깨어 있었다네. 다만 그때
까지 도깨비 등에 업혀 있는 게 무서워서 계속 시치미를 뗀 거지. 물론

도깨비 풍수가 한 말은 다 들었지 뭐.

한데 도깨비들은 시신인 줄 알고 있는 그 사람을 버려놓고는 무덤을 파기 시작했다네. 다 파고는 그를 그 안에 버리 눕히고는 흙을 퍼서 덮기 시작했어. 이제 더는 안 되겠다고 시신 아닌 살아 있는 몸이 벌떡 일어서자, 도깨비들이 "와! 귀신이야" 하고는 모두 달아났대.

그 뒤 김 아무개는 자기 아버지를 그 자리에 모셨는데, 정말 중부자가 되어서 후손들 내내 잘 먹고 잘살았다지 뭔가!

6·25전쟁이 끝나고 우리 고을이 막 수복된 그때 일인데, 누가 도깨비를 보았다는 거야. 마침 이장을 맡게 된 양반이 그 당사자인데 직접 겪은 일이라면서 이야기를 해주더라고.

얼마 전 그 사람이 친구네 집에 놀러갔다가 늦게야 돌아오는 길이었대. 여기서 얼마 멀지 않은 곳, 그 외딴 집 있잖나. 그 집 앞을 지나서 이장 자기네 밭을 따라서 난 길을 오게 되었는데, 때마침 부슬부슬 비가 내리더래. 그러니까 날은 이미 저물기 시작했는데 날씨마저 우중충 흐리고 보니 영 마뜩지 않더라는 거지.

기를 쓰고 밭둑을 걸어가는데, 왠지 집도 밭도 보이질 않더라는 거야. 바로 그때, 저만큼 앞에 키가 조그만 사람같이 생긴 게 어슴푸레하게 보이더래.

그런데 가까이 다가갈수록 키가 점점 커지니까 여간 미심쩍은 게 아니었대. 그러다가 막상 그 사람과 딱 마주쳤을 때는 키가 부쩍 더 커져서는 웬만한 장대보다 더 길어지더라는 거지.

'아, 내가 도깨비를 만났구나!'

그는 속으로 그렇게 생각하고는 마음을 크게 먹었어. 쾅쾅 헛기침도 요란하게 하고 말이야.

그런데도 상대방 키는 더욱더 높아지더래. 그때는 이미 천지사방에 아무것도 안 보이는데, 어두운 하늘을 찌를 듯이 계속 솟구치더라는 거야.

하지만 다행스레 왜정시대 경찰 노릇 하면서 유도를 익히기도 해서 담력이 제법 컸던 탓에 정신을 더한층 바짝 차렸더니 옛 어른들 말이 생각나더래.

'키 작은 도깨비는 잘 안 넘어져. 그러나 키 큰 놈은 한쪽 다리를 잡아채면 쉽게 거꾸러뜨릴 수 있어.'

그래서 "옜다, 이 녀석. 한판 붙어보자고!" 하면서 고래고래 소리를 치니까 상대가 조금 비실대더라나. 몸통이 얇아지는 것 같기도 하고 말이야.

됐다 싶어서 쑥 팔을 버밀고는 그 도깨비 발을 잡으려 드니까, 녀석이 다리를 뒤로 빼더니 이내 그 모습이 온데간데없이 사라지더라는 거지.

한데 말이야, 참 이상하게도 그러고 나니까 비로소 자기 발도 보이기 시작하고 저 건너 그 외딴 집도 눈에 들더라는 거지. 물론 그가 갈 길도 잘 보이고 말이야.

못 미더우면 그 양반 아직도 살아 있으니까 직접 가서 물어보라고, 내 말이 거짓말인가.

둘 다 도깨비 이야기긴 한데 괴상하고 기이한 것을 빼고는 별 공통점이 있는 것 같지 않다. 도깨비만 등장한달 뿐, 내용도 줄거리도 주제도 서로 판이하게 다르다.

"이것들이 어떻게 다 같은 도깨비 이야기야? 말도 안 돼!"

두 편의 이야기만 듣는 것으로는 누구나 이렇게 미심쩍어할 것이다.

앞이야기의 도깨비는 모른 척하고 지나쳐도 좋을 걸, 제 스스로 나서서 사람에게 도움이 될 만한 좋은 일을 하고 있다. 그래서 자신의 괴로움이나 힘든 것 따위는 전혀 생각지 않고 오직 남을 구할 생각에 전력을 다한다. 그뿐만이 아니다. 일부러 노린 것은 아니라도 매우 이로운 정보도 흘려주어 결과적으로 엄청난 선행을 하고 있다.

한국의 전통 사회에서 풍수에 관한 정보만큼 그 효용가치며 값어치가 높았던 것도 많지 않다. 일부 우직한 사람들에게는 지금도 통용되고 있을 정도니 더 말하는 건 입만 아프다.

한데 뒷이야기의 녀석은 제 생각밖에 할 줄 모른다. 못난이 용쓰기 하듯 무턱대고 남들과 힘겨루기하자고 덤벙대고 있다. 힘자랑은 능력 자랑과 권력 자랑에도 통할 수 있다. 그건 지금의 한국 사회에서도 멀쩡하게 통하고 있다. 한국만큼 거의 국가 전체가, 아니 민족의 거의 다가 '권력중독증'에 걸려 있는 예를 다른 외국에서 찾을 수 있을지 어떨지 궁금하다.

아무튼 누군가가 못날수록, 별것 아닐수록 힘자랑에 넋을 팔기 마련인데, 남에게 피해가 되건 말건 전혀 개의치 않을 자가 바로 뒷이야기의 도깨비다.

이렇게만 보아도 앞이야기와 뒷이야기의 도깨비는 하늘과 땅 차이다. 이건 무엇을 말하고 있을까? 그렇다. 한마디로 도깨비라지만 그 종자, 그 내림이 서로 다르고 엇나가기도 한다는 것을 말해주고 있는 것이다. 그래서 도깨비라는 개념은 단순한 게 아니다. 매우 복합적이고, 서로 다른 게 얽히고 또 뭉쳐 있다.

야단법석의 신출귀몰

별난 게 도깨비란 것은 지금껏
수없이 이야기해왔다.

하지만 그 많은 화제로도
못다 한 게 아직도 태산이니.

그 엄청난 글로벌리즘

하문이란 사람이 있었다. 그저 그렇고 그렇게 살지만 마음씨는 고운 편이었다. 그는 애써 돈을 모으고 새집을 사서 이사를 갔다.

그 첫날이었다. 밤이 깊어서 막 잠자리에 드는데 바깥에서 무엇인가 괴상한 발소리가 났다. 주인은 얼결에 대들보 위로 올라가서 몸을 숨겼다.

그러자 문이 열리더니 도깨비가 절굿공이를 들고는 방으로 들어왔다. 두리번두리번하다 말고는 절굿공이를 상대로 잡담을 주고받는 게 아닌가! 그런데 아무리 들어도 별난 이야기가 없었다.

새벽 빛살이 창문 틈으로 들이비치자 도깨비는 "또 오마" 그러더니 절굿공이를 그냥 두고 나가버렸다.

하문은 얼떨떨했지만 아래로 내려와서 절굿공이에게 물었다.

"아까 같이 이야기하던 그 도깨비는 어디서 뭘 하는 녀석이오?"

"아, 아까 그 도깨비요? 그건 본디 금이고 은인데 평소에는 땅 밑에 묻혀 있다가, 어쩌다 밤이 되어 마음이 내키면 도깨비 모양을 하고는 여기저기 돌아다니지요."

하문은 절굿공이한테 자세히 지리를 묻고는 찾아가서, 금과 은을 캐버 당장 큰 부자가 되었다.

이것은 중국의 『수신기』라는 책에 실린 이야기를 조금 손질한 것이다. 우리나라에도 예전부터 흙 밑에 오래 묻힌 금이며 은이 도깨비로 둔갑한다는 이야기가 전해오는 걸 보면, 도깨비의 국적이 한국에 국한된 게 아님을 쉽게 알 수 있다.

옛날 어느 마을에 착한 사내아이가 부모 형제 아무도 없이 홀로 살고 있었다. 제대로 먹지도 못하는 처지라서 늘 기진맥진하다시피 했다. 그런 어느 날 돌담에 기대어 잠이 들었다.

낮이 가고 밤이 된 줄도 모르고 깊은 잠에 잠겨 있다가 몸이 으스스 추워서 잠을 깼는데 무슨 말소리가 지척에서 들려왔다. 돌담 너머에서 도깨비들이 모여 앉아 수런대고 있었다. 그런 중에 어디 바위 밑을 파면 금이 묻혀 있고, 또 어디 무슨 나무 밑뿌리를 파버면 10년 가뭄에도 마르지 않는 물줄기를 찾게 된다는 말도 있었다.

새벽이 되어서 도깨비들이 사라진 다음, 고아는 도깨비가 말한 나무 밑에서 엄청나게 큰 금덩어리를 파낼 수 있었다. 또한 때마침 가뭄으로 마실 물조차 없는 마을 사람들에게 물줄기를 찾아주기도 했다.

그리하여 부자가 된 고아는 인심까지 얻어서 잘 먹고 잘살았다.

이 우리나라 도깨비 이야기는 중국 이야기와 너무나 많이 닮았다. "마음만 잘 쓰면 자다가도 떡이 생긴다"라든가, 아니면 "운수 좋으면 자는 입에 떡이 떨어진다"는 속담을 주제로 삼을 만한 이야기가 아닐 수 없다.

그리고 이건 도깨비가 적어도 한·중 두 나라 사이에서 상당한 국제성을 지니고 있다는 것도 말해주는 것이다. 이웃 일본으로 가봐도 사정은 크게 달라지지 않는다.

일본 서남쪽 바다, 중국 가까운 그 바다에 떠 있는 섬에는 요괴가 살고 있는데, 사람들은 그를 '기지무나'라고 부른다.

이 요괴는 빨간 머리, 빨간 얼굴을 가진 꼬마 피물이다.

햇불이 되어서 바다 가까운 벼랑을 맴돌고, 야밤에는 사람 집에 치고 들어와서는 자는 사람 가슴을 짓누르곤 하지만, 어부가 그와 잘만 사귀면 고기를 몰아와서는 엄청 많이 잡게 해주기도 한다.

이 지경이면 이 기지무나와 우리의 제주 도체비는 거의 사촌간이나 다름없다. 그뿐만이 아니다.

일본의 '오니鬼'는 발가벗고 호랑이 가죽을 허리에 두르고 다니는 무서운 괴물이다. 이마에 뿔이 두 개나 돋아 있고 가시가 돋은 쇠몽둥이를 들고 다니지만, 그는 금과 은이 있는 데를 잘 알고 있다. 이 '오니'도 우리 도깨비와 여러모로 닮았다. 이쯤 되면 우리 도깨비가 동북아시아 전역에 걸쳐서 널리 퍼졌을 가능성도 배제할 수는 없다.

한데 이 정도로 우리 도깨비의 글로벌리즘을 얘기하고 말 일은 아니다. 동서양 할 것 없이, 또 고대고 중세고 현대고 할 것 없이 사람 사는 세상이라면 어디에나 괴물, 요물, 요괴, 요정 등등으로 이름 붙여진 기이한 존재들이 버글대고 있다.

hobgoblin, bogy, fairy, brownie, elf, sprite, goblin, fay, pixie, leprechaun, nix, nixie, monster, gremlin······

이게 다 뭘까? 이게 영어에서 겨우 찾아낸 '괴물 백과'이고 '요물 집단'이다. 자그마치 열네 가지나 된다.

그들 가운데는 착함과 악함이 겸해 있는 놈, 귀엽고 장난기 넘치는 패, 무섭고 악랄한 녀석, 못났지만 장난기로는 피에로 수준인 자. 밤에만 나타나서 부엌일이며 온갖 집안일 돕는 착한 이 등등 별의별 것이 다 포함되어 있다. 우리 도깨비의 성질머리와 부분적으로 겹치는 놈들도 적지 않다.

이 가운데서도 특별히 우리의 마음을 끄는 게 있으니, 바로 그렘린 gremlin이다. 이 괴물이 제2차 세계대전 때 설쳐댄 놈이라니, 그것만 해도 놀라운데 더 괴이쩍은 게 있다. 미국 공군의 전투기든 폭격기든 상관없이, 문득문득 장난을 쳐서는 엔진을 고장 내는 놈이라고 미국 공군들 사이에서 소문이 나 있었다니 놀라울 뿐이다.

우리 도깨비도 언젠가 전쟁에 나간 비행기들을 괴롭혔는지 모르겠다. 그건 모르지만, 도깨비가 이미 국제적이었다는 것은 믿어도 좋을 것이다.

변화무쌍한 둔갑술

해모수는 장인 댁을 찾아갔다. 미리 차지해버린 신부 유화 때문이었다. 바야흐로 신부가 될 처녀를 반 강제로 낚아채다시피 한 것을 사과도 하고, 그래서 정식으로 사위 될 자격을 인정받고자 해서 깊은 늪 아래에 있는 처가를 찾아간 것이다.

그런 젊은이를 맞아서 장인 될 어른이 한판 승부를 벌이자고 했다. 다름 아니고, 둔갑 내기를 해서 누가 더 잘하는지 결판을 짓자는 것이었다. 그래서 행여 총각이 이기면 사위로 삼겠다고 했다.

도전장을 낸 사람이 먼저 물고기로 둔갑했다. 그러자 사위 후보자는 수달로 둔갑해서 물고기에게 덤벼들었다. 견디다 못한 물고기는 사슴이 되어서 육지로 달아났다. 그러자 수달은 늑대가 되어 뒤쫓았다.

거의 잡힐 지경이 되자, 사슴은 새가 되어서 하늘로 날아올랐다. 이를
가만 보고 놓칠 사위 후보자가 아니었다. 즉각 이리가 되어서 추격전
을 벌였다.

장인 될 사람은 더 이상 삼십육계를 놓을 방편이 없었다. 항복을 하고
는 약속대로 해모수를 사위로 삼았다.

이건 부여시대의 이야기다. 해모수는 고구려 동명왕의 아버지뻘 되
는 사람이다. 그러니 이 이야기의 역사는 사뭇 상고시대로 거슬러 올라
간다.

우리 한국인의 신화에서 가장 중요한 대목의 하나가 둔갑 이야기다.
비슷한 둔갑 내기가 가야의 김수로왕과 그의 왕 자리를 노리고 덤빈 탈
해 사이에서도 벌어진 것으로 전해져온다.

이들 두 신화만 놓고 보면, 적어도 '둔갑술'은 왕이 가지고 있어야 할
능력의 일부로 간주되었다고 말해도 괜찮을 것 같다.

한편, 상고시대의 거의 모든 샤먼, 곧 무당들에게서도 둔갑술은 그들
의 특별난 능력으로 간주되곤 했다. 죽은 자의 넋을 저승으로 인도해가
는 것은 무당이 맡은 가장 큰 역할이었다. 그럴 때, 저승까지 가는 이른
바 '우주여행' 동안 무당은 강을 만나면 물고기가 되고, 산을 만나면 날
렵한 산짐승이 되었다가, 가다 지치면 독수리가 되어 날기도 했다고 믿
어져왔다.

한데 우리 상고시대 고구려나 신라의 모든 왕들이 무당을 겸한 자질
을 갖춘 것으로 받아들여진 자취가 이곳저곳에 남겨져 있다. 이런 왕을
인류학에서는 '샤먼 킹', 곧 '무당 왕'이라 부르고 있다.

그러니 도깨비가 아니 뻐길 수가 없다. 상고시대의 무당 왕이나 조선

시대 홍길동 말고는 아무도 둔갑술을 누리지 못했는데, 이 도깨비는 그 권능權能을 보란 듯이 누리고 있었기 때문이다. 적어도 둔갑을 하는 동안 도깨비는 왕과 마찬가지가 되고, 종교 지도자인 샤먼과 다를 바 없는 귀한 존재가 되는 것이다.

그런데 그들에게는 빼기고 잘난 척할 게 또 있다. 무당이나 무당 왕들은 고작해야 동물로 둔갑하는 데 비해 도깨비들의 둔갑은 만능이다. 그들이 모습을 바꾸는 데는 거의 제한이 없다. 무엇이든 척척 둔갑한다. 사람이 되고 여자가 되는가 하면, 빗자루며 절굿공이가 되고, 불빛이 된다. 그런가 하면 아예 소리로만 둔갑해버리기도 한다.

도깨비 둔갑, 그 전통은 오래고 그 재능은 무궁무진이다.

빛 아니면 소리뿐인 것, 도깨비 UFO

이건 우리 큰아버지에게서 들은 얘기야.

그분이 한밤에 대화, 정선 가는 길목에 있는 반경이란 곳을 지나가는데, 거기가 온통 숲이거든. 나무가 우거진 산길이잖아.

글쎄, 거기를 지나오는데 저만큼 길가 제법 넓은 터에 이상한 불빛이 보이더래. 무인지경의 곳인데 겁도 나고 해서 자세히 봤더니, 시퍼런 불이 팍 모였다 떨어졌다 그러더래. 딴 건 아무것도 안 보이고.

잔뜩 겁에 질렸는데 또 이상한 소리까지 들리더라는 거지.

"아, 이게 도깨비짓이구나!"

그래서 가지고 다니던 사냥총을 한 방 쐈대. 탕 쏘니까, "아얏!" 소리가 나더니 이어서, "야, 박 서방이 맞았어" 하고 외치는 소리가 들리더

래. 그러면서 불빛도 꺼져버리고. 이젠 불빛도 없고 아무것도 보이는

게 없는데도 그렇게 소리만 들리더라는 거지.

그래서 이젠 됐구나 하고선 불빛이 번쩍이고 소리가 난 쪽으로 가봤

대. 한데 말이야, 땅바닥에 바가지 하나가 총알에 맞아서 부서져 있더

라는 거지.

우리 큰아버지께서, "아, 이래서 도깨비들이 박 서방이 맞았다고들 했

구나!" 그렇게 짐작하셨다는 거야.

이 이야기만 그런 것이 아니다. 하고많은 도깨비 이야기들 중에는,

괴물이 그 모습은 전혀 보이질 않고 다만 빛이거나 불, 아니면 소리로만

나부대는 이야기가 포함되어 있다. 불빛만의 도깨비, 그리고 소리만의

도깨비도 있는 것이다.

한데 불빛도 가지가지다. 시뻘건 것, 파르스레한 것, 불타오르는 것,

아니면 길게 줄을 끄는 것, 또는 동그라미를 그리면서 사람 주변을 뱅글

뱅글 도는 것 등등 가지가지다. 그런가 하면 위의 이야기에서 그렇듯이

모였다 흩어졌다 하면서 야료를 부리는 것도 있다. 이럴 때 도깨비는 그

야말로 '불도깨비'다.

그런가 하면, 이 책의 다른 곳에서 소개되어 있듯이 남의 집 마루를

구르는 소리, 부엌에서 그릇 깨는 소리, 빈 집에서 야밤중 방아 찧는 소

리 등등 별 희한한 소리로만 날뛰는 '소리도깨비'도 있다.

그러니 이들은 정체가 없다. 있어도 안 보여준다. 숨기고 가렸는지도

모른다. 군이 '요화妖火', 곧 요상한 불이라고 부를 수밖에 없는 것들이

다. 구태여 부르자면 '괴성怪聲'이나 '요음妖音', 곧 요상한 소리라고 부를

수밖에 없는 것들이다. 그런데도 당하는 사람들, 듣고 보고 하는 사람들

은 그것을 도깨비, 아니면 도깨비짓이라고들 일러왔다.

구체적인 정체나 물리적인 형태는 없고, 다만 소리에 그치고 불빛에 그치고 마는 도깨비, 그들은 이를테면 저 하늘을 날아다니는, 알 수 없는 괴물체인 UFO인 셈이다.

어두운 숲 그늘과 야밤중 외딴 길목에서 만나는 UFO, 지상의 UFO 가 다름 아닌 불도깨비고 소리도깨비다.

아랫도리 윗도리 모두 가늠하기 어려우니

> 도깨비는 말이야, 키가 크기도 하고 작기도 하고 그래. 그게 무슨 소리냐 하면, 올려다보면 자꾸 커져. 그 대신 내려다보면 연신 작아진다, 이거지.
>
> 그런데 어떤 때는 그 아랫도리를 구별 못 해. 치마를 입었는지 바지를 입었는지도 모르고, 다리가 있는지 없는지도 못 알아볼 때가 있어.
>
> 그리고 여기 정선 도깨비는 뿔이 없어. 그런데 피짜야.
>
> 여기서 멀지 않은 곳에 옛날부터 모마루라 하는 곳이 있는데, 그 근처가 모두 석회암투성이라 동굴이 많아. 그래서 도깨비가 거기 살아.
>
> 해서 그 근처에 살아보겠다고 사람들이 집만 지으면 이내 불에 타서 없어지고 그래. 그게 모두 도깨비짓이라서 지금은 아무도 거기 안 가.

이건 우리가 여러 지방에서 자주 듣게 되는 이야기다. 여기서 일부 지방의 도깨비는 이렇게 윗도리 아랫도리를 가늠하기가 힘들고, 키도 커졌다 작아졌다 한다고 전해져 있다. 사람이나 동물처럼 일정하게 정해진 모습이 없는 셈이다.

외양부터가 이 모양이니 그것이 출몰하는 곳도 일반적인 장소일 수는 없다. 여기 이야기에서처럼 외진 곳이기 마련이다. 또한 그 근거지는 굴이나 나무 구멍, 낡은 집, 사람이 잘 안 가는 물레방앗간 등이다. 그들이 나도는 곳도 대체로 그런 곳 근처다.

외진 곳이라지만 사람들이 사는 마을에서 아주 멀리 떨어진 곳이라기보다는 웬만큼 가까운 곳이다. 그러니까 어중간한 곳인 셈이다. 사람들의 마을을 기준으로 하면 변두리라고 할 만한 곳이다. 고개나 굽잇길에 잘 나타나는 것까지 계산에 넣으면 사람들이 도깨비를 만나는 곳은 대체로 '경계 지역'이라고 해도 좋을 것이다.

여기 사람이 사는 친근한 곳도 아니고, 저 건너 아주 멀리 떨어진 바깥 세계도 아닌 그 중간쯤이 이를테면 '도깨비 공간'이다. 영어로는 '마지널marginal' 또는 '마지널리티marginality'라고 해도 좋을 것 같다.

안과 밖, 이곳과 저곳, 지척과 먼 데…… 등등의 중간 어름에 머물고서는, 설치고 나부대고 또 껍죽대고 있는 '중간 존재' 또는 경계상의 존재, 그것이 곧 도깨비다. 그리고 도깨비가 차지하고 있는 이러한 공간의 성질은 도깨비란 존재 자체의 속내에까지 영향을 끼치게 된다.

여기 인간세계와 저 너머 비인간적인 피안 사이의 어중간한 존재가 바로 도깨비다. 그는 인간도 아니고, 그렇다고 유령이나 귀신같이 저쪽 세계에 속해 있지도 않다. 물건도 아니고 결정적인 생명체도 아니다. 형체가 있는 한편으로 없기도 하다. 도깨비는 이토록 애매하고 모호하다. 그러니 그가 우리 앞에 나타나는 시간도 '마지널'하다.

도깨비라는 건 저기 저쪽 이리로 넘어오는 고개턱 꼬부랑길에 잘 나타나는데, 거기 서낭당도 있지.

그런데 날만 궂으면 불이 쭉 건너와서는 이쪽 길목으로 나왔다가 또 저쪽으로 갔다 하면서 오락가락하는 거야. 어찌 보면 개똥벌레 같기도 하고.

사람들은 초롱불이나 촛불을 켜 들고는 고개를 넘어다니는데, 우중 충하니 가랑비가 버릴 때면 큰 종이로 싼 촛불을 들고는 고개를 넘곤 하지.

이 흔한 이야기 속에는 도깨비가 출현하는 시간이 잘 나타나 있다. 이렇듯 도깨비는 주로 어둠을 타고 출몰하는데, 물론 밤중을 틈타서 그러기도 하지만, 초저녁 어스름 때를 노리는 도수도 적지 않다. 낮이라도 비가 오거나 날이 흐리거나 아니면 안개가 짙게 끼거나 해서 '반 어둠' 이 끼친 때를 즐긴다. 시간도 공간과 짝을 맞추어서 경계성을, 아니면 마지널리티를 갖추고 있는 셈이다.

이처럼 시간과 공간 두 차원으로 경계에 처해 있다 보니, 이미 앞에서 말한 대로 그의 성질이며 속성 또한 그런 상태를 못 벗어난다. 그 속성 또한 '중간잡이'다. 어중於中이다.

그런데 그런 공간, 그런 시간을 골라잡아서 사람들 앞에 나타나는 것도 도깨비들만의 특성이라고 할 수 있다.

아, 고개 너머에서 여기 오는 중간에 물기꼬라는 데가 있어. 어떤 사람 이 늦은 시간 술에 얼큰히 취해서 나귀를 타고 흔들흔들 넘어오는데, 문득 누가 앞에 나타나더래.

보니까 양귀비 같은 아가씨야. 빤히 올려다보면서 눈웃음을 치며 한다는 소리가, "영감님, 우리 집에 와서 약주 한 잔 더 하시지요?" 그러더라는 거야.

그래서 영감님이, '이크, 이게 암도깨비구나!' 생각하고는 나귀에다 여자를 올려 태워서는 밧줄로 꼭 묶다시피 했어.

영감님이 간이 컸던 것 같애.

죽자고 나귀를 달려서는 집에 다 오자 첫닭이 울더라는 거야. 그러자 그 아리따운 여자는 온데간데없고, 난데없이 빗자루 하나가 밧줄에 묶여 있더라는 거지.

기겁할 일이지 뭐야. 이런 게 도깨비야. 밤길에 어두운 데서 젊은 여잘 만나면 다들 조심하라고.

이처럼 난데없이 문득 나타나는 게 도깨비다. '문득' 또는 '홀연', 그런 말과 가장 잘 어울리는 게 다름 아닌 도깨비의 출현이다. 옥에 갇힌 춘향이를 구하기 위해서 이 도령이 해낸, 저 "암행어사 출두야!" 그것과 무척이나 닮았다.

이같이 경계선상의 시간과 공간에서 불현듯 나타나는 도깨비의 속성도 중간치기다. 한데 이 같은 도깨비와 상면하는 사람의 의식이나 정신 상태 또한 어중간한 상태에 있다는 것도 유념해야 한다. 술에 취해 있거나 먼 길을 가느라 지쳐 있거나 하는 상태가 바로 그것이다. 이처럼 도깨비에게는 중간치기가 겹겹으로 덧싸여 있고 덧포개져 있다.

영원한 총각, 도깨비

이곳 노인들이 그러더라고. 정선군 광하리 모마평에는 총각 도깨비가 살고 있다고. 그런데 이 고을 도깨비는 총각이니까 장가를 들여야 한다는데, 그것도 글쎄 1년에 한 번씩 그래야 한다니 알다가도 모를 일이지.

그래, 내가 그 도깨비 혼례식에 가보기로 했지. 겁도 나지만 재미도 있을 것 같더라고.

가마를 작게 만들고는 그 안에 댕기 매고 노랑 저고리, 빨강 치마 입은 처녀 인형을 앉히더라고. 머리에는 쪽까지 지르고 말이야. 진짜 처녀 같애.

그리고 사람들이 가마를 둘러메고는 고사당 앞까지 갔어. 그 앞에 가마를 내려놓고는 혼례를 치르는 거야.

화촉 밝히고 음식상 차리고 야단났어. 영락없이 사람 총각에게 처녀가 시집가는 초례청 같았어.

고사당 안에서 도깨비 신주를 모셔다가 가마 안 신부와 마주 보게 세우더니 진짜 초례 절차를 밟는 거야.

한데 역시 사람 혼례하곤 달라. 신랑 신부 마주 보게 해놓고서는 징이랑 냄비랑 두들기면서 쇳소리를 요란하게 내는 거지. 귀가 떨어져나갈 것같이 말이야.

온 숲이 쇳소리로 출렁대자, 신랑 신부도 절로 춤추는 것같이 우쭐대더라고. 사람들이 야금야금 흔들어서 충동질하니 그렇지 뭐.

그러고는 잔치판이 벌어지는데, 모여든 사람 모두 술이며 개고기에 수수떡까지 해서 진탕 마시고 먹고 하면서 야단이 났어.

거의 온종일 그랬어. 그러다가 날이 어두워지자, 신부 가마랑 도깨비
신주랑 그 자리에 둔 채로 잔치판 사람들이 물러나는 거야.
그렇게 해서 신랑 신부로 하여금 초야를 치르게 하는 거지 뭐.

이 같은 도깨비 장가가기는 흔하지 않은, 비교적 드문 사건이다. 그런 만큼 우리의 호기심을 크게 자극한다.

총각이라고 장가가는 것은 당연한데, 그게 해마다라니까 뭔가 좀 야릇하다. 도깨비는 첫날밤을 치르고 잔치판이 끝나면 바로 또 총각으로 되돌아간다는 걸까? 사람으로서는 알 수 없는 일이다.

요즘 성형외과인지 어딘지는 잘 모르지만, '처녀막 재생수술'을 시행한다고들 하지만, 이렇게 의술이 별난 세상이라도 '총각 재생수술'이 있다는 말은 들어본 적이 없다. 그건 그렇다 치고, 도깨비는 이렇듯 장가를 거듭거듭, 매년, 해마다 가고도 돌아서면 이내 또 총각이라니! 아무래도 그 '영원한 총각'의 비결을 일러주는 도깨비를 찾아가봐야겠다.

도깨비와 한국인의 촌수

둘째
마당

눈치코치 다 떨친 자유와 해방

도깨비는 자유다.
제약도, 규제도 죄다 벗어던지고
때로는 양심도 훨훨 팽개치고 나면,
드디어 제멋대로다.

그게 도깨비다.
한데 그건 우리들 한국인의 속내였다.

조선왕조, 도깨비의 르네상스

거듭거듭 총각이 되어서 거듭거듭 장가를 가다 보면 도깨비의 인구수가 왕창왕창 거의 무제한으로 늘 것은 뻔하다. 그리하여 그들이 전성시대를 구가한 것은 아무래도 조선왕조 시대가 아닌가 싶다. 물론 앞에서도 미리 이야기한 바와 같이, 이미 신라시대에도 더러 도깨비가 나다니곤 했다.

하지만 고려시대 여러 문헌에서 도깨비를 찾는 것은 쉽지 않다. 그러던 것이 조선왕조 이후 사정이 달라졌다. 조선이 들어서면서 도깨비가 그들 나름으로 극성을 피웠다고 치면, 거기에는 무슨 곡절이 있었던 것이 아닐까?

그것은 앞에서 여태껏 보아온 도깨비의 개성에서 능히 짐작될 것 같다. 이미 누구이 보아온 대로 도깨비는 자유고 해방이다. 해탈이라고 해도 나쁠 것은 없다. 그래서 그들은 본능이 날뛰는 대로, 충동이 설치는 대로 뒹굴고 까불고 해댔다. 그들의 행동과 마음에는 걸릴 게 없었다.

그들이 혹 자기네를 선전이나 광고 또는 홍보를 했다면 그 대서특필할, 가장 으뜸갈 카피는 '마음대로, 기분 내키는 대로!' 바로 이것일 터이다.

'극기克己, 자제自制!' 그따위는 그들 교과서에는 눈을 씻고 보아도 없었을 것이다.

그러니 그들이 남명 조식이나 퇴계 이황 같은 분들을 아랑곳할 턱이 없다. 알려고 들지도 안 했겠지만, 알았다 해도 절레절레 고개를 내저었을 것이다.

여기 한 선비가 점잖게 독서를 하고 있다고 치자. 그야말로 의관을 정제하고는 서안書案 앞에 곧추앉아 경전을 탐독하고 있는 선비의 모습을 본다면 도깨비들은 아마도 오금이 저려서 못 배길 것이다.

사람들이 모인 자리도 아니고, 제자나 그 비슷한 사람이 앞에 있는 것도 아니다. 자기 집 사랑채의, 자기 혼자만의 방 안이다. 누가 들여다볼 턱도 없다. 비록 여자는 아니라도 문자 그대로 '독수공방獨守空房'과 다름없다.

속옷까진 몰라도 그까짓 윗저고리쯤이야 어깨 한쪽 정도는 헐겁게 한들 어떠랴. 바지의 허리춤도 조금 느슨하게 풀어놓은들 어떠랴. 명색이 글공부하는 사람이 그 정도도 모르다니 그야말로 청맹과니 꼴이다.

"의관衣冠을 정제整齊한다"고 했다. 머리꼭대기의 관부터 시작해서 저고리와 바지, 그리고 발끝 버선짝까지 모양을 갖추고 격식에 맞추어서 가려 입고 차리고 하는 게 의관정제다.

이런 옷차림새는 마음에서도 마찬가지다. 속마음은 이른바 삼강오륜三綱五倫으로 칭칭 옥죄어져 있다. 한두 겹도 아니고 자그마치 세 겹, 다섯 겹으로 꼭꼭 졸라매어져 있다.

'강綱'은 '그물줄 강'이라고 읽는다. 그런가 하면 실 사糸 변을 뗀 '강岡'은 언덕이기도 하지만, 다르게는 뜨거운 쇳물을 받아서 모양을 지우는 강철의 틀을 의미하기도 한다. 그래서 강제나 강요라는 뜻이 아주 없지도 않다.

그런가 하면 '윤倫'에서 사람 인人 변을 뗀 '윤侖'자는 골고루 한 덩치로 얽힌 것을 의미하기도 한다. 그 속에 갇히면 꼼짝없이 묶여 있어야 한다. 좋게 말하면 길이고 도道지만, 벗어나면 안 되는 것은 마찬가지다. 그러니 '강'이든 '윤'이든 제약이고 구속이기로는 서로 막상막하다.

신하에겐 왕이 '강'이다. 아비는 자식의 '강'이고 아내에겐 남편이

'강'이다. 신하 된 자, 자식 된 자, 아내 된 자는 각기 왕과 아비와 남편에게 꼼짝없이 얽매여야 한다. 그게 명색이 '삼강三綱'이다.

갑갑하고 숨 쉬기도 가쁘기로는 오륜도 다를 것이 없다.

왕과 신하 사이의 의義, 아비와 아들 사이의 친親, 남편과 아내 사이의 별別, 어른과 젊은이 사이의 서序, 친구와 친구 사이의 신信. 이들이 모두 '오륜五倫'이다.

친구 사이의 믿음을 빼고 나머지 넷은 전부 어느 한쪽에 짐을 지운 굴레나 다를 바 없다. 말이 좋아서 '옳을 의'고 '친할 친'이고 '분별할 별'이고 '차례 서'다.

신하, 아들, 아내, 나이 적은 자, 이들은 왕과 아비, 남편, 어른에게 절절매야 했고, 시키면 시키는 대로 절대 복종해야 했다.

그러니 '삼강'이나 '오륜'이나 필경 그게 그것이다. 결국 '삼시 세 때, 오만 가지로 매여 살기'가 '삼강오륜'이었던 셈이라고 하면 너무 부당한 악담이 될까?

조선시대 사람들에게 생은 곧 구속이고 제약이었다. 삶은, 세상은 억눌림이었다. 꼼짝없이 그 지경, 그 꼴을 당해야 했다. 좀 과장된 느낌이 없지도 않지만, 오늘의 우리들 눈으로 크게 보면 유교는 그런 꼴이었다. 그렇다면 불교는 어떠했을까?

얼핏 보면 불교는 전혀 반대일 것 같다. 욕심을 버리라고 했다. 무엇에든 탐착하지 말라고 했다. 그래서 마음을 비우라고 타일렀다. 얼핏 듣기엔 모든 것이 우리에게 이롭고 좋을 것 같다. 물론 그런 면이 전혀 없다고는 말 못한다.

유교는 사람을 묶고 불교는 풀어놓은 것 같다. 각각을 '구속'과 '자유'라고 표현하면 딱 들어맞을 것 같다. 꼭 그만한 차이, 이를테면 음과

양의 차이, 남극과 북극의 차이, 그만한 차이가 양자 사이에 가로놓여 있는 것처럼 느껴질 수도 있을 것이다.

그러나 서민들을, 보통 사람들을 마음 놓고 행동하지 못하게 하고, 덩달아서 속마음도 함부로 챙기지 못하게 하기로는 유교의 이념이나 불교의 가르침 모두 매한가지였다면 뭘 잘못 본 걸까?

이래저래 그 둘은 서민들을 마음 내키는 대로 못 하게 막았는데, 그것이 바로 서민들의 마음속에 도깨비를 창궐하게 한 것이다. 유교와 불교는 결과적으로는 다 같이 서민들의 마음이 도깨비를 따라 활개치게 북돋운 것이나 마찬가지다.

변덕, 그 위대한 방종과 방정 떨기

"체면 볼 것 없다! 안면 가릴 게 뭐야! 방정 떨기가 삶의 재미야."

한국인은 그렇게 작심만 하면 누구든 도깨비가 된다.

"도덕이라니? 그게 도둑보고 하는 말이냐? 이성理性이라니? 그보다야 이성異性 하나 골라 차는 게 훨씬 낫지."

한국인 우리들이 이렇듯 시비조로 나오면 아무도, 누구도 가릴 것 없이 도깨비가 된다.

홀가분해진 한국인, 양심의 부담이고 마음의 짐이고 할 것 없이 깡그리 벗어던진 한국인의 마음에서 도깨비는 태어났다. 멋대로, 변덕을 부릴 대로 부리면서 한국인은 도깨비가 탄생할 수 있는 기회를 주었다.

도깨비가 하는 짓들을 보면 능히 헤아리고도 남는다. 가령, 야밤에 남의 집 대청마루에서 돌차기를 하면 얼마나 재미날까? 나무바닥에 칼

질로 네모나게 줄을 긋고 거기에 맞추어 앙감질로 돌을 차고 굴리면, 안방에서 꿈이 깊어 있는 사람들의 잠은 난도질을 당할 것이다.

앙감질, 그건 이제 잊어버린 그리운 말이다. 그건 외다리로 계속하는 뜀박질이다. 하니 양다리로 뛰는 것보다 한결 더 시끄러울 게 뻔하다.

'훌쩍! 쫘당!'

이것은 앙감질 소리다.

'툭! 드르륵! 툭! 드르륵!'

이것은 돌멩이 구르는 소리다.

한밤중이니, 이 같은 이중창 아닌 이중 소음이 들린다면 어떨까? 하지만 돌차기놀이를 하는 당사자에게는 영락없는 이중창이고 이중주다. 기가 찬 합창이다.

모르긴 해도 도깨비는 불면증이 심한 모양이다. 아니면 밤놀이 하는 버릇을 타고났는지도 모른다. 도둑도, 바람잡이 난봉꾼도 아닌데 야행성夜行性이 강하다.

소란에 견디다 못한 사람들이 눈곱 낀 눈들을 비비면서 방망이를 들고 나와 욱대기고 외마디 소리를 지르고 하면, 그때서야 깔깔대면서 삼십육계를 놓는 자들, 그게 바로 도깨비다.

그래야 도깨비짓이다. 그들은 그런 짓거리를 똥 누고 오줌 싸고 하듯 천연스럽게 해낸다. 사람들이 무슨 일이든 말도 아니게 당돌하면, 또는 사람으로서는 생각도 못할 만큼 괴상하면 으레 '도깨비짓'이라고 하는 것이 다 이 때문이다.

'엉뚱함! 괴상망측함!'

그뿐이 아니다.

'기상천외奇想天外!'

이를테면 이 하늘 아래에서는 절대로 있을 수 없을 것 같은 기이함, 기괴함. 그래야만 비로소 도깨비짓이다. 그러므로 위에 보인 짓거리만 이라면 그나마 약과다. 그러기 전에 도깨비가 저지른 일까지 계산에 넣으면, 도깨비 변덕은 예사 변덕이 아니란 것을 알 수 있다.

야밤중에 도깨비가 마을을 한참 지나 어느 외딴 집 앞을 지나가고 있었다.

한데 뭔가 느낌이 허전했다. 늦가을 밤이라서 그런 것만은 아닌 것 같다는 생각이 들었다.

뭔가 그 집에 좀 별다른 사연이 있을 것 같았다. 부엌이며 마루를 살펴보니 가난의 기척이 너무나 질었다. 솥뚜껑을 열어보니, 바짝 마른 게 사나흘에 걸쳐서 몇 끼나 밥을 해먹은 것 같지 않았다. 쌀 뒤주도 텅텅 비어 있었다.

도깨비는 불현듯이 요술방망이를 두들겼다.

"쌀 나와라, 와라 와라, 뚝딱!" 해서는 뒤주와 가마솥을 가득 채웠다.

마침 불기라곤 전혀 느껴지지 않는 아궁이에 불도 지폈다.

"군불 때어라, 뚝딱!"

그러고는 아궁이 앞, 부엌 바닥에 누워서 잠을 청했다.

한참을 잠에 빠져들었다. 그런데 느닷없이 불길이 도깨비 얼굴을 덮쳤다. 굴뚝을 타고 든 바람 탓이었다.

놀라서 깨어난 도깨비는, 더는 잠도 오지 않고 또 길을 가자니 그렇고 해서 우두커니 앉았는데, 문득 심심했다.

"뭔가 좀 재미난 게 없나?"

그리하여 마루로 나와서는 난데없이 돌차기를 시작했다.

이와 같이 모처럼 인심을 써서 가난한 이웃한테 사랑을 베풀 땐 언제
고, 식구들 잠든 방 바로 앞의 마루에서 돌차기를 하는 것은 또 무슨 심보
란 말인가!

그뿐만이 아니다. 그는 곧잘 사람들이 깊이 잠든 집의 지붕에 올라가
서는 춤판을 벌이기도 한다. 그야말로 변덕이 죽 끓듯 한다.

옛날 어느 마을에 어지간히 궁색하게 사는 사람이 있었다. 보다 못해
누가 계책이라고 일러준 것이 있었으니, 개고기하고 맑술을 가지고 마
을 어귀 다리 밑으로 가라고 했다. 그러곤

"도깨비 형!"

"도깨비 아저씨!"

불러서, 그들이 나타나거든 한상차림 해서 잘 먹이고는 도움을 청하라
고 했다.

시키는 대로 했더니 과연 도깨비가 나타났다.

녀석은 잘 먹더니만, "고맙소. 내가 뭘 하든 신세를 갚고 싶소. 소원이
있으면 말해보시오" 하고 정색을 하며 말했다.

"제가 워낙 쇠푼 한 잎 없는 신세라 너무 고생이 많습니다."

"그렇담 내가 도와야지. 암, 도와야지."

며칠이 지났다. 몹시 추운 날, 이 가난뱅이가 저녁도 굶다시피 하고 있
는데 밖에서 소리가 났다.

"여보게, 조카 있는가? 내 선물 받게나."

나가보니, 아니 이게 뭐람? 얼어붙은 우거지가 마루 끝에 수북했다.
주인은 속이 뒤틀렸지만 참았다. 한데 다음 날 야밤에 그 도깨비 소리
가 밖에서 또 들려왔다.

"이거 입게나."

나가보너 이게 또 뭐람? 낡은 무명치마가 마루 끝에서 바람에 흔들리
고 있었다.

이게 뭘까? 은혜 갚기? 설마!

이렇듯 도깨비는 은혜도 변덕 부리며 갚는다. 결국 가난뱅이는 밑천
도 못 건지고 농락만 당한 꼴이 된 셈이다.

이건 도깨비가 심술대장이란 것만을 일러주고 있는 것은 아니다. 사
리에 어둡고, 좋고 궂은 것을 가릴 줄 모른다는 것만도 아니다.

말술에 개고기를 대접받으면 도깨비는 정해놓다시피 그럴싸하게 은
혜를 갚는다.

대부분의 비슷한 이야기에서는 그렇게 되는 게 정석이다. 한데도 도
깨비 이야기치고도 좀 별난 위의 이야기에서는 느닷없이 심술이 겹친
변덕을 부려대고 있다.

도깨비의 심보나 행동에는 공식도 없고 정석도 없다. 이런 것이 바로
도깨비 변덕이다. 일의 앞뒤가 안 맞고, 생각이며 마음의 논리가 탈선하
기 예사다. 미리 헤아릴 수가 없고 사연을 종잡을 수도 없다. 그래야만
변덕이다. 진짜로 뚱딴지다.

그건 바람기 같은 것이다. 그러니 변덕이 심술이며 심통을 겸하고 있
는 것을 구실 삼아 마구잡이로 통틀어서 함부로 나무랄 것도 아니고, 흉
볼 것도 아니다.

화창한 봄날, 나비가 이 꽃에 입 맞추고, 저 꽃에 혀를 대고, 또 그 너
머 꽃송이에 코를 들이댔다고 해서 나무라면 그건 당치도 않은 시기심
에 불과하다. 한데 금상첨화로 장난기와 건달 기운이 보태지면 변덕變德

은 뜻밖에 착한 덕德을 더하고 미덕을 부풀리게도 한다.

변덕은 악덕惡德과는 다르다. 변덕에는 꾀며 재주가 거들고 나서고 익살이 짝꿍이 되기도 한다. 물론 재미가 달라붙고 멋도 친구 하자고 나설 것이다. 장난기마저 거들고 나서면 변덕은 마음의 천당, 행실의 극락이 된다. 그의 덕망德望은 하늘 높은 줄 모르게 된다.

그러니 변덕은 멋쟁이 덕이고 선한 덕이다. 서양인들 같으면 유머니 위트니 할 것을 변덕은 갖추고 있다. 그런 경지에서도 도깨비는 변덕을 부릴 줄 안다.

한데 변덕만이 아니다. 변심에 변절에, 또 변색에다 변상變相과 변태도 모자라서 변심 부리기에 변스러움까지 덧붙여야 겨우 그의 변덕을 집어낼 수 있을 것이다. 변할 변變자는 도깨비 일족의 돌림자다. 요컨대 변덕의 으뜸 요소는 '제멋대로', 바로 그것이다.

"능수야 버들이 흥! 제멋에 겨워서 흥!"

그런 천안삼거리 능수버들을 변덕이 닮았다. 제멋에 겨운 게 변덕이다. 끙끙거리며 미리 따지고 캐고 할 것도 없다. 남의 마음이야 미리 물을 것도 없고 지레 그 눈치를 엿볼 것도 없다. 제 마음 내키는 대로, 즉흥적으로 하면 그만이다.

'얼렁뚱땅! 번갯불에 스테이크 구워 먹기!'

그래야 변덕이 제 빛을 드러낸다.

'눈치코치!'

그 성가시고 얽매고 드는 것을 나 몰라라 하고 내던져야만 비로소 도깨비짓을 할 수 있다. 그래야 도깨비 변덕이다. 그래야만 변덕을 실컷, 보기 좋게 부리게 된다.

"남이야 뭐라 하든, 내가 알 게 뭐야!"

이렇게 외쳐대는 변덕은 제멋대로, 제 잘난 맛에 놀아난다. 그것으로 그만이다. 해서 변덕은 자유고 해방이다. 아니, 자유보다는 방종에 훨씬 더 가깝다고 변덕이 자랑하고 나설지도 모른다.

"자유 만세!"

"방종 만만세!"

그건 변덕이 외쳐서 마땅한 함성이다. 한국인은 그 만세 소리를 도깨비에 부쳐왔다. 제가 부리고 싶은 변덕을 도깨비를 빌려서 피워댄 것이다.

제 잘난 맛에 사는 놈팡이들

도깨비는 자유와 해방을 갈망하는 한국인의 속내 바로 그것이다. 좀 거칠게 말한다 치면, 멋대로 놀아나고자 하는 한국인의 갈망 바로 그 자체다. 그래서 한국인은 애꿎게도 도깨비로 하여금 오도깝스런 성질머리를 갖게 한 것이다.

멀쩡한 대낮에 남들 앞에 벌겋게 내보이지 못할 속마음, 밝은 낮에는 남들 눈을 가려야 하는 짓거리, 그것들은 부끄럽고 더러는 창피하기도 하지만 동시에 진심이고 본심일 수도 있다. 솔직한, 거리낌 없는 자아自我가 눌어붙어 있는지도 모른다. 그것이 도깨비라는 이름을 빌려서 발동하는 한국인 마음의 메커니즘이다.

하지만 거기에는 뭔가 또 다른 별난 게 누룽지 딱지처럼 눌어붙어 있다. 그게 뭘까? 좀 엉뚱하게 들릴지 모르지만, 우월감과 공격 충동과 동정심, 의리 등등이 거기 얼기설기 얽혀 있다.

이 책의 여러 곳에서 언급되고 있듯이 도깨비가 길을 가는 사람한테 으레 인사치레 겸해 부리는 수작이 있다.

"여보시오. 나하고 씨름 한판 붙자고요!"

그러면서 있는 키, 없는 키 해서는 키를 늘리고 본다. 다리를 늘리고 허리를 늘리고, 어깨며 목을 우쭐하는 등 온갖 수단을 다 부려서 키다리가 되려고 애를 쓴다. 눈 깜짝할 사이에 전신주 높이의 거인 장사로 변신한다.

그렇게 해서는 상대방을 내리보고 깔보고 위압한다. 이렇게 잔뜩 겁을 준 뒤에 나그네 허리를 붙잡고 다리도 휘감고는 도전한다. 이것이야말로 그가 공연히 우월감 한 번 채워보자고 덤벼드는 꼴이다.

다 그런 건 아니지만, 더러는 외다리인 게 들통이 나서 참담하게 패한다 해도 우선은 도전을 하고 나선다. 그건 무엇에서든 덮어놓고 잘난 척하는 그의 타고난 성정 탓이다.

이건 단순한 육체적인 힘자랑 이상의 그 무엇이다. 좀 어려운 말을 쓰자면, 저 고약한 '권력의지'의 방정 떨기다. 남보다 공연히 잘난 척하고 터무니없이 남들을 얕보려 하고, 그래서는 눈꼴시게 목에 힘을 주는 심보나 마음보가 다름 아닌 저 '권력의지'라는 것이다.

한데 참 묘하게도, 그런 권력의지를 남들 비위 상하게 드러내는 인간일수록 그 속내로는 못난이기 마련이다. 그야말로 권력의지는 병신 육갑 짚기나 다를 게 없다.

힘자랑하기 좋아하는 도깨비가 감투를 즐겨 쓰며 나부대는 것은 바로 이 때문이다. '감투'는 조선조에 명색이 선비라면 누구나 쓰고 싶어 안달을 했다.

벼슬아치가 되는 것은 치사하게도 그들의 유일한 꿈이었다. 과거시험은 『춘향전』의 이도령만 탐내서 덤벼든 것이 아니다. 조선시대는 그래서 '감투 신종플루'가 기세등등했던 것이다. 그 버릇이 요즘은 고시라는 걸로 단단히 제 몫을 하고 있다.

힘자랑에 감투 쓰기가 겹쳐서 도깨비는 제 잘난 멋에 산다. 아니, 그 착각에 취해서 살고 있는지도 모른다. 그러기에 지나친 우월감으로 잘난 척 설치는 한국인은 바로 '인간 도깨비'다.

우월감과 열등감은 서로 반대다. 하지만 뒤엉겨 있다. 마음속에 열등감이 깊이 사무쳐 있을수록 겉으로는 우월감을 피워대려고 기를 쓴다. 그러다가는 마침내 꼬꾸라져서 깊은 수렁에 빠져들고 만다. 우월감에 우쭐대는 사람은 공연히 잘난 척만 하다가 그만 망조가 드는 것이다. 도깨비의 우월감이 바로 그 꼴이다. 누구든 붙들고는 씨름을 하자고 먼저 덤벙대다가 마침내 백기를 들고 마는 게 도깨비다.

그건 그렇고, 이 괴물의 공격 충동은 어떻게 되는 걸까?

그건 우선 씨름 걸기에서도 드러나 있지만 그보다 더한 게 있다. 이 괴물은 무턱대고 사람한테 덤빈다. 이유 없이 공격을 하는 것이다. 무엇인가를 파괴하자고 든다.

그는 곧잘 남의 빈집에 불을 지른다. 이유 없는 방화범이다. 이만큼 강한 공격 충동, 파괴 충동을 겸한 것은 드물 것이다. 살인이나 성폭력에 버금갈지도 모른다.

그것만이 아니다. 지쳐서 어두운 밤길을 가는, 생판 모르는 사람을 불빛으로 유혹해서는 애먹이고 욕보이고 심지어 죽이기까지 하는 그 으스스한 대목에서 도깨비의 공격 본능 겸 파괴 충동은 절정에 오른다. 그는 엄청난 사디스트다. 여간한 폭력배가 아니어서 제 폭력을 즐기기까지 한다. 이만저만한 악취미가 아니다.

그러고 보면 그가 의리나 동정심이 강하다는 말은 영 엉뚱하게 들릴 것이다. 하지만 들리기야 어떻든 간에, 그는 길을 가다 문득, 그야말로 난데없이 한 번도 본 적이 없는 한 가난한 사람 집에 오곡을 몇 말, 몇 섬씩 퍼다 붓는 자선가다. 복지사업가다. 그나마 제 이름이나 신분을 드러내지 않는 자선사업가다.

한데 이것도 그의 우월감이 시켜서 하는 짓일지도 모른다. 그러니까 그의 우월감은 전혀 반대 되는 두 가지 물골로 발휘되는 셈이다. 파괴 충동이나 공격 충동과 어울리는가 하면, 그 반대로 자비심과 짝을 짓기도 한다. 그건 도깨비 마음속의 음지와 양지다.

하지만 알다가도 모를 일이다. 남들에게 베풀고도 골탕을 먹이는 그의 속내, 지기 마련인 씨름인데도 다짜고짜 겨루자고 덤비는 그의 소갈딱지는 알쏭달쏭하기만 하다.

그의 씨름판을 다시 한 번 들여다보자. 그는 사람만 만났다 하면 인사고 뭐고 다 젖혀두고는, "한판 붙자고" 하면서 대뜸 대든다. 그게 도깨비다. 한판이라니, 뭐가?

그건 바로 씨름이다. 상대가 누구든 가리지 않지만 힘깨나 쓸 만한 사내면 안성맞춤! 우선 붙고 보는 것이다.

그들은 워낙 씨름을 좋아한다. 최대의 취미다. 더러 술 취한 사람, 지친 나그네를 골라서 비겁하게 약자에게 이기는 못난 재미를 누릴 법도 하지만, 그건 아주 드문 경우다.

시간은 해질 녘을 고른다. 어슬어슬 어두워지면 그는 유달리 적적해한다. 고독에 사무치다 보니 뭔가 해야 하는데, 그게 바로 씨름이다.

씨름터는 마을 가까운 곳의 길머리다. 삼거리쯤이면 더 말할 나위 없다. 나무 그늘에 숨어서 호시탐탐 기회를 노린다. 팔다리도 펴보고 허리도 흔드는 것은, 이를테면 예비 체조다.

저만큼 웬 길손이 나타난다. 더 어둡기 전에 집 있는 마을까지 가기 위해 허둥대고 있는 과객이 반갑기만 하다. 그래서 보자마자 한다는 말이, "자, 한판 붙자고요"이다.

"뭘?"

"뭐, 뻔하지. 씨름."

아닌 밤중에 홍두깨도 유분수지, 얼떨떨한 과객 앞에서 그는 양다리를 벌리고 두 팔을 앞으로 내민다.

"자, 덤비라고."

이래서 벌어지게 되는 씨름판을 도깨비 얘기에서 직접 구경해보자.

도깨비의 난데없는 도전을 받고 과객이 마음을 다잡는다. 질세라 마주 덤비는 나그네와 도깨비가 서로 붙안고는 한참 동안 힘을 겨룬다. 별난 재주를 서로 다 부려댄다. 옥신각신 씨름판이 무르익는다. 좀체 승부가 날 것 같지 않은데 지친 과객이 조금 꿀리기 시작한다.

이거 안 되겠다 싶어서, 숙였던 고개를 들어서 상대를 노려본다. 한데 이게 무슨 일? 녀석의 키가 하늘 높은 줄 모르고 치솟지 않는가 말이다. 화들짝 놀라서 그자의 다리를 버려다보니, 금세 튼튼하던 다리는 온데간데없고 다만 땅바닥의 풀이삭만 같아 보였다.

그때서야 사람은 옳거니 한다.

"도깨비는 앞으로 잡아끌면 못 이겨. 뒤로 밀어뜨려야 돼."

남들이 하던 말이 생각났다.

아래로 반쯤 버려다보면서 키가 이미 줄어든 녀석을 힘껏 밀었다. 그러자 그렇게 용을 쓰던 상대가 거짓말처럼 나가자빠졌다.

워낙 되게 메친 탓에 뻗어서는 꼼짝을 못하고 있는 녀석을 얼른 허리 띠를 풀어서 옆에 있는 나무에다 매달아서 묶었다.

다음 날 아침, 사버는 온 동네 사람들을 데리고 어젯밤의 씨름판이 벌어졌던 곳으로 갔다. 자랑하기 위해서였다.

한데 도깨비는 온데간데없고 빗자루만 달랑 묶여 있는 게 아닌가!

그렇다. 도깨비 씨름판은 이렇게 끝장을 보도록 정해져 있다. 너무나 허망하다. 힘 부리기 즐기고 씨름 좋아하는 주제에 도깨비는 언제나 이렇게 참패한다.

"도깨비 그 녀석들, 힘 부리고 용써봤자 빗자루 꼴이지 뭐."

"그래, 그게 바로 병신 육갑 떠는 거라고."

사람들의 이런 욕지거리를 들은 도깨비는, 부끄러워 어쩔 줄 모르고 빗자루가 되어 몸을 숨긴다. 그래서도 그는 얼바람둥이다. 실없이 허황한 짓거리를 하고는 얼바람 맞는 게 도깨비다.

빗자루 꼴에도 창피한 것은 알아서 그 얼굴이나 어느 곳이 붉어지는데, 사람들은 그것을 아낙네들의 몸엣것이라고 했다.

이 이야기에서 빗자루는 도깨비의 열등감의 상징이다. 그에게서 힘은 필경 허세에 지나지 않는다. 빗자루 몽둥이 주제에 장골에게 씨름을 걸다니. 그래서 잘난 척해봤지만 필경 허사로 끝나고 만다.

"까불 때 알아봤지."

"꼴값하기는."

누구든 도깨비보고 이렇게 비아냥거릴 것이다.

그로서는 잘난 척하고 스스로 힘을 뽐내고자 하는 짓거리인데도 매번 결과는 반대로 나타난다. 스스로 자기를 비웃음감으로 삼는 셈이다.

뭘 좀 보태어서 플러스하자고 든 게 잃은 것투성이의 마이너스로 나타난 것이다.

애써 힘 부리고 용써서 필경 닳아빠진 빗자루 꼴이 되고 마는 도깨비의 그 짓거리, 그게 과연 도깨비만의 것이라고 사람들은 웃을 수 있을까? 글쎄, 쉽지 않을 것이다.

재미, 신명, 흥이라고는 깡그리

사내 바람둥이는 탕아蕩兒다. 여자 바람꾼은 논다니다. 그건 천하가 다 아는 일이다. 한데 어떤 인간 탕아도, 바람둥이도 도깨비에겐 못 당한다. 쾌락, 열락悅樂에 유희遊戱, 그건 도깨비의 십팔번이다.

그는 쾌락주의자고 향락지상주의자다. 에피큐리언이다. '돈 판'이고 '돈 조반니'다. 도깨비에게는 산다는 것과 놀아나는 것이 같다. 살자니 놀아먹어야 하고 놀자니 살아야 한다! 그건 도깨비의 인생철학, 아니 도깨비 철학 제1조다. 그러니까 '재미, 신명, 흥!' 이 셋은 도깨비의 로고요 슬로건이다. 그러니 그는 진작부터 '엔터테인먼트'란 말을 잘 알고 있었을 것이다. 영어를 배우기 전부터 알고 있었으리라.

엔터테인먼트는 워낙 성가신 말이다. 그 기본적인 의미는, 남들을 잘 대접해서 즐기게 하는 일이다. 융숭한 손님 대접이 엔터테인먼트고, 누군가를 잘 모시고 받드는 것도 그렇다. 크게 보아서 좋은 인간관계를 맺고 지켜가는 것이 으뜸가는 엔터테인먼트다.

하지만 요즘 흔하게 쓰이는 걸로 봐서, 엔터테인먼트는 주로 대중예술 차원의 연예오락에 치중해 있는 것 같다. 연극, 쇼, 그리고 음악 공연

등이 주류를 이루고 있는 것 같다. 그나마 그것들을 상품화하는 것을 원칙으로 삼고 있다. 그러니까 무대 위의 연희자들과 객석의 관중이 한 덩어리로 시끌벅적하고 요란하게 흥청대고 노닥거리고, 그래서 마약에 취하듯 탐닉하는 게 바로 오늘날의 엔터테인먼트다.

그 점을 도깨비들은 익히 알고 있었다. 자신들이 즐기는 것과 함께 남들을 즐겁게 만드는 것 또한 엔터테인먼트라는 것을 그들은 실천해 보인다. 그것이 도깨비 엔터테인먼트의 쌍방 통행이다.

그러기에 말인데, 참 멋지게도 도깨비 그들은 노래쟁이면서도 춤꾼들이다. 아니, 그 정도가 아니다. 춤바람이 나도 아주 단단히 나 있다. 항시 어깨가 움찔움찔한다. 엉덩이가 실룩대고 허리가 휘청댄다.

"상무 상무 열두 발 상무 상무."

시인 서정주가 상무 춤꾼을 노래한 그대로를 도깨비에게 옮겨놓아도 상관없다.

그러면서도 도깨비는 노래꾼이고 일류 가수다. 노래 기운을 타도 예사로 타는 게 아니다. 그는 춤과 노래에 관한 한, 명군 장군으로 양수겸장이다.

'노래와 춤!'

그건 도깨비의 두 팔 같은 것이고, 두 다리 같은 것이다.

웬 나그네가 길을 잃었다. 마침 해질 녘이라 난감했다. 고개턱 숲가를 이리저리 헤매고 있는 판에 어디선가 숲 속 깊은 곳쯤에서 노랫소리와 장구 치는 소리가 들려왔다. 매우 떠들썩했다.

행여나 하고 나그네는 야금야금 가까이 다가갔다. 숲 속으로 몇 발 들여놓아 보니 저만큼 모닥불이 타고 있고, 그걸 둘러서 제법 큰 무리가 빙글빙글 춤을 추면서 돌아가고 있는 게 아닌가.

손뼉 치랴, 발 구르랴, 노래 부르랴, 여간 요란한 게 아니었다.

뿔이 이마에 솟구쳐 있는 걸로 보아서 영락없는 도깨비 떼였다. 도깨비 댄스파티는 좀처럼 멈출 것 같아 보이지 않았다.

그들 신바람, 아니 도깨비 바람은 점점 커져갔다. 일렁이는 모닥불 빛 따라서 저들 그림자도 온 땅바닥에서 노닥거렸다.

잘 곳도 마땅찮던 판이라 나그네는 멀리로나마 저들 몰래 불을 쬐고 앉아서 밤을 새고자 했다. 그러다 그만 지친 끝이라 잠이 깊었던 탓에 크게 코를 골기 시작했다.

"드렁, 드르렁……"

도깨비들은 화들짝 놀랐다. 춤이 절로 멈추었다. 나그네는 그만 들켜서 그들 앞으로 끌려갔다.

놀라서, 또 무서워서 벌벌 떨고 있는 그를 도깨비들이 에워쌌다.

"이놈. 네 코 고는 소리로 우리 춤판이 파토가 났으니 죽어 마땅하다."

"우린 다른 건 몰라도 우리 춤판 망치는 놈은 용서 못해!"

입마다 이렇게 소리소리 질러댔다.

나그네가 죽을죄를 지었다고 백배 천배 사죄했지만 막무가내!

"죽여, 죽여버려!"

그들은 단호했다.

"살려만 주시면 뭐든 해드리겠습니다."

죄인이 빌자 괴수가 말했다.

"잘못을 깨달은 모양이니, 좋아. 네놈이 이제 춤판을 되살려버면 살려주고말고. 네놈 춤 솜씨와 노래 재주를 보여라."

"출출한데 술 한 잔 주시면요."

"그거 좋아! 옜다. 마음껏 마시거라."

술에 취한 김에 나그네는 개맹이가 없는 얼굴로나마 혼신의 힘을 다해 춤을 추고 노래했다.

마침 경상도 사내라서 "캐지랑 칭칭, 캐지랑 칭칭, 캐지랑 칭칭!" 하고 세마치장단도 갖추어서 잘도 추어댔다.

도깨비들도 '칭칭, 칭칭, 칭칭' 따라서 추어댔다. 그만 춤판이 도도해졌다.

어느새 날이 밝아왔다.

"자, 이제 파해야지. 자네가 잘 추어서 즐거웠다네. 상으로 이걸 주지."

그리하여 도깨비방망이를 얻은 나그네는 부자로 잘살게 되었다.

도깨비 춤판은 이런 식이다. 그들에게 춤은 이런 것이다. 저들끼리 얼마나 춤을 즐기기에 그걸 조금 훼방 놓았다고 사형을 선고하다니! 하지만 그들로서는 그게 지나친 단죄가 아니다. 도깨비 나라 형법에는, "남의 춤판 망치는 놈은 사형에 처한다"라는 조항이 있을지도 모른다.

그러기에 이 괴물들은 모였다 하면 춤이고 노래다. 하릴없이 모여 앉아서는 치사하게 누굴 비아냥대고 욕하고 하는 따위로 이야기판을 벌이는 허튼짓을 그들은 아예 할 줄 모른다.

시시하게 노름판이나 벌이는 건 질색이다. 십중팔구 춤판이고 노래판이다. 도깨비에게는 온 숲이 나이트클럽이자 쇼룸이다. 그러기에 그들이 무리 지어 벌이는 놀이나 오락으로는 누가 뭐라 해도 춤판이 으뜸이다.

이 판에는 한국인도 할 말이 많다.

'춤과 노래!'

그건 한국인의 향락과 향락의 원리를 말할 때 제일 긴요하다. 그럴 때 노래와 춤은 으뜸의 자리에서도 사뭇 우뚝하기 때문이다. 오죽했으면 중국의 까마득한 옛날 문헌에 상고시대 우리 삼한 사람들이 춤추고 노래하는 것으로 십팔번을 삼고 있다고 지적했을까.

　그건 즐거움이고 신명이다. 흥청댐이고 신바람이다. 그렇듯이 한국인은 일과 가무歌舞 사이에 삶의 근거지를 장만하고 있었다. 일하기 위해서 노래를 부르고 덩실덩실 춤바람을 피웠다. 가무에 넋을 팔기 위해서 땀을 흘리며 일에 정성을 쏟았다.

　그러기에 노래와 춤에 얽힌 향락은, 흔히 속되게들 생각하는 그 쾌락과는 조금 연줄이 걸려 있으면서도 다른 한편으론 사돈에 팔촌보다 더 멀고 멀었다.

　'전통적인 한국인의 낙樂!'

　그건 여간 별난 게 아니었다. 자주들 '고락苦樂'이라고 말하지만, 그 둘은 별개가 아니었다. 서로 반대이기만 한 것은 아니었다. '고'와 '낙'은 한 낱말로 단짝을 이루고 있는 만큼 가깝기도 했다.

　여기 가파르지는 않고 제법 느긋한 언덕이 있다고 치자. 그 바로 눈 앞의 밭에서 한여름 뙤약볕을 온몸으로 쬐면서 할머니 한 분이 풀을 매고 있다면 어떨까?

　밭의 잡초더미에 쪼그리고 앉아서는 머리를 박고 일하는 모습을 직접 목격하고 있으면 당사자보다 보는 사람 숨이 더 크게 막힌다. 하도 딱하고 측은해서 묻게 된다.

　"할머니, 괴롭지 않으세요?"

　할머니는 쳐다보지도 않고 말한다.

　"이게 다 낙이지요, 뭐."

듣는 사람 가슴에 쩽하게 못이 박힌다.

"저분에겐 고와 낙이, 이를테면 고락이 한덩이로구나!"

메이는 가슴을 달래면서 스스로도 몰래 그렇게 중얼댄다. 하지만 고락이 단짝인 이 경지가 누구에게나 쉬운 건 아니다.

심술, 변덕, 장난의 삼겹꾸러기

도깨비는 꾸러기다. 심술꾸러기에 변덕꾸러기도 모자라서 장난꾸러기까지 겹쳐 있다. 그러니까 '삼꾸러기'다. 이걸 돼지 삼겹살에 빗대어서 '도깨비 삼겹꾸러기'라고 불러도 좋을 것이다. 그가 잠꾸러기인지 먹보의 식충꾸러기인 줄은 모르지만, 앞에 말한 '삼겹꾸러기'인 것은 틀림없다. 이렇듯 삼겹꾸러기다 보니 으레 말썽꾸러기는 덤으로 붙어다닐 수밖에 없다.

누차 언급되었듯, 도깨비는 사람들이 자는 동안 용마루에 올라가 노닥거리고 대청마루에서 춤추기가 예사다. 남들 골려먹는 심술부리기가 여간 큰 취미가 아니다.

심보나 마음보도 바람에 날리는 눈발 같다. 마음이 날쌔고 날렵하기로는 철이 안 든 사춘기 소녀, 소년도 저리 가라다. 도깨비에게 신용보증이란 말은 당치도 않다. 지조니 절개니 그런 따위는 진작 고물상에 팔아넘겼다.

'초지일관', 이를테면 미리 먹은 마음을 질기게 고집하는 것은 도깨비에게는 억지부림이고 미련퉁이 짓에 불과하다. 그러자니 도깨비에게서는 장난으로 하는 짓과 진심으로 하는 일을 구별하는 게 힘들다.

동네 공동우물 타래박 줄을 호박넝쿨로 바꿔놓기가 예사고, 이미 말했듯 남의 집 부엌의 빈 아궁이에 땔감도 없이 불 때기가 예사다. 그나마 한여름에 그 짓을 하니, 사람들은 야밤중에 잠을 설치기 마련이다. 선잠 깬 사람들이 하품하는 꼴을 보고는 좋아라고 뜰에 모여서 춤판을 벌이는 게 도깨비다.

또 있다. 도깨비는 건달패고 놀이패다. 그도 모자라서 껄렁패다. 그래서 도깨비에게는 또 다른 삼겹이 있게 된다. 그게 바로 '삼겹패'다. '건달-놀이-껄렁'의 삼패가 도깨비다.

패는 워낙 패거리의 '패'와 한통속일 테니, 점잖고 경우 바른 사람들 축에 들 것 같지 않는 무리라야 '패'라 하고 '패거리'라 불린다. 아무래도 무지렁이들의 사촌쯤은 되어야 패가 되고 패거리가 될 것이다. 오죽하면 '패차다'는 말이 고약한 짓 하고 흉한 별명을 얻어걸렸다는 뜻이 되겠는가 말이다.

또 있다. "패에 떨어졌다"고 하면 남들의 약삭스런 꾀에 속아 넘어가서는 한 방 먹은 것을 의미하는데, 이때의 '패'는 사기 치고 골탕 먹이기다. 그러다 보니 어느 '패거리'든 '패'가 들면 자칫 패가망신하기가 쉽다. 이 나라의 정당이나 정치꾼이 패거리 소리 듣지 않는 것은 그나마 요행이다.

아무튼 껄렁패, 놀이패에 건달패까지 겸한 주제에 도깨비가 고운 일, 예쁜 일만 골라 할 턱은 애초에 없다. 제멋대로고, 할 짓 못할 짓, 이것저것 가리고 말고 할 까닭도 없다. 제 잘난 맛에 무슨 일이든 개의치 않는다. 그저 촐랑대기 일쑤고 까불대기 마련이다. 한데 껄렁껄렁하고 건들대기를 잘하다 보니 머리가 영 나쁠 턱은 없다. 그런 면에서 도깨비들의 IQ 지수는 하늘 높은 줄 모를지도 모른다.

도깨비의 행동거지를 말하고 그 소행을 말할 때, 빠뜨릴 수 없는 게 그 번뜩이는 재치 부리기다. 꾀바른 만큼 재재바르고 약삭빠르다. 그는 꾀보고 꾀돌이다. 꾀자기고 꾀퉁이다. 사람들을 곧잘 꾀음꾀음 해서 골탕 먹이는 것은 그 때문이다. 그럴수록 그의 '삼겹꾸러기'와 '삼패'는 가슴을 펴고도 모자라서 팔뿐만 아니라 다리까지 모두 걷어붙이고 나서게 한다.

이건 그가 문득문득 바보 천치 노릇을 하는 것과는 너무나 대조적이다. 같은 도깨비라고 믿을 수가 없을 정도다.

노래로 도깨비를 홀린 혹부리 영감이 있었다. 도깨비 잔치에 가서 얼마나 명창으로 노래를 했던지 다들 넋을 잃고 '앙코르'를 연신 외쳐댔다.

노래가 파하자 도깨비들이 물었다.

"뭐가 어떻게 되었기에 우리들 간을 빼도록 명창이시오?"

"그건 쉽게 말할 수 없지!"

"그러지 말고 제발 좀 가르쳐주시오. 우리들도 좀더 낫게 노래 부르고 즐기게요."

"그렇다면 가르쳐는 주겠는데 공짜는 안 되지. 너희들은 뭘로 보답할 건가?"

"좋소. 여기 이 부자방망이를 드리겠소."

"그건 여간한 비밀이 아닌데 너 가르쳐주지. 바로 나의 요 귀밑에 달린 큰 혹이 노래주머니야."

이래서 영감은 도깨비 손으로 피 한 방울 안 흘리고, 또 수술비 한 푼 물지 않고 혹 절제수술을 받았다. 성형 미용수술을 받은 셈이다. 그뿐만이 아니다.

그것만 해도 어딘데 두들기면 두들기는 대로 돈이 쏟아지는 요술방망이를 챙겼다. 그야말로 금상첨화가 아닐 수 없었다.

한데 그 소문을 듣고 욕심 사나운 또 다른 혹부리 영감이 일부러 도깨비를 찾아갔다.

도깨비들이 심심에 겨워 있는 꼴을 보고는 노래를 크게 불러댔다. 워낙 음치라서 노래가 아니라 소음이었다.

지난번에 속아서 이를 갈고 있는 도깨비들이었다. 그들은 지난번 사기를 당해서 얻은 혹까지 이놈의 영감 귀밑에 붙여주었다. 영감은 이래서 그만 쌍 혹을 다는 신세가 되고 말았다.

"혹 떼러갔다가 혹 하나 붙이고 왔다"는 속담 비슷한 말은 이래서 생겼다고도 한다.

이처럼 절묘한 성형외과 수술 솜씨를 갖춘데다 재치를 부려서 보기 좋게 앙갚음도 할 줄 아는 게 도깨비다.

삼겹꾸러기에 삼겹패까지 겸하고, 그것도 모자라서 그는 꾀보고 재주꾼이다. 그러다 보니 도깨비는 무엇에서나 재미를 누린다. 마음 내키는 대로 흥을 부리고 신명을 떨치는 게 도깨비다.

'재미와 멋!'

이 둘은 도깨비의 양대 좌우명座右銘이고 슬로건이다.

그래서일까? 그의 마음은 동심으로 고여 있다. 엉큼하거나 두 마음을 부리지 않는다. 이건가 하면 저것이고 저건가 하면 이것인 한편으로, 도깨비는 솔직하고 진솔하다. 흑이면 흑이고 백이면 백이지, 그 중간에서 얼치기 노릇은 하지 않는다. 좌면 좌고 우면 우지, 중도좌파니 중도우

파니 그런 어정쩡한 짓은 질색한다. '중용의 미덕'이라니, 그건 악덕 중의 악덕이다.

그러니 한국인치고 도깨비를 아주 내놓고 부러워하지 않을 사람은 드물 것이다. 솔직하게, 아니면 은근슬쩍이라도 다들 선망할 것이다. 그래서 한국인은 거의 예외 없이, 거의 누구나 자신이 도깨비이기를 바랄 것이다. 그래서도 도깨비와 한국인은 서로 닮았다.

이드가 뿔을 달고 나서다

"자유 아니면 죽음을!"

자유는 곧 생명이다. 하지만 인생은 가시덤불이다. 윤리니 도덕이니 해봤자 필경은 사슬이고 오랏줄이다. 춘향의 그 백옥같이 흰 목을 옥죄고 있는 항쇄項鎖와 같고, 그 고운 발을 졸라 붙이고 있는 족쇄와 다를 게 없다.

우리는 그것을 깡그리 내팽개치고 싶다. 닥치는 대로 깨서 부숴버리고 싶다. 하지만 그게 마음대로 잘 안 된다. 성가시다.

자유에는 제약이 따르고 책임이 붙어 있기 마련이라는 그 아리송한 말은 어디 쓰레기통에 내다버리고 싶어지기도 한다. 한데 그게 마음대로 안 된다. 그래서 우리는 그게 마음대로 되는 꿈을 도깨비에게 걸었다. 한데 엎친 데 덮친 꼴로 또 우리를 졸라매는 게 더 있다. 그게 뭘까?

'눈치! 코치!'

바로 이따위들이다. 이들 등쌀에 우리는 제 마음대로, 제 생각대로 할 수도, 살 수도 없다. 사회가, 제도가 우리에게 노상 눈칫밥 먹이고 코치죽을 먹게 한다.

조선조 소설 『장화홍련전』에서 홍련의 어미는 장화에게 노상 눈칫밥을 먹여댄 못 돼먹은 의붓어미다. 그리고 인생은 우리들 누구에게나 의붓어미고 계모다.

> 의붓어미 시새움에 죽은 누나는
> 죽어서 접동새가 되었습니다.
> 아홉이나 남아 되는 오랍동생을
> 죽어서도 못 잊어 차마 못 잊어
> 야삼경 남 다 자는 밤이 깊으면
> 이 산 저 산 옮아가며 슬피 웁니다.

김소월은 이렇게 울부짖고 있지만, 우리라고 해서 뭐가 다른가 말이다.

우리들 인생살이에는 의붓어미 노릇 하는 게 쌓이고 또 쌓여 있다. 윤리니 도덕이니 하고 어깨에 힘주고 있는 것이, 규제며 제약이니 하고 으스대고 있는 그 고약한 것들이 모두 우리의 의붓어미 꼴이다. 가시덤불이다. 그 밤귀신 같은 것들의 시새움 때문에 눈칫밥 먹듯 세상을 살고 코치죽 먹듯이 목숨을 부지하고 있다.

그래서 우리는 눈칫밥 안 먹고 코치죽 안 먹어도 그만인 세상을 이룩해서 살고 싶다. 그러면서 내친김에 제도며 규제, 윤리며 도덕 따위 쇠사슬을, 올가미를, 아니면 덫을 박살 내고는 제멋대로, 제 깜냥대로 이 짧은 한세상을 누리고 싶다.

한데 이들 외부의 압제壓制와 야합하는 심보가 우리들 안에서 독사처럼 사리고 있는 것을 느끼게 된다. 이성이며 의식이니 하는 따위는, 우리 내부에서 우리의 자유에 대해 훼방 놓고 심술부리고 하는 또 다른 사슬이고 오랏줄이다.

그들 규제며 이성 그리고 안면에 체면, 뿐만 아니라 눈치며 코치 따위의 그 하고많은 사슬, 올가미, 오랏줄…… 이따위들은 다 깨부수고 박살 내고 나서면서 도깨비는 자유인이 된다. 그래서 한국인은 도깨비에 의지해서 그들 이드며 리비도를 마음껏 터뜨린다. 의식에 짓눌릴 대로 눌린 무의식의 욕망을 개방의 공간에 풀어놓는다.

정신분석학은 인간 심성이 이드id와 자아ego와 초자아superego, 이 셋으로 이루어져 있다고 풀이하고 있다. 이드는 무의식에 잠재된 에너지의 원천이어서 충동적으로 쾌락을 추구한다고 되어 있다. 한데 그 막무가내의 충동을 자아와 초자아가 되도록 억누르고 다스리려고 한다는 것이다. 우리들 각자의 양심이라고도 할 수 있는 자아는 현실에 비추어서 이드를 조절하고, 초자아는 인간들이 우러러 받들기 마련인 이상과 이념에 어울릴, 크나큰 보편적인 이성으로 이드를 통제하려 한다는 것이다.

정신분석학에서는 우리들 마음의 망나니인 이드에서 유발되어 겉으로 드러나기 마련인 본능이나 야성을 리비도libido라고 이름 짓고 있다. 그것은 생리적인 욕망을 채우려 들고 무진장 쾌락을 누리려고 든다는 것이다. 특히 성적인 욕망에 치우쳐져 있다고도 한다.

이와 같은 인간의 이드와 리비도에 발맞추어 도깨비는 활개를 치고 세상에 나선다. 제 세상 만나서 설치고 다닌다.

이미 말한 대로 이드니 리비도니 하는 것들은 물불을 가리지 않는다. 양심도 이성도 돌볼 틈 없이 덮어놓고 욕심과 욕망을 채우려 든다. 폭발하려는 우리들 본능의 뿌리가 이드라면, 리비도는 그것이 난리를 떨고 나선 현상이다. 그 둘은 뒤엉겨 있어서 이론적으로는 몰라도 현실적으로는 서로를 구별 짓기 어렵다.

그래서 우리들 인간의 이드가 뿔을 달고 나서면 도깨비가 된다. 우리들 한국인의 리비도가 한밤에 파란 불을 켜고 설치면 그게 다름 아닌 도깨비다. 인간의 본능과 무의식 속에 독사처럼 사리고 있는 충동이 어둠을 틈타 도깨비탈을 쓰고 나타난다. 그래서 야밤중의 도깨비는 우리들의 대변자가 된다.

그래서 도깨비는 해방이고 해탈이다. 도깨비가 놀이에 넋을 팔고, 춤판에 혼을 빼고, 희롱戱弄과 장난에 정신을 파는 것은 이 때문이다. 그는 희롱을 즐기고 농탕치기를 좋아한다.

희롱은 물론 당사자에게는 쾌락을 누리는 유희가 되지만, 그것에는 으레 남들을 가지고 노는 재미, 남들을 뺑뺑이 돌리는 재미도 따르게 되어 있다. 그러다 보니 정도가 지나쳐서 도깨비는 탕아蕩兒가 되고 패륜아悖倫兒가 되는 것도 개의치 않는다.

손가락질당하는 정도를 넘어서 아예 죄도 짓게 되지만, 도깨비 세계에는 육법전서도 없고 사법기관도 없다. 도덕군자는 얼씬도 못한다. 헛기침을 내뱉고는 우락부락 표정을 갖추는 따위는 도깨비에게는 머저리나 똘마니 짓거리에 불과하다.

한데 참 묘하게도 그가 남들에게 해코지를 하고 피해를 입혀도 장난기가 따르고 변덕이 한 수 거들고 하면 구태여 그를 체포해서 유치장에 가두기가 망설여진다.

장난기에 익살까지 껴들고 보면 죄를 묻기가 민망해진다. 하긴 가두어봤자 간수나 경찰이 돌아서는 순간 온데간데없고, 풀어진 포승줄이나 수갑만 나동그라져 있을 게 뻔하지만 말이다.

　이성이며 의식이니 하는 사슬과 올가미에서 벗어나 이드나 리비도
를 채우려 들 때, 한국인은 눈 깜짝할 사이 밤도깨비가 된다.

한국인이 집단적 자화상을 그린다면

누가 누군지?
도깨비가 한국인인지,
한국인이 도깨비인지.

알쏭달쏭한 그 물음.

인간적인, 너무나 인간적인

한국인이라면 누구나 도깨비를 잘 알고 있다. 그에 관한 이야기는 이웃 사람이나 친구를 두고 하는 얘기만큼 우리에게 친숙하다. 그만큼 우리의 귀에 못 박혀 있다.

불과 한 시대 전만 해도 여름밤에 타다 남은 모깃불을 에워 앉아 이야기를 주고받을 때, 도깨비는 그 누구보다 단골로 등장해서 스타 노릇을 맡아 하곤 했다. 그러기에 도깨비 이야기를 못 듣고 자란 한국인은 아마도 없을 것이다. 아니, 이렇게만 말하고 그칠 수는 없다. 도깨비 이야기를 들으면서 우리는 한국인으로 자라갔다. 한국인이 되어갔다. 그래서 도깨비 이야기는 한국인의 정신과 정서의 본관도 같고 본적지와도 같은 것이다. 우리의 마음에는 도깨비의 피가 흐르고 있을지도 모른다.

어느 부잣집에서 잔치를 치르게 되었다. 떡이야 유과油果야 해서 잔뜩 먹을거리를 장만했다.

푸짐하게 맛나는 음식 냄새가 치솟고 번지고 하는 중에 해질 녘이 되자 도깨비가 찾아왔다. 배가 고프다고 했다. 뭐든 좋으니까 음식 좀 달라고 했다.

"아서라. 잔칫상 차리기 전에는 못 줘!"

주인 식구들은 막무가내로 도깨비를 내쫓았다. 바가지로 물세례를 안겨주기도 했다.

"이 인정머리 없는 것들, 어디 두고 보자!"

도깨비는 저주하듯 말하고는 꽁무니를 뺐다.

한데 다음 날 아침, 잔뜩 마련해둔 가래떡이며 국수가 부엌 안에서 보이질 않았다. 혹시 하고 마루며 방들을 살펴보았지만 온데간데없었다.

그뿐만이 아니다. 가마솥들의 뚜껑들이 제 모양 그대로 솥바닥에 처박혀 있었다. 사람으로선 할 수 없는 일이었다.

난리가 났다. 이제 곧 잔치가 벌어질 판인데 여간 큰 변이 아니었다. 그런 판에 누군가가 뜰 가장자리의 감나무에 뭔가 주렁주렁 걸려 있는 걸 발견했다.

가까이 가서 보니 이게 무슨 일!

가지마다 떡가래와 국수가 주렁주렁 걸려 있는 게 아닌가. 게다가 담장 위에도 늘어져 있었다.

"아, 이건 어제 그 도깨비가 심술부린 거야!"

서둘러서 수수떡과 개고기를 푸짐하게 한 접시 차려놓고 도깨비에게 고사를 올렸다.

"이것들 많이 드시고 부디 우리를 용서하소서!"

모양은 보이지도 않는데 연신 떡과 고기가 접시에서 위로 옮겨지고 날름날름 맛나게 씹어대는 소리가 났다.

다 먹고 나더니 도깨비는 여전히 모습을 감춘 채 가래떡과 국수를 모두 부엌 안 제자리로 옮겨놓는 것이었다. 그게 순식간이었다. 어느샌가 솥뚜껑들도 제자리로 돌아와 있었다.

　이건 너무나 도깨비다운 이야기다. 그러면서 너무나 인간적인 이야기다. 그들은 제 감정에 솔직하다. 그러기에 뭐든 가리고 삼가고 자시고 하는 것을 꺼려하는 한국인은 도깨비의 친구가 되어 있을 것이다. 그만큼 도깨비와 한국인은 한솥밥을 먹고 자랐는지도 모를 일이다. 하지만 도깨비는 제 속만 차리는 것이 아니다.

강원도 통리 근처 마을에 한 노인이 살고 있었다. 그는 매우 심통이 사납고 먹보에다 식충이를 겸하고 있었다.

며느리가 사발에 고봉으로 밥을 담아서 시아비 진짓상을 차려도 언제나 밥이 적다고 며느리를 구박하곤 했다. 궁한 살림이라 다른 식구들이 끼니를 줄이는 것에도 아랑곳하지 않고 제 배만 채우려 드는 그런 위인이었다.

어느 날, 그 주제도 잊고 산천 구경을 간답시고 길을 나섰다. 며느리가 소금물에 적신 밥이나마 호박잎에 싸고 새우젓을 얹어서 도시락을 마련했다.

길을 가다가 배불리는 몰라도 시장기나마 넘기시라고 정성을 쏟을 대로 쏟은 것이다. 보통 사람 같으면 서너 끼 배는 채울 만한 양이었다. 그 탓에 며느리는 나머지 식구가 적어도 한두 끼니는 줄여야 한다는 것을 각오하고 있었다.

한데도 이놈의 영감은, "나더러 이따위를 먹으라고?" 하며 밥이 적다느니, 반찬도 제대로 갖추지 않았다느니 하면서 애바르게 굴었다.

집 떠난 지 첫날 밤이다. 낮에 이미 두 끼 몫도 더 되게 배가 터지도록 먹어놓은 주제에도 나머지 주먹밥으로는 양이 찰 것 같지 않았다.

"저 나쁜 것. 며느리라는 주제에 시아비 진지를 요렇게 쥐꼬리만큼 싸다니."

영감은 숲가의 바위에 걸터앉아 며느리 욕을 해댔다. 허겁지겁 다 먹고 나더니 한다는 소리가, "아, 배고파. 요년, 내가 집에 돌아가면 보자고."

그 소리에 맞추듯이 누군가 불쑥 눈앞에 나타났다. 도깨비였다. 이마에 붉은 불빛이 어려 있었다.

"어르신, 시장하시면 절 따라오셔요. 제가 실컷 배불려드릴 테니까요.
참, 그러기 전에 이것부터 드시고요."

그러면서 큰 술병을 내놓았다.

먹보 영감은 그걸 벌컥벌컥 단숨에 들이켜고는 도깨비 뒤를 따랐다.
먹보 욕심에 술기운까지 어울려서 상대가 도깨비고 뭐고 따질 겨를이
없었다.

휘청, 비틀, 도깨비 뒤를 밟았다.

조금 가니까 그저 그런 집 한 채가 나타났다. 도깨비는 안으로 들어가
서 대청마루에 미리 차려진 밥상 앞에 노인을 모셨다.

진수성찬이었다. 고기야 나물이야 부침개야 해서 여간 아니었다.

"많이 드십시오."

그러고 도깨비는 사라졌다.

노인은 배가 터지게 먹어댔다. 만복감에 술기운까지 더해서 밥술을 놓
자마자 마루에 쓰러져 잠에 빠져들었다.

한데 바로 다음 날 아침, 이웃 나무꾼이 그 집 앞을 지나가는데 드렁드
렁 코 고는 소리가 울려왔다. 도깨비 터라고 소문난 집이라서 뭔 일인
가 하고 들어가보았다.

대청마루에서 아직도 깊이 잠들어 있는 노인의 입에 쇠똥이 물려 있었
다. 입가며 얼굴은 말할 것도 없고 가슴 언저리의 옷섶 할 것 없이 온
통 쇠똥과 진흙더미가 뒤엉겨 있었다.

기가 차서 바라보고 있는 나무꾼에게 일부러 들려주듯 먹보 영감이 잠
꼬대를 했다.

"아! 맛나다, 맛있다!"

그걸 듣고 나무꾼은 토악질을 해댔다.

이것은 단순히 심술 이야기로 끝날 것 같지 않다.

도깨비는 이처럼 남의 잘잘못을 보고 그냥 넘어가지 않는다. 그럴 때 그는 '정의의 열사'다. 인간의 선악을 가려서 상을 받을 자에게는 상을 주고 벌을 받을 자에게는 벌을 내리는 사법관이다. 그럴 때 그는 머리를 싸매고 궁리하거나, 이럴까 말까 머뭇대지 않는다.

그러기에 나머지 가족이야 굶든 말든 사납게 제 욕심만 챙겨대는 '먹보 영감'의 혼쭐을 빼놓은 것이다. 골려서 마땅한 자를 속 시원히 골탕 먹인 것이다. 그야말로 당해도 싼 인간이 옆에서 보는 사람 고소하게 당한 꼴이다.

위 이야기의 마지막 장면에서는 다들 손뼉을 치고 싶을 것이다. 그 노인의 꼬락서니라니, 그건 남들 보기에는 꽤나 익살스럽다. 하지만 본인은 된벼락을 맞은 셈이다. 그건 '풍자諷刺의 웃음'의 본보기 같은 것이다. 골릴 사람 마땅히 골리면서도 옆사람 배를 끌어안게 하는 웃음이 가득하다.

이처럼 도깨비는 일대 희극작가고 대단한 명연기를 펼치는 코미디언이다. 그만큼 인간적이다.

우리들 한국인이 도깨비처럼 사법관에 희극배우를 겸할 수 있으면 얼마나 좋을까? 나쁜 사람 응징하되, 사람들을 웃기면서 할 수 있으면 얼마나 좋을까? 이 같은 풍자는 어느 인종이나 민족이나 희극의 정수로서 떠받들려왔다.

한국인도 그랬다. 바로 탈춤의 웃음이 그랬다. 탈춤판의 말뚝이는 인간 도깨비다. 그리고 한국인은 이 세상에 '풍자의 도깨비'가 많기를 바라왔다. 그것이 옛 한국인의 꿈이었는데, 오늘날도 다를 바가 없다.

풍자의 웃음

기왕 웃음 얘기가 나온 김에 조금 더 떠벌려보자. 도깨비 이야기에는 웃음이 넘쳐난다. 한판 웃음판이다.

도깨비 웃음에도 종류가 있기 마련이다. 그중에서도 바로 앞에서 말한 '풍자의 웃음'이 가장 돋보인다. 풍자의 웃음은 그 성질머리가 두 겹이다. 한편으로는 누군가를 골리고, 욕보이고 있다. 그 누군가를 창날같이 쑤셔 박고 칼날같이 난도질을 한다. 다른 한편으로 옆의 사람에게 통쾌한 웃음을 안겨준다. 속이 풀리고 간이 시원해진다.

어느 한 사람은 창과 칼로 배가 갈라지듯 아픔을 겪게 하면서, 한편으로 옆의 사람은 웃음으로 배가 터지게 한다. 그게 바로 풍자의 웃음이다. 이건 인류 역사상 가장 존경받고, 그래서 팬이 많았던 웃음이다.

> 어느 날, 돈푼깨나 있고 땅마지기나 있다고 해서 노상 잘난 척 뻐기는, 그래서 다들 아니꼽게 여기고 얄미워하는 사내가 이웃 고을에 나들이를 갔다.
>
> 큰 고을이라서 예쁜 기생이 새로 왔다는 소문을 듣고는 오금아 나 살려라 하며 나귀를 몰고 달려갔다. 바람둥이가 바람기 날리면서 내달렸다.
>
> 신참 기생을 독판으로 차지하고서는, 며칠을 밤낮 없이 색에 빠져 있었다.
>
> 돌아오는 날에도 술을 과하게 마셨다. 그런 꼴로 집을 향해서 나귀를 몰았다. 날은 이미 저물어 있었다.
>
> 고개를 넘고 저만큼 마을이 보이는 숲가에 다다르자 난데없이 누가 나

귀 앞을 가로막았다.

나귀 옆구리에 매단 등잔을 들어서 살펴보니 젊은 아가씨였다.

"아이, 착한 우리 오라버니, 나 좀 태워주세요."

눈은 생긋, 말투하며 몸짓하며 애교 만점이었다.

사내는 일부러 버려서는 생판 모르는 남의 아가씨를 자기 앞에 올라타게 거들었다.

그는 뒤에서 짐짓 아가씨를 끌어안다시피 옥죄었다. 그러고는 나귀가 돌을 밟고 휘청대는 걸 핑계 대고 허리끈을 풀어서 아가씨를 제 가슴팍에다 옭아매었다.

그는 흥에 겨워서 나귀를 몰았다.

출렁, 출렁! 달랑, 달랑!

나귀 등에서 흔들림이 커질수록 기분은 더욱 좋았다. 아가씨도 장단을 맞추어 사내 몸에 바싹 허리를 달라붙게 하고는 실룩대었다. 실룩실룩, 엉덩이를 돌려댔다.

사내는 천당 가는 기분이었다. 그러다가 드디어 술기운도 거들어서 정신이 가물거리기 시작했다. 그게 한층 더 그의 쾌감을 돋우었다.

한데 하필이면 그 절정의 순간에 아가씨가 버려달라고 했다. 사내는 못 들은 척했다.

거꾸로 사내는 아가씨를 한층 심하게 제 가슴팍에 친친 감고 엮고 또 묶고 했다.

그러나 밤길에 기진한데다 여색에 홀리고 술기운에 겨운 나머지, 더 이상 몸도 정신도 온전히 가누지 못했다.

사내는 어느 큰 정자나무 아래서 말에 탄 채 정신을 잃었다. 그가 땅으로 떨어지자 나귀도 쓰러졌다.

밤새 기다리던 하인들이 새벽녘에 사내를 찾으러 나섰다. 정자나무 그늘에서 사내를 찾았으나 못 볼 걸 보고 말았다.

넋이 나간 채 넘어져 있는 주인 가슴팍에 낡은 빗자루가 묶여 있었다. 빗자루에는 얼룩얼룩 여기저기 피가 묻어 있었다. 그건 사내가 흘린 피는 아니었다. 사람들 기척에 제 정신을 찾은 사내의 몸에는 상처 하나 없었던 것이다.

다들 돌아서서 킬킬대고 웃었다. 입을 틀어막는다고 막았지만 이죽거리는 웃음소리를 아주, 영 막을 수는 없었다.

이 이야기 끝에서 사람들은 사내가 '암도깨비'에 홀린 것을 금방 알아보았다. 여성 경도(월경)의 피가 묻은 빗자루가 도깨비로 둔갑한다는 것을 모르는 사람이 없었기 때문이다.

사내는 도깨비에게 호되게 한 방 맞은 셈이다. 하지만 그를 찾아나선 아랫것들에게는 여간 통쾌한 웃음을 안겨준 게 아니다.

"저 꼬락서니라니. 늘 잘난 척 우쭐대며 우릴 못살게 굴더니만, 꼴좋다! 색골이 모양 좋다!"

다들 속으로 그렇게 소리쳤을 것이다. 풍자의 웃음은 워낙에 비꼬는 웃음인지라 여기서 그 본색이 여지없이 드러난다.

위에 보인 이야기에서 도깨비는 '미인계'를 썼다. 그래서는 인간의 약점을 파고들었다. 거의 대부분이 그렇듯이 돈에 약하고 권력에 약하고 색에 약한 게 한국의 사내들이다. 그건 이 땅 남자들의 '3약三弱'이다. 세 가지 취약점이다. 그러니 색과 권력과 돈 앞에서 이 땅에 사는 대부분의 사내들은 '약골弱骨'이 된다.

그건 이 땅의 사내들이면 누구나 들고 다니는 개인 간판 꼴이고 개인

광고 꼴인 명함만 보아도 알 수 있다. 돈이 최고라는 것, 그리고 권세가 태산이란 것을 이래저래 온갖 수단 다 써서는 명함에다 밝혀놓고 있다.

어떤 때는 본인보다 명함이 더 우쭐대기도 한다. 그 꼴 보고 도깨비가 가만있을 턱이 없다. 그래서 이야기 한 토막을 꾸며봤다. 이건 물론 순수한 도깨비 이야기는 아니다. 기왕에 나돌고 있는 도깨비 이야기의 패러디라고 보는 게 좋을 것이다.

어느 어스름 해질 녘에 웬 사내가 산길을 내려가고 있었다. 자신이 지천으로 사들인 토지를 둘러보고 오는 길이었다. 저만큼 세워둔 외제 자가용 차가 보이는 지점까지 왔다 싶은데, 난데없이 나무 그늘에서 웬 젊고 예쁜 여성이 나타나는 게 아닌가.

웃음을 머금고 교태를 부릴 대로 부리면서 차에 태워달라고 했다. 읍에까지 가는 길이라고 덧붙였다.

물론 사내는 좋다고 했다. 나란히 걷는데 여자가 물었다.

"실례지만 무슨 일을 하세요?"

문득 멈춰 선 사내는 명함을 꺼내 여자 코앞에 불쑥 내밀었다. 여자가 들여다보니 명함 앞뒤로 XX 장, XX 위원 등등의 직함 따위가 빼곡히, 빈틈없이 박혀 있었다.

사내가 잘난 척하느라 "으흠!" 기세 좋게 헛기침을 뱉고는 담배를 꺼내서 입에 물었다.

한데 바로 그 순간, 사내의 몸통이 일그러지기 시작하더니 그만 한 장의 명함으로 변하는 것이었다. 거기에는 XX 장, XX 위원 등의 활자가 일루미네이션처럼 빛나고 있었다.

그러자 여인은 파란 불빛으로 변하더니 이내 숲 속으로 사라져버렸다.

이런 게 신판 도깨비, 현대판 도깨비다. 돈과 권력에 약한 못난이들이 그 둘에 더불어서 으레 색에도 약하기 마련인 것을 노리고 도깨비가 크게 한 방 골탕 먹인 셈이다.

이렇듯이, 도깨비는 이 같은 한국의 속물俗物 사내들의 '3약'을 보아내지 못한다. 어떻게 해서든 '3약'에 놀아나는 사내들을 골탕 먹이려고 든다. 그래서 도깨비는 적어도 속물은 아니다.

위에 보인 두 이야기의 주인공들은 둘 다 속물 중의 속물이다. 돈 많은 티 보란 듯 내보이며 코에 걸고 다니고, 집안에서는 보나마나 온 식솔들을 옴짝달싹 못하게 권세를 부리고 있을 것이다. 이웃 사람들에 대해서도 무례와 횡포를 일삼을 게 뻔하다.

이때 우리는 앞의 이야기에 나타난 빗자루, 그나마 낡고 닳아빠진 빗자루가 상징하는 바에 관심을 기울여야 한다. 예쁜 색시라고 안은 게 나중에는 빗자루로 둔갑하고 말았다. 그것은 돈과 권력과 색에 취한 자들의 말로를 웅변하고 있다.

"그래, 뻐겨봐. 권력, 돈, 색으로 우쭐대봐! 필경은 낡아빠진 빗자루 꼴이 될 테니."

위의 이야기에서 도깨비는 그렇게 말하고 있다. 한데 빗자루에는 또 다른 의미가 깃들어 있다.

빗자루, 그건 여인네의 손에서, 아낙네의 손에서 오래오래 머물렀던 물건인지라 여자들의 속내며 신세를 상당한 정도 닮아 있을 것이다. 여성의 마음이며 신세, 팔자 등등이 거기 진하게 묻어 있을 것이다. 그래서 빗자루는 어느새 그 주인 여자와 엇비슷해졌을 것이다.

한편, 지나간 시절 이 땅의 여인네들은 영락없이 사내들 손에 쥐어진 빗자루 꼴이었다. 시달리고 닳고 찌들고 낡고 했던 것이다. 위의 이야기에서 도깨비는 이 점을 익히 들여다보고 있었던 것이다.

"그래, 색이라고, 여자라고 좋아해봐, 이 사내놈들아. 너희네 여자는 다들 낡은 이 빗자루 꼴이야. 우릴 이 지경으로 빠뜨려놓고는 뭐, 우릴 가지고 놀려고?"

이렇게 말하면서 색골의 사내를 골탕 먹이며 세상의 비웃음거리로 삼은 것이다. 이것이 도깨비의 웃음 속에 감춰진 정체의 하나다. 이래저래 도깨비는 돈과 색과 권력, 모두 해서 '3권三權'에 약한 한국의 사내들을 웃음거리로 삼고 있다.

피에로의 본색

이렇듯이 도깨비가 사람과의 사이에서 빚어내는 웃음 속에는 압도적으로 비꼼의 의미가 많다. 그렇다고 해서 다른 속내의 웃음이 없는 것은 아니다.

도깨비는 제 스스로 못난 짓거리를 해서 사람들의 비웃음거리가 된다. 이건 '피에로의 웃음'이라고 이름 붙여도 괜찮을 것 같다.

서커스, 곧 곡마단 놀이나 그 비슷한 구경거리에 곧잘 등장하는 것이 피에로다. 한 막이 끝나고 다음 막을 준비하는 그 중간중간, 그야말로 막간을 이용해 관객들에게 웃음거리를 제공하는 자가 다름 아닌 '피에로'다. 우리말로 어릿광대라고 해도 괜찮을 것 같다.

그는 우선 얼굴 치장이며 옷차림이 요란뻑적지근하고 우스꽝스럽다. 표정도 몸짓도 모조리 뒤틀리고 이지러지고 비트적거리기 마련이다. 그렇듯 못난이, 바보 행색을 하면서 관객들의 허리를 끊어지게 한다.

그것이 피에로의 본색이다.

우리나라 구경거리에서 보기를 구하자면, 큰 마을의 놀이판이나 장터에서 큰 몫을 맡아 하던 광대들의 웃음이 이에 해당할 것이다. 예컨대, 바보나 등신 아니면 얼간이 노릇을 해 보이거나, 또는 '병신' 등등의 구실을 해 보임으로써 익살을 떨고, 그래서 남을 웃기는 그 웃음은 영락없이 피에로의 그것을 닮았다. 가령, 경남의 밀양에서 백중놀이 즈음해 놀아진, 소위 '곱사춤'이나 '병신춤'이 좋은 본보기다. 이른바 못난이가 자신의 못난 짓거리로 남들을 웃기는 것이 피에로의 웃음이고 어릿광대의 웃음이다.

도깨비는 스스로 그 피에로가 되고 어릿광대가 되곤 한다. 그는 어쩌면 세상살이가 재미없고 깡마르고, 그래서 심심해서 죽을 지경인지도 모른다.

그러자니 도깨비는 사람도 별로 다를 바 없다고 생각해서 동정하는 모양이다. 그래서 사람들에게 재미 좀 주자고, 자진해서 자기를 웃음거리로 내놓는지도 모를 일이다. 과부 사정은 과부가 안다는 속담이 꼭 들어맞을 것 같다.

도깨비의 피에로 노릇을 살펴보기 전에 그 비슷한 옛날이야기 한 토막에 귀를 기울여보자.

옛날 옛날 어느 옛날, 바보가 장가를 갔다.

초례醮禮를 다 마치고 드디어 첫날밤을 맞이했다. 초롱불 은은한 신방에 마침내 기다리던 신부가 들어와서 돌아앉았다.

바보 신랑은 마음만 들떴을 뿐, 뭘 어떻게 해야 할지 몰라 쩔쩔맸다. 가슴이 울렁대자 오줌이 마려웠다.

슬며시 밖으로 나갔다. 마침 비가 오는지라 처마에서 빗물이 떨어지고 있었다. 주룩, 주룩, 주루룩…… 그 소리가 제법 컸다.

신랑은 처마 안으로 몸을 사리고는 바지를 내렸다. 소변을 보았다. 시원한 오줌 줄기가 처마에서 떨어지는 빗물 소리와 잘도 어울렸다.

한데 언제까지 그렇게 그런 꼴로 서 있기만 했다. 반 시간이 지나고 한 시간이 다 지나도록 그 꼴이었다.

기다리다 못한 신부가 무슨 일이라도 생겼는가보다고 장지문을 열고 내다보았다. 허리춤을 내리고 앞으로 손을 돌린 채 우두커니 서 있는 신랑의 뒷모습이 눈에 들어왔다.

"왜 그러고 계셔요? 비 맞지 말고 들어오시죠."

신부의 이 상냥한 소리에 신랑의 어눌한 대답이 돌아왔다.

"나, 나 말이오, 오줌 누고 있단 말이오. 저 오줌 떨어지는 소리, 당신은 못 듣소?"

그러면서 그는 처마에서 떨어져 버리는 낙숫물을 가리켰다.

사내 귀에는 제 오줌 누는 소리나 처마 끝 빗물 떨어지는 소리나 그게 그 소리로 들렸던 모양이다. 이 우스갯소리는 영락없이 피에로의 것이고, 얼간이며 어릿광대의 것이다.

어느 산골 외딴 곳에 가난하지만 젊고 예쁜 과부가 살고 있었다. 여성들은 재혼을 못 하게 되어 있던 시절이라 과부는 모든 피로움을 참고 힘겹게 홀로 살고 있었다. 하지만 너무 외로웠다. 밤이면 무서워서 밤잠을 설치곤 했다.

그러던 중 웬 젊은 사내가 매일 밤 찾아와서는 아무 소리 없이 논밭을 갈아주고 땔감도 해다 주곤 했다. 집안의 힘든 일은 혼자서 도맡아 했다. 과부가 부탁한 것도 아닌데 그랬다.

먹을거리가 떨어지면 어떻게 알았는지 쌀이며 찬거리를 수북수북 챙겨다주었다. 하루가 멀다하고 돈도 마루에다 수북수북 쌓아놓곤 했다. 그 정성이 여간 아니라서 여인은 어느샌가 마음이 끌렸다. 그래서는 밤이면 밤마다 사랑을 나누곤 했는데, 웬일인지 사내는 새벽닭이 울기 전에 어디론가 바람처럼 사라지곤 했다.

그게 수상했다. 어느 새벽, 떠나가는 그의 뒤를 밟았다. 마을을 벗어나 외딴 숲에 이르자, 거기 솟은 고목나무 밑동에 패인 큰 구멍 속으로 들어가는 게 아닌가! 그때서야 제 모습으로 돌아간 그의 머리에는 뿔이 솟아 있었다.

과부는 겨우 깨달았다.

"아, 내가 도깨비 샛서방을 사귀었구나!"

왈칵, 무섬증이 들었다. 하지만 이미 때가 늦었다. 그 동안에 덕 보고 신세 지고 한 게 얼마냐 말이다. 그의 밤 사랑은 그야말로 꿀맛이었다. 올 적마다 돈은 또 오죽 많이 가져다주었는가 말이다.

그래서는 모른 척하고 사내를 계속 맞아들였다. 무서움도 참았다. 한데 이상하게 날마다 살이 빠지고 몸이 야위어갔다. 몸이 뼈만 남을 지경이 되자 여인은 도깨비를 떼기로 작심했다. 그래서 밤에 연인에게 물었다.

"당신, 밤길만 골라 다니는데 무섭지 않아요?"

"응, 당신 만나는 재미에 무서운 게 없소."

"그래도요, 혹……?"

"그러고 보니 나는 말 피가 무섭소. 그것만은 질겁하고 달아나지요."

여인은 이 말을 받아서 능청을 떨었다.

"그럼 내가 지켜드릴게요."

다음 날 밤, 여인은 그가 오기 전에 나귀 피를 집 둘레에 뿌렸다. 마침 집에서 기르고 있던 나귀의 뒷다리를 칼로 찢어 그 피를 받은 것이다. 도깨비는 가까이 오지 못하고 멀리서 소리만 질러댔다.

"나쁜 것! 이 배신자! 그 동안 내가 갖다준 돈 다 내놔!"

그러자 여인은 마루 끝에서 소리쳤다.

"당신이 준 돈으로는 땅을 산걸."

그러자 도깨비는 어디론가 가서는 말뚝하고 밧줄을 가지고 돌아왔다. 지적도를 보지 않고도 정확하게 여자의 땅 네 귀에 말뚝을 박고는 거기에 밧줄을 동여매었다.

"영차! 영차!"

밧줄 한 끝을 울러 매고는 힘껏, 마치 줄다리기라도 하듯이 끌고 당기고 했다. 그렇게 밤마다 밧줄 끌기를 했다. 그나마 낮엔 산삼을 먹고 힘을 차리며 쉬고는 밤이면 밤마다 그랬다.

이게 얼간이가 아니면 어느 누가 그럴 수 있을까?

도깨비 이야기 중에서도 가장 잘 알려진 이 한 편의 이야기에서 도깨비는 힘센 바보, 장사 바보 노릇을 도맡아 하면서 제 자신이 일급의 어릿광대요, 피에로란 것을 웅변하고 있다. 그의 힘이 센 만큼 우리들의 웃음소리도 커진다.

이 피에로의 웃음과 풍자의 웃음이야말로 우리들 인간이 가장 즐겨하는 웃음이다. 우리나라 같으면 조선조의 저 유명한 정수동과 김선달, 그리고 김삿갓이 우리에게 맛보여준 웃음은 풍자의 웃음이고, 탈춤과 서낭굿 탈놀이 판의 웃음은 피에로의 웃음이다. 그러기에 웃음만 가지고도 도깨비는 우리 한국인이다.

한국인의 음과 양, 그 두 심보의 대변자

그런데도 우리는 도깨비를 잘 모르고 있다. 등잔 밑이 어두운 꼴이다. 들어서는 알지만 생각하고 캐지를 않아서 아는 게 별로 없다. 귀에는 익었지만 마음으로는 설고도 또 설다. 재미로서는 귀며 입에 오르내리지만, 인식하기에는 멀고 또 먼 존재다.

　어찌 보면 그것은 우리들이 한국인으로서의 자기 인식에 어떤 중대한 결함이 있다는 것을 말해주는 것인지도 모른다. 우리 자신이 누구인지, 어떤 모습인지 깨닫는 데 무엇인가 결정적인 구실을 해줄 만한 지식이 그다지 많지도, 넉넉하지도 않다는 이야기인지도 모른다. 그건 결국 한국인의 자각과 자기 인식에 상당한 빈틈이 있다는 것을 말한다.

> 부지런하고 착한 나무꾼이 산에 약초를 캐러 갔다. 이리저리 뒤지고 찾고 했지만, 병들어 누워 있는 어머니께 도움이 될 만한 건 한 뿌리도 찾아내질 못했다.
> 그럴수록 더 열심히 찾다가 미처 날이 저무는 것도 몰랐다. 어두운 산길을 겨우겨우 더듬어서 내려오다 드디어 숲 가장자리에 닿을 수 있었다.
> 저만큼 불빛이 어릿댔다. 모두 해야 여남은 집이 옹기종기 모여 사는 마을에는 이미 등잔불들이 켜져 있었다.

"휴!" 하고 나무꾼은 지게를 내려서 받쳐놓고 담뱃대를 물었다.

한데, 마침 그때 소란한 아우성이 들려오는 게 아닌가! 두리번거리는데 저만큼서 불빛이 휘황했다.

궁금해서 가까이 가보았다. 도깨비 무리들의 잔치판이었다. 그들은 거나하게 취해서들, 춤도 추고 노래도 부르면서 한창 신명을 돋우고 있었다.

나무꾼은 그만 그 보기 어려운 구경거리에 넋을 잃었다. 저도 모르게 담뱃대에다 대고 부싯돌을 쳤다.

'철꺽!'

순간, 그 소리가 도깨비들 귀를 따갑게 했다. 다들 놀랐다. 춤이고 노래고 모두 멈추고는 우뚝 섰다.

도깨비들이 나무꾼 곁으로 몰려들었다.

"무엄하다. 우리 잔치판을 잡소리 내어 부셔놓다니."

"무엇으로 어떻게 죄 갚음을 할 거냐?"

나무꾼은 지게에 기대어서 용서를 빌었다. 그러고는 말했다.

"모처럼 노래를 즐기고 계셨으니 제가 노래 한 곡조 불러드리면 어떨까요?"

도깨비들 얼굴에 활짝 웃음꽃이 피었다.

"아이고, 아이고. 병드신 우리 어머니 불쌍도 하시다.

온 하루, 온 산을 헤매어도 약초 한 뿌리 못 캐다니,

빈 지게 메고 갈 것이니, 이 일을 어찌 한담?"

나무꾼의 노랫소리가 도깨비들 애간장을 녹였다.

"아, 그랬소? 지성이면 감천이라 하지 않았소. 오늘은 너무 늦었으니 어머니한테 빨리 가시오. 내일 새벽 일찍 사립문 밑을 보시오."

다음 날 나무꾼 집 사립문 밑에는 산삼이 수북이 쌓여 있었다.

이 이야기에서 도깨비는 유학자들 저리 가라는 듯 삼강오륜을, 그중에서도 자식이 부모에게 바치는 효孝를 섬기는 모습을 보인다. 조선왕조 시대에 한국인이 으뜸으로 떠받든 이데올로기는 다름 아닌 충성과 효도였다. 충효는 최선의 윤리이자 도덕이었다.

위의 이야기에서 도깨비는, 지난날 한국인이 가장 좋고 착한 인간이 되기 위해서 걸어간 바로 그 길을 지금도 밟아나가라고 말하는 것 같다. 이런 생각은 요즘의 세상 인심이 돌아가는 꼴을 보게 되면 더한층 절실해진다. 도깨비 이야기는 그래서도 올곧은 한국인을 위한 윤리학 교과서가 될 수 있다.

어버이 살아 계실 때
섬기기 다하여라.

이 옛 시조가 오늘날에 새삼 크게 메아리쳐졌으면 좋겠다.

모르긴 해도 효녀 심청이 다시 태어난다면 앞 얘기에 나오는 도깨비 중 하나를 골라서 시집을 갈지도 모른다. 그래서도 요즘 잘 쓰는 말을 빌리자면, 우리들의 착한둥이 도깨비가 휴머니스트고 휴머니터리어니즘, 곧 인도주의 신봉자들임이 더욱더 빛나 보인다.

이건 좀 엉뚱하다. 여러 군데서 이미 살펴본 바와 같이, 그들은 난봉꾼이고 바람잡이고 또 변덕꾸러기들이다. 그 심술통은 한강을 비롯한 4대 강의 물을 모조리 담고도 남음이 있다. 요즘 한창 떠들어대고 있는 소위 '4대 강 사업'은 도깨비에게 맡겨야 할 것이다. 그런데도 일급의 휴머니

스트가 되기도 하니, 참으로 수수께끼다.

그런데 또 문제가 있다. 그것은 다름이 아니라, 도깨비가 하필이면 위의 이야기에서도 일러주듯 지난날 한국인의 이데아를, 그 고운 마음을 밤에 주로 실천하고 다닌다는 점이다. 그것은 그들이 워낙 어둠의 자식들이기 때문이다. 소위 '밤도깨비'만 그런 게 아니고 도깨비 종내기는 모두 다 그렇다.

그러다 보니 도깨비는 착한 일도 옳은 일도 남몰래, 야밤중에 하기 마련이지만, 흉한 짓도 역시 밤에 해댄다. 이래저래 그는 야행성이다. 어둠과 어울릴 구린 짓, 흉한 짓을 밤을 틈타서 곧잘 해대는 것은 그 때문이다.

그래서 도깨비는 한국인의 마음의 음지이다. 이것은 부인할 수 없는 사실이다. 그들의 심성은 물론 심보도 어두컴컴한 굴속이고 덤불 속이기도 한 것이다.

한국인이, 하고는 싶지만 남들 앞에 내놓고는 못 하는 짓거리, 마음은 내키지만 막상 하려고 들면 뭔가 좀 찜찜한 소행, 그런 등속의 일을 도깨비는 거침없이 해댄다. 그렇다고 그들이 동료 몰래 또는 상관이 눈치 못 채게 은근슬쩍 뇌물을 받아 챙겼다는 얘기는 없다. 그런가 하면 그들이 남들 등 뒤에 숨어서 쑥덕공론으로 정치 거래를 했다는 이야기도 없다. 아니면 그들이 시험장에서 선생 눈을 속이며 커닝을 했다는 소문도 나돈 게 없다.

도깨비는 마침내 들통이 나서 신문이나 방송을 떠들썩하게 만드는 따위 사람들의 흉한 짓거리는, 그런 후안무치한 짓은 차마 하지 않지만, 그래도 역시 어둠을 타고는 은근하게 슬쩍슬쩍, 별로 달갑지 않는 일들을 해내는 것만은 틀림없다.

보통의 착하고 어진 사람으로서는 뭔가 마음먹기는 했지만 남들에게보다 우선 자기 자신에게 부끄러운 것, 굳이 하려고 들면 못 할 것도 없지만 어째 죄스러움이 느껴지는 것, 그래서 감추고 싶고 없는 듯이 잡아떼고 싶은 것……. 이런 등등의 일을 도깨비는 별로 사양치도, 그다지 개의치도 않는다. 마음 내키는 대로 후딱 해치운다.

그래서 도깨비는 한국인의 내면에 있는 마음의 어둠이라고 보게도 된다. 그가 주로 어둠을 타고, 또는 음습한 분위기를 타고 나도는 까닭도 여기서 찾게 된다.

하루는 낮으로만 지탱되는 것이 아니다. 하루의 절반은 밤이다. 그렇듯이 도깨비는 한국인의 마음을 절반이나 차지하고 있다. 한국인의 마음의 음지, 마음의 어둠 그것과 도깨비의 속내는 거의 같으면 같았지 결코 다를 수 없다.

그런데도 바로 앞에서 본 이야기에서는 사정이 다르다. 그들은 이웃을 사랑할 줄도 알고 인간의 효심에 감동도 한다. 그래서는 선善도 베풀고 있다. 상당한 착한둥이가 도깨비다.

이것은 한국인이 피하지 못할, 그들 마음의 어둠을 들여다보면서 거기 밝은 햇살이 비치기를 바라는 소망과 맞물리고 있다. 마음의 어둠에 대한 자각이 크면 클수록 밝음을 향한 동경도 커지는 법, 그게 인간성이다.

도깨비는 그것을 한국인에게서 물려받고 있다. 이래서 한국인의 마음 절반이 아닌 전체가 도깨비다. 아무리 적게 봐도 그 정도는 된다. 그러니 한국인에게는 '도깨비 콤플렉스'가 있을 수밖에 없다. 도깨비 심보나 도깨비 짓거리치고 한국인이 영영 나 몰라라 할 것은 없다.

한국인 행동의 만다라

우리들 의식 안에서 도깨비는 커졌다 꺼졌다 하면서 껌벅대는 초롱불과 같다. 도깨비의 근성은 사람으로 치면 워낙 깊으나 깊은 무의식의 굴속에 박혀 있는 심리 같은 것이다. 그래서 그는 때로는 아주 깜깜 절벽이다. 무의식도 예사 무의식이 아닌, 저 '집단무의식'의 깊으나 깊은 심연 속에 깃들어 있다.

도깨비는 천길 만길 깊으나 깊은 바다 속에 웅크리고 있는 무슨 심해어深海魚를 닮아 있다. 그래서 인간들은 도깨비가 우리 인간의 무의식의 웅덩이에 깃들인 존재라는 것을 끝까지 잘 알아보지 못한다. 아니, 우리의 생각이 거기까지 잘 미치지 못한다.

'집단무의식'이란 엄청난 것이다. 프로이트와 나란히 무의식과 관련해 심리학의 거두로 불리는 칼 융에 따르면, 집단무의식은 어느 공동체, 어느 집단, 더 나아가서는 어느 민족, 심지어 인류 전체가 공통으로 갖고 있는 무의식의 덩어리다.

한국인이면 한국인 전체에 공통된 무의식이 존재하는 것이다. 신분의 차이, 계층의 차이, 교양의 차이 등은 아랑곳하지 않고 다 함께, 그 마음속 깊은 곳에 자기도 모르게 머금고 있는 무의식이다. 시대를 초월해서 전해지고 또 간직된 무의식이다. 거기서 한국인은 너나없이 하나가 된다. 그리고 도깨비에게는 한국인의 그런 집단무의식이 뭉쳐 있다.

하지만 도깨비란 이름이 귀에 못 박히고 입에는 익었는데도 미처 그 도깨비가 우리들 집단무의식이란 것을 쉽게는 깨닫지 못한다. 도깨비라면 그저 괴물이나 판타지로 여기고 만다. 끝내 남의 이야기로 머물고 마는 게 도깨비 이야기다. 그래서도 우리에게 도깨비는 모순이다.

앞에서도 누구이 살펴본 것처럼 도깨비가 하는 짓거리치고 한국인이 영영 하지 않는 것은 거의 없다. 하지 못할 것도 거의 없다. 한국인이 저지르는 짓거리치고 도깨비가 아주아주 멀리한 것은 없다.

그 둘은 지극한 상사형相似形이다. 닮은 꼴, 닮은 모양새다. 그 서로 간의 엇갈림 없이, 사람과 도깨비 사이의 오락가락 없이 한국인을 말하지 못한다. 마찬가지로 도깨비도 말할 수 없게 된다. 요즘 잘 쓰는 말투를 빌리자면, 도깨비 담론은 한국인의 담론이고, 한국인에 관한 디스코스discourse는 도깨비에 관한 디스코스다.

하지만 도깨비짓과 도깨비 이야기는 만만하지 않다. '도깨비장난'이란 독립된 낱말이 일러주고 있듯, 도깨비짓은 이것저것 가릴 것 없이 장난으로 기울기 쉽다. 변덕이 심하고 변화도 여간 아니다. 그야말로 변화무쌍이다.

그래서도 그의 본모습을, 그의 알짜 모습을 찍어내기가 여간 힘들지 않다. 정한 꼴이나 본디 모습은 없다시피 하고, 그저 변화만 있다고 해도 지나치지 않는다. 그만큼 한국인의 도깨비에 관한 경험은 종잡기 어렵다. 갖가지다.

한국인은 도깨비 이야기를 들으며 배꼽을 잡았다. 도깨비 이야기에 무서움을 타고 파랗게 질리곤 했다. 그런가 하면, 의로운 도깨비에게서 도깨비의 정과 겸하여 인간의 정도 배웠다. 당연히 의협심이나 자비심도 배울 수 있었다. 또 정의감도 길렀다. 그래서 도깨비는 한국인의 스승이 됨직한 것이다. 그런데도 못된 놈의 도깨비에게는 당장에라도 혼벼락을 내주고 싶어했다.

어느 시골에 가난한 살림을 꾸려가는 약방이 있었다. 마을에는 가구

수도 많지 않았다. 거기다 다들 겨우겨우 굶지 않고 살아가는 가난한 농사꾼들이라 아프다고 해서 약을 지어먹고 자시고 할 처지가 못 되었다.

약방 주인은 어질고 착했다. 이웃들에게 더러 공짜로 약도 지어주었지만, 원체 가난하다 보니 자주 그럴 수 없는 것을 무척 안쓰럽게 여기고 있었다.

어느 날, 가난한 마을 사람이 약을 지어가면서 돈이 없어 대신 곡식 약간을 내놓았다. 주인은 사양했다.

"받으십시오."

"아니, 가져가십시오."

주인과 손님은 서로 거루듯이 하고는 양보를 하지 않았다. 마침 지나가던 도깨비 귀에 그 소리가 들렸다.

감격한 도깨비는 야밤에 돈더미를 안고 와 약방집 뜰에 던지고 갔다. 영문을 모르는 주인은 그 곡절 모를 돈에 손댈 생각조차 하지 못했다. 연 사흘 밤을 도깨비는 돈을 날라왔다. 그때서야 약방 주인이 돈주머니에 손도 안 댄 것을 알아챘다.

"그 참, 마음씨도 곱기는."

그래서 도깨비는 잠든 주인을 깨웠다. 놀라는 주인을 보고 타이르듯 말했다.

"이 돈은 내가 드리는 것이니까, 가난한 사람들 약을 마음껏 공짜로 지어주시구려."

도깨비는 그 뒤로도 매일 밤, 약속한 대로 엽전 꿰미를 약방 뜰에 갖다 놓았다.

이런 착한둥이가 도깨비다. 그런데 그는 이내 백팔십도 돌아선다. 제 변덕이며 심술을 제가 감당해내지 못한다.

어느 집에 느닷없이 천재지변이 일어났다. 한밤중, 식구들이 다들 편하게 잠을 자고 있는데, 문득 뭔가 크게 방바닥 긁는 소리가 나는 게 아닌가!

모두들 놀라서 허겁지겁했다. 뭔가가 방구들을 긁어대다 못해 이젠 두들겨대고 있었다.

방바닥이 이내 꺼질 것 같았다. 주부가 아궁이 속을 살필 양으로 부엌으로 뛰어갔다.

한데 어젯밤에 말끔히 불을 다 끈 아궁이가 뜨거웠다. 부뚜막도 그랬다. 묘하게 아궁이에 불길이 없는데도 그랬다.

그뿐이 아니다. 뚜껑이 휘어지지도 굽혀지지도 않고 원래 모양 그대로 바닥으로 내리박힌 가마솥에는 물이 펄펄 끓고 있었다.

"별 이상한 일도 다 있다!"

웬일인가 하고 주부는 아궁이 속을 들여다보았다. 그런데 그 안에서 누군가 시뻘건 눈알로 이쪽을 버다보고 있는 게 보였다. 고양이인가 하고 부지깽이로 밀어붙였다.

그러자 그 눈알이 방바닥 밑의 구들로 빠져나가서는 굴뚝 있는 데로 올라갔다.

그 순간, 굴뚝이 있는 바깥 지붕에서 고함을 쳐대는 소리가 울려왔다. 금방이라도 지붕이 꺼질 듯 욱신대는 울림도 느껴졌다.

주부는 장작개비 하나를 들고 달려나갔다.

욱신욱신!

야밤중, 남의 지붕 용마루 위에서 춤추는 녀석은 조금 전에 본 그 눈알
이 시뻘건 도깨비였다.

지붕이 이미 반쯤 버려앉아 있었다. 주부는 무섭지만 들고 온 장작을
휘둘러대면서 소리쳤다.

"이놈, 때려죽인다!"

아내의 고함 소리에 놀라서 튀어나온 남편도 몽둥이를 집어서 휘둘러
댔다. 그러자 붉은 눈알이 슬그머니 담 너머로 사라져갔다.

물론 항상 이렇게 못되게만 구는 건 아니지만, 도깨비 패거리는 이따
위 행패쯤 식은 죽 먹기로 부린다. 이것은 공연한 생떼 부리기다. 그러니
그런 그가 착한 일을 한다는 건 생각도 할 수 없다.

이렇듯 위에서 연속해서 들여다본 두 편의 이야기 속 도깨비의 성격
은 서로 정반대다. 도저히 같은 도깨비 종속이라고 하지 못할 것이다. 하
지만 그렇다고 해서 착한둥이 도깨비와 깡패, 부랑패, 껄렁패 도깨비가
따로 있는 게 아니다. 그는 이랬다저랬다 종잡을 수 없을 뿐이다.

사람들은 힘이 장사인 그들을 데려다 공사판에서 부리고 싶어했을
것이다. 인간 사기꾼들은 둔갑질을 예사롭게 하는 그들을 스승으로 모시
고 싶어했을 것이다.

'멍청이 도깨비'를 보고는 비웃다 못해 동정을 했고, 꾀돌이 녀석에
게는 박수를 치지 않을 수 없었다. 약삭빠른 도깨비를 보고는 깍쟁이라
흉을 보았고, 미련둥이를 보고는 어리석다고 얕보았다.

미인만 골라서 홀리는 도깨비 재주는 사내라면 누구든 배우고 싶어
할 것이다. 앞에서도 지적한 바와 같이, 십중팔구 '돈 판'이고 '돈 조반
니'이기 마련인 도깨비는 이 땅의 남성들 누구에게서나 부러움을 샀을

것이다. 그는 색골도 여간 색골이 아니다. 춘향을 괴롭힌 남원부사쯤이야 저리 가라다.

그러나 사랑도 잠깐, 끝내는 실연을 당하고 마는 '도깨비 사랑의 정석'은 누구나 피해가고 싶었을 게 틀림없다. 남녀 짝짓기는 잘해도 오래 못 가서 파탄이 나는 게 도깨비 사랑이다.

이렇듯이 도깨비는 엎치락뒤치락한다. 여름철 장마 진 하늘처럼 종잡을 수가 없다. 흑이다가 백이고, 백이다가 이내 흑이 되고 만다. 그래서 도깨비는 한국인의 심리와 행동과 생각의 만다라다. 백과사전이다. 도깨비 탓에 한국인은 온갖 인간 감정을 경험했고, 별의별 정서를 익힐 수 있었다.

그리하여 도깨비는 한국인이 가졌거나 경험한 감정과 정서의 콤플렉스 그 자체이다시피 했다. 해서 도깨비는 한국인의 용모만이 아니라 마음도 비춰주는 거울이다.

한데 위에서 들어보인 것처럼 여러 가지 도깨비의 심보며 심성 그리고 행동거지들은 거의 에누리 없이 모순의 짝을 이루고 있다. 이런가 하면 저런 것이고, 저것인가 하면 이것이기도 해야 도깨비다. 이랬다가는 저랬다 한다. 그야말로 알쏭알쏭, 사뭇 헛갈린다. 모순에 찬 만다라다.

그나마 무슨 일이든 앞뒤로 서로 다르고 높낮이로 서로 어긋난다. 선과 악이 엇갈리고 호불호好不好가, 말하자면 좋고 궂은 것이 서로 넘나든다. 멋을 부리다가도 흉을 떨고, 정겹다 싶은 바로 그 순간 언제 그랬느냐는 식으로 인정머리, 아니 도깨비정머리 떨어질 짓을 해댄다.

山中에 녹력日 철 하야 가늘 니물 꼴 이春 일들 일夏 라 樽桐落 葉 秋節 긴이 松綠竹에 白雪이떨 떨이휘날리 冬니이아니 節이냐

왔더 니어 리고 오節 아 節 이오

〈도깨비〉 열두팔모 물호면 삼월 오윤

도깨비 ⓒ오윤, 1985(『오윤, 낮도깨비 신명마당』, 국립현대미술관 엮음, 컬처북스, 2006)

도깨비는 한국인의 자서전

도깨비와 한국인,
왜 그렇게 닮았을까?

어쩌다가 그만 판에 박은 듯이
빼닮게 된 걸까?
도깨비에게 물어볼까?

우리들의 3대 욕망

옛날 한 마을에 하루 세 끼 겨우 죽으로 때우며 사는 가난뱅이 총각 셋이 있었어. 하나같이 매우 연로한 노부모를 모시는 처지지만 장가갈 형편이 못 되었지.

어느 하루, 그들은 늦게야 나무를 하러 산에 올랐다가 그만 길을 잃었어. 얼마를 헤맨 건지, 날이 저물었지.

한데 용케 이따금 산사람들이 자고 가는 움집을 찾아내고는 거기서 자고 가기로 했어. 셋이 나란히 자리에 누워서 잠이 들까말까 하는데 사립짝에서 요란한 발자국 소리가 나더래. 문틈으로 내다보니, 아니 그게 글쎄, 산도깨비 네다섯 마리가 우르르 몰려온 거야.

총각들은 놀라서 대들보 위에 올라가 몸을 숨겼지.

사람이 있는 줄도 모르고 도깨비 무리가 방 안에 들어와서 제각기 눕고 앉고 하더니, 어느 놈이 입을 열었어.

"사람들, 그치들 참 바보야. 건넛마을 앞 바로 길가에 바위 하나 큰 것 있잖아. 그 밑을 파면 황금 맥이 나오는데 그것도 모르고 가난에 쪼들려서 사는 꼴이라니! 쯧쯧."

그가 혀를 미처 다 차기도 전에 다른 녀석이 말을 받았어.

"그러게 말이야. 여기 윗마을의 별로 높지 않은 언덕에 왜 팽나무 몇 그루 우거진 데 있잖아. 그게 명당자리야. 거기에 무덤 쓰면 팔자들 고칠 텐데, 아, 그 바보들! 쯧쯧쯧."

혀 차는 소리와 장단을 맞추어서 또 다른 녀석이 거들고 나섰지.

"왜 아니야. 지금 궁중에서는 큰 공주가 죽을병을 앓고는 오늘내일 하는 판이거든. 한데 궁궐 안 고목 은행나무 밑 구렁에 구렁이만 한 큰

지네가 살고 있고, 그게 죽은 목숨도 살려내는 명약인데. 아, 정말 인

간들은 바보 천치라니까."

새벽닭이 울고 도깨비들이 사라지자, 세 총각은 지체 없이 도깨비들이

흘려준 정보를 써먹기로 했어. 다만 세 가지 중에 어느 것을 택하느냐

는 것은 그 자리서 윷놀이를 해서 정했지.

그리하여 하나는 금을 캐서 부자가 되고, 다른 하나는 공주를 살려서

벼슬하고, 그리고 셋째 녀석은 뒷날 아버지가 돌아가시자 명당자리에

모시고는 자손 대대로 잘 먹고 잘살게 되었어.

이 이야기에서는 도깨비가 전통적인 한국인의 세 가지 기본적인 욕
망을 채워주고 있다. 돈과 권력과 명당자리가 바로 그것이다. 그런 경향
은 아직도 상당히 진하게 남아 있다. 아니, 옛날과 다를 바가 없다. 불과
몇 년 전까지도 몇 사람의 대통령 후보자들이 선거 기간을 전후해 조상
의 묘를 옮기거나 특별히 손질해서 새로이 가꾸었다는 사실이 언론에
보도된 것을 누구나 보았을 것이다.

그들이 도깨비의 가르침을 받았는지 어떤지는 모른다. 물론 조상의
무덤을 정중히 옮기고 손질하고 한 그 자체야 지극한 효심으로 칭송 받
아 마땅할 것이다. 그러나 거기에는 소위 풍수지리설이 작용하고 있었
을 것이다. 조상 무덤 잘 써서 소원을 성취하고픈 욕망이 거기 조금이라
도 들어 있다면 우리들 일반 시민의 평가는 달라질 수밖에 없다. 이건 풍
수설의 가장 속된 국면이다. 유감스럽지만 돈 잘 벌게 되고 벼슬자리
꿰차게 되기를 바라는 것으로 풍수설은 힘을 얻고 있는 것 같다.

풍수설의 원래 정신은 그런 게 아니다. 풍수설은 대자연의 기와 인간
의 기가 하나로 혼연일체가 되는 경지에서 삶을 누리고자 하는 인간의

위대한, 그리고 거룩한 욕망의 표현이다.

'자연으로 돌아가라!'

그게 풍수설의 기본 정신이다.

그러나 몇 사람의 대통령 후보자들에게서 풍수설은 원래의 정신을 잃어버렸다. 그들의 속된 믿음으로 인해 풍수설은 돈과 권력에 대한 욕망까지도 껴안고 있는 게 사실이다. 그런 뜻에서 풍수설은 위에서 말한 한국인의 3대 욕망 중에서도 으뜸의 자리를 차지하게 된 것이다.

그야 어떻든 간에, 위의 얘기에서 도깨비들은 나 보란 듯 한국인의 3대 욕망을 채워주고 있다. 그런 의미에서도 도깨비는 '또 다른 한국인', 이를테면 한국인의 '얼터 에고alter ego'일 수밖에 없다.

도깨비로 가는 길, 고향 가는 길

그래서 도깨비 이야기는 우리들 한국인 누구나의 '자서전' 같은 것이다. 남 이야기하듯 할 게 못 된다. 도깨비의 걸음마다 한국인의 발자국이 알알이 찍히는데도, 우리는 매양 거기서 도깨비 것만 보고 우리 한국인의 것은 제대로 보아내지 못하는 것 같다. 이건 우리가 도깨비를 걸고서 말할 수 있는 큰 모순의 하나이다.

도깨비가 한국인과 같을 수 있다는 것은 그의 이름에서도 확인할 수 있다. 이 괴물에게는 별명이 참 많이 붙어다닌다. 그중에는 호號가 될 만한 것도 있고 자字가 되기에 족한 것도 있다. 그래서 도깨비는 유명有名한 만큼 '다명多名'하다고 앞에서 지적한 바 있다.

별스레 많은 이름 가운데는 '날도깨비', '목도깨비', '오도깨비' 등등, 앞에서 이미 들먹여진 것들 말고도 수두룩하다.

등불, 홑이불, 달걀, 더벅머리, 삼태기, 멍석, 강아지, 장수……

이따위 관형어를 머리에 이고 있는 도깨비가 하고많다. 이 하고많은 이름들은 도깨비가 우리 한국인이 쓰는 하고많은 생활필수품만큼이나 우리와 불가분의 관계를 맺고 있다는 것에 대해서도 말해둬야 할 것 같다.

그 이름들과 나란히 '인도깨비'도 있다는 것을 우리는 이미 알고 있다. 이 책의 앞 대목 몇 곳에서 이미 지적했듯이, 어떤 사람이 도깨비와 같다고 해서도 '인도깨비'라고 했지만, 도깨비가 사람 모습을 갖추고 나타났다고 해서도 '인도깨비'라고 한다. 그것은 '사람 따로, 도깨비 따로'가 아니란 것을 의미할 수도 있다. 사람이 언제든 도깨비가 되듯, 도깨비도 어느 때건 사람이 된다는 것을 일러주고 있는 것이다.

한데 인도깨비의 인人이 한국인 말고 다른 인종이 될 턱이 없으니까, 결국 인도깨비는 '한국인 도깨비'의 줄임말임을 거듭 강조해도 좋을 것이다. 이것은 한국인이 곧 도깨비고 도깨비가 곧 한국인일 수 있다는 것을 증언하게 될 것이다.

그래서 말인데, 한국인이 도깨비 이야기를 주고받는 한편으로 도깨비를 떠올리곤 하는 것은 그야말로 '환고향'이자 귀향과도 같은 것이다. 아니, 그보다 더한 것인지도 모른다. 고향으로 돌아가기를 넘어서 본성으로 돌아가는 것이 될 수도 있다.

그래서 도깨비 이야기는 한국인으로 하여금 한국인다움을 깨닫게 해주는 것이다. 결국 도깨비 이야기하기는 한국인이란 거울을 들여다보는 거나 마찬가지다. 도깨비 이야기를 주고받는 건 한국인들이 어쩌다 그만 깜빡해버린 자기 자신에게로 되돌아가는 것, 그것일 가능성이 매우 크다.

그러나 도깨비 이야기가 일단은 이상야릇하고 괴이쩍은 것도 사실이다. 하지만 그럼에도 도깨비 이야기는 '기이한 현실' 너머에 우리들 한국인의 숨겨진 참모습을 담고 있다. 그건 한국인 누구나의 '이상야릇한 진실'이라고 해도 괜찮다. 도깨비 이야기로 말미암아 한국인은 그 이야기의 기이하고 괴이한 겉가죽에 숨겨진 각자의 본분으로 회귀하게 되는 것이다.

도깨비 이야기는 또 한국인의 경험담이다 보니 시대성을 띠고도 있다. 절박할 만큼 각기 그 시대의 역사와 맞물려 있기도 하다.

요 근래라면, 6·25전쟁이 한창이던 무렵 거제도에 포로수용소가 있던 당시나, 아니면 박정희 정권의 새마을운동이 한창이던 시절, 이른바 '취로사업'이 시행되던 시기에도 사람들은 도깨비와 함께 일을 벌였다.

규모가 작고 극히 개인적인 사건을 다루고 있다고 해도 도깨비 이야기가 한 '시대의 이야기'고 역사적인 이야기가 될 수 있는 것은 바로 이 때문이다.

또한 도깨비 이야기에 나오는 공간이나 장소 역시 현실성과 구체성을 띠고 있다. 조금 외지기는 해도 마을 가까운 어느 곳이고 길가의 어디쯤에서 사람들은 도깨비를 만난다. 현실의 한 공간에서 도깨비와 사람들이 어울려서 일을 벌이는 것이다.

도깨비 이야기는 이렇게 시작되곤 한다.

이건 말이야, 우리 이웃 마을 도(都)씨 성 가진 농부가 읍에 갔다가 술에 취해 돌아오다, 마을에서 멀지 않은 숲 들머리에서 겪은 이야기인데…….

아니면 다음과 같이 첫 마디를 내놓기도 한다.

> 지금부터 하는 얘긴 우리 면사무소 서기 아무개가 마을로 와서 일 보
> 고 늦게 돌아가다가 저 높은 고개 넘으면서 당한 건데…….

또는 다음과 같이 말머리를 일으키기도 한다.

> 지금부터 내가 지난 여름밤에 늦게 장 보고 오다가 저 물레방앗간 근
> 처에서 겪은 이야기를 할 텐데…….

이것들은 모두 특정한 인간이 특정한 현실의 장소, 특정한 현실의 시
간에서 실제로 당하고 겪고 한 이야기, 곧 경험담임을 강조하고 있다. 한
데 도깨비 이야기는 또한 그 앞머리에서 현실 이야기임을 강조하고 있
는 것도 모자라서, 으레 그것이 무엇이든 어떤 증거물을 제시하며 끝마
무리를 짓는다. 이야기가 실제로 일어난 사건임을 증거 대는 것이다.

도깨비 이야기는 분명히 환상적이고 상상을 초월하는 사건인데도
그 속에는 현실적인 한국인이 등장하고 있다. 판타지와 리얼리티가 뒤
범벅인 이야기 속에 엄연히 사실이고 현실인 한국인이 살아서 행동하고
있는 것이다.

그래서 우리는 도깨비와 도깨비 이야기가 우리 한국인의 현실 생활
의 일부라는 것을 다짐해도 괜찮을 것 같다. 그러기에 한국인이면 누구
나 자신을 알고 있듯 도깨비를 알고 있어야 한다. 모르고 있다면 알아야
한다.

한 시대 전만 해도 우리 모두에게 도깨비 이야기는 이웃 사람이나 친

구들의 얘기만큼 친숙했다. 그만큼 우리 귀에 못 박혀 있었다. 어쩌면 그
래서도 도깨비 이야기는 한국인의 정신과 정서의 본관도 같고 본적지와
도 같은 것이다.

그런데도 우리는 도깨비의 그 겉을 아는 만큼 깊은 속내까지 골고루
소상하게 알고 있는 것 같지는 않다. 등잔 밑이 어두운 꼴이다.

강원도 양양의 현남면에 배씨 성을 가진 나이 많은 농부가 살고 있었
다. 그는 무척 효심이 깊은 아들을 두고 있었다.

어느 모질게 추운 겨울날, 배씨는 이웃 마을로 나들이를 갔다. 친구들
과 어울리다 얼큰히 취해서 돌아오는데 이미 날이 어두웠다. 눈마저
펑펑 내렸다.

온통 눈밭이어서 어디가 어딘지 알 수 없었다. 길을 잃고 한참을 헤매
고 있는데 난데없이 웬 도깨비가 나타났다. 그러고는 길라잡이를 자청
하고 나섰다.

그런데 취객을 어깨에 메다시피 하고는 반 십리가 더 되게 눈길을 헤
집고 가다 보니 도깨비 자신도 힘이 딸렸다. 지친데다 얼어죽을 지경
이었다. 술 취한 노인을 마침 근처에 있던 움집에 눕히고 풀덤불을 덮
어주는 것 말고는 달리 어떻게 할 힘도 방편도 없었다.

도깨비는 제 갈 길을 갔다. 한데 날이 새자 도깨비는 궁금했다. 현장엘
가보았다. 움집 안에서 곡소리가 요란했다. 밤새 아버지를 찾아 헤매
던 아들이 새벽녘이 다 되어서야 겨우 찾긴 했으나 아버지는 이미 동
사한 뒤였던 것이다. 아들은 아버지 시신에 제 옷을 벗어서 덮어드리
고는 애절하게 통곡을 하고 있었다.

"아버님, 이 불효한 놈을 용서하세요. 조금 더 일찍 찾아서 제 옷을 입

허드렸어야 했는데, 아이고 아이고 아이고……."

아들은 제 옷을 입혀드리고도 모자라서 알몸이 되다시피 한 몸으로 아버지 시신을 감싸안으면서 통곡을 계속했다.

"아차! 하늘이 내린 효자를 둔 노인을 내가 더 보살펴야 했는데, 그래야 사람 구실, 아니 도깨비 구실을 제대로 하는 건데……."

그러면서 도깨비도 곡을 했다. 아들은 놀랐으나 이내 도깨비와 함께 한참 곡을 했다.

얼마 뒤, 아들의 곡이 조금 뜸해진 틈을 타서 도깨비는 제가 미리 보아둔 명당자리를 아들한테 일러주고는 자리를 떴다. 그가 가고 난 뒷자리에는 엽전 꾸러미가 수북했다.

아들은 그 돈으로 초상을 치르고 산소 자리를 찾아갔다. 눈을 헤치고 한 자나 되게 땅을 파자, 거짓말처럼 더운 김이 솟고 모래처럼 부드러운 흙이 나왔다.

장례를 마친 아들은 그 뒤로 얼마 안 가서 천석꾼이 되었다.

이런 게 우리의 도깨비다. 한국인의 일상생활이며 생활 관습이 거기 어려 있다. 한국인의 정서며 감정도 거기 반영되어 있다. 그뿐만이 아니다. 한국인 누구나의 보편적인 가치관도 거기 사무쳐 있다. 가고 난 뒤에 난데없이 산더미 같은 엽전 꾸러미를 남겨놓거나, 멀쩡한 땅인데도 안에서 더운 김이 솟는 명당자리를 찾아내는 것을 제외하고는 도깨비는 예사 사람과 다를 게 없다. 그가 일으키는 일도 한국인들 사이에서는 흔하게 볼 수 있는 것들이다.

그런데도 좀 별난 데가 없지는 않다. 남에게 성의를 다하고도 미처 모자란 점을 뉘우치며 죄 갚음이라고 하는 게 이 이야기 속의 도깨비니까 말이다. 그는 선행善行을 하고도 그게 충분하지 못했다고 여겨지면 지체 없이 참회하고 뉘우친다. 글쎄, 모르긴 해도 아우구스티누스의 저 유명한 『참회록』에서도 이 비슷한 대목을 읽어내기는 어려울 듯싶다.

이 이야기 속 도깨비는 마음씨 착한 양심꾼이자 도덕군자다. 선량한 한국인 중에서도 최상급에 속할 것이다. 우등생이고 본보기 같은 사람으로, 한국인 중에서도 특별난 한국인이다.

그래서 착하기를 바라는 한국인의 스승이 될 법도 하건만, 불행히도 한국인 가운데, 바로 이 점에서 도깨비를 본따려 하는 사람은 썩 많은 것 같지 않다. 그러기를 바라기는 하지만 실현되기가 쉽지 않은 일이기 때문이다.

그래서도 도깨비는 이상적인 한국인이고, 한국인의 이데아란 면모를 갖추고 있기도 하다. 한국인이라면 그런 도깨비의 행적이 우리들 한국인 누구나의 '자서전'에 담기기를 바랄 것이다. 그와 동시에 도깨비는 한국인의 것이면서도 한국인이 미처 깨닫지 못하고 있는, 그들 마음의 응달 속 깊이 사리고 있거나 도사리고 있는 무의식의 덩어리라는 것도 거듭거듭 지적해두는 것이 좋을 것 같다. 이 경우에는 가리고 싶고 숨기고 싶은 한국인의 마음의 음지가 고여 있기 마련이다.

이상화된 한국인, 그게 도깨비듯이, 무의식 속에 잠겨 있는 한국인의 그늘진 응달의 속내 또한 도깨비다. 드러내어서 보기 좋은 한국인의 심성이 도깨비 얘기에 비쳐져 있는가 하면, 부끄러워서 가리고 숨기고, 그러고는 시치미 떼고 싶은 고약한 심사도 거기 묻혀 있다.

둔갑하고 변신하고

온 세상, 온 지구에는 별의별 괴물, 온갖 마귀, 갖가지 악마가 있다. 하지만 우리나라 도깨비만 한 것이 없다. 우리 도깨비는 그렇고 그런 등속 가운데서도 아주 돋보인다. 단연 세계 제일이다. 그렇게 별스럽고 야단스럽고 요란뻑적지근한 것은 따로 없을 것이다. 그에 버금갈 만한 것조차 찾기 어려울 정도이다.

온 지구를 통틀어서 괴물 중의 괴물, 그게 우리나라 도깨비다. 그는 지구에서 제일가는 괴물이다. 세계 어디에 내놓아도 다른 모든 것을 젖히고 세계 '판타지 시장'을 석권할 것이다.

어쩌다가 우리 한국인은 도깨비를 가지고 온 인류의 판타지 중에서도 가장 윗자리에 서게 된 것일까?

그 답은 앞에서도 살펴보았듯이, 무엇보다 한국인이 인간의 모순, 인간 행동의 모순당착에, 그리고 인간 심리의 변덕, 그 이율배반에 가장 크게 또 다양하게 눈떴기 때문이 아닌가 한다.

'종잡을 수 없는 것!'

'걷잡을 수도 없는 것!'

'이런 것들이 엇겯게 엉킨 것!'

이따위들이, 그 서로 다른 모양새며 빛깔이 갖가지로 얼리고 뒤섞여서야 겨우 인간 표정의 진실에 다가갈 수 있다는 것을 우리 한국인은 진작에 눈치 챘기 때문이다. 거기에는 도깨비의 둔갑이 크나큰 스승이 되었다. '도깨비 둔갑하듯'이란 말이 있듯이 둔갑은 도깨비의 장기 중 장기고 특기 중 으뜸 특기다.

한자로 둔갑은 '遁甲'이라고 쓰는데, 둔遁은 '도망갈 둔' 말고도 '숨을 둔'이라고 읽는다. 갑匣은 물론 '갑을의 갑'이지만, 이 경우는 '껍데기 갑'으로 읽는데, 겉모양이라고 읽어도 괜찮을 것이다.

그러니까 두 글자를 합치면 모양을 숨기고 감추고 한다는 게 되는데, 내친김에 겉모양을 이래저래 번갈아서 바꾸어대는 것을 의미한다고 보아도 괜찮을 것이다. 그래서 남들로 하여금 어리둥절하게 만들어서 정체를 못 알아보게 변신變身을 거듭하는 게 둔갑이라고 해도 지나침이 없다.

상고시대 신화에서 이국 땅에서 온 탈해가 수로왕과 '둔갑 내기'로 왕의 자리를 결정했다는 이야기를 놓고 보자면 둔갑술은 왕의 전능이었다. 그렇다면 둔갑술의 톱스타였던 우리 도깨비는 적어도 왕과 맞겨룰 만한 엄청난 권능을 자랑하고 있었던 셈이 된다. 아무튼 도깨비는 그 둔갑 때문에 정체가 없다시피 하고 그 본모습은 아리까리했던 것이다. 변화무쌍하니까 종잡을 수 없는 의문부호가 되기도 했던 것이다.

피카소가 제아무리 '다양의 변이變異'로 사람들의 표정을 잡아내었노라 뻐겨봤자 우리 도깨비 앞에서는 유구무언일 수밖에 없다. 말하자면 서구인들은 20세기가 지나고 21세기에 들어서야 가까스로 변이, 변색, 변화 그런 것들이 문화의 참다운 징표라는 것을 알아내는 데 성공했다. 그건, 한국인의 그 방면 깨달음에 견주자면 지각도 여간한 지각이 아니다. 뒷북치기다.

오늘날 소위 '포스트모더니즘'이라고 일컬어지고 있는 문화의 동향을 보면, 그게 무엇이든 통일이라든가 유기적 조직이라든가 하는 것은 아예 나 몰라라 고개를 가로젓는다. 포스트 문화는 반듯한 것, 질서 정연한 것, 잘 짜인 것, 고루고루 조화가 잡힌 것, 그런 따위는 질색한다. 무엇이든 상관없이 애당초 뒤틀어져야 한다. 우격다짐으로라도 비틀어져 있어야 한다. 구겨질 대로 구겨지고 일그러져야, 그래야 비로소 제대로 된 것이다.

비틀어짐은 차라리 사람 같으면 미덕이고, 물건이나 상품 또는 작품이라면 장점이 되기 알맞다. 문란과 혼돈이 큰소리치고 나서는 게 소위 '포스트모더니즘' 특색의 하나이다.

춤이라면 온 몸짓이 한여름 엿가락처럼 꼬이고 꼬여야 하는 건 우리의 '비보이'만 봐도 알 일이다. 음악도 화성和聲이나 화음은 질색이다. 폭주족 오토바이의 굉음에 가깝고, 화가 치밀 대로 치민 사람의 아우성이다. 남들 귀 찢어지게 고함을 내지르면 그걸로 일급 가수가 된다.

그것은 한마디로 '변형變形의 문화' 또는 '왜곡歪曲의 문화'라고 불러도 조금도 틀림이 없다. 인류는 이 세기에 와서야 겨우 그 경지에 다가들었다.

르네상스 이후 자그마치 5세기에 걸쳐서, 유럽뿐만 아니라 온 세계를 주물러댄 저 모더니즘에서 균형, 조화, 통합, 질서 정연 등이 문화를 말하는 키워드였다는 것을 생각하면, 그야말로 천지가 개벽한 것이다. 미학이나 형이상학, 문학을 포함한 어떤 분야도 마찬가지로 이지러지고 꼬이고 해야 비로소 잘난 척하게 되었다.

예술만 그런 게 아니다. 패션은 물론이고 그와 맞물린 보통 사람들의 옷차림도 그 꼴이다. TV나 그밖의 각종 상업 광고물에 비쳐진 스타나 주인공의 몸의 모양새, 표정도 변태라야 겨우 제구실을 하게 되어 있다.

한데 우리 한국인은 그 엄청난 '세기의 변화'를, 천지개벽을 진작에 해치웠다. 4세기나 5세기 이전에 이미 해냈다. 아니, 신라 적부터 조금씩 싹을 보이다가 중세에 이미 달성했다.

인간의 속성을 진작에 환히 알아본 것이다. 인간이란 게 모순덩어리요, 변덕쟁이란 것을 일찌감치 꿰뚫어본 것이다. 상수常數나 정수定數 또는 항수恒數는 인간의 심성에, 그리고 인간의 행위에 어울리지 않는다는 것을 남들보다 수세기나 앞서서 알아차렸다. 변수變數, 부정不定의 수라야 인간의 심리와 성격, 행동 양식을 일컬을 수 있다는 것을 진작에 깨달은 것이다. 도깨비에게서 그 전형典型과 모범을 보아낸 것이다.

하다 보니 인간도 도깨비도 필경은 스스로도 잘 모를 것, 그나마 알다가도 모를 수수께끼로 인식된 것이다. 아니면 아예 의문부호로 지각된 것이다.

"너 자신을 알라!"

이 그럴싸한 금언을 도깨비도 일단은 받아들일 것이다. 그러나 거기에는 만만찮은 조건이 따른다. 그 말 그대로, 곧이곧대로 우기진 않을 것이다. 그 자체가 알록달록하고 어리뻥뻥하게 요상한데, 어떻게 아무 조건도 단서도 없이 내가 나를 안단 말인가?

"너 자신을 알기는 너무나 어렵다는 걸 알라!"

앞에서 토해낸 말이 이와 같은 외마디와 짝을 지어야 한다는 것을 모를 만한 도깨비는 없을 것이다. 아니, 어려움에서 한 걸음 나아가서 모를 수도 있다는 것, 그래서 바로 수수께끼라는 것, 그게 바로 나요, 너란 것을 한국인은 진작에 도깨비와 함께 깨달은 것이다.

"너 자신을 알라!"

얼핏 지당할 것 같은 이 말이,

"너 자신의 수수께끼 풀이를 할 줄 알라!"

바로 이 말과 같은 값이라는 것을 도깨비는 우리 한국인에게 알알이 내비치고 또 보여주고 있다. 수수께끼 풀이를 하다가 하다가 드디어,

"너에게 너 자신은 모를 것임을 알라!"

이에서 마지막 결론에 도달할 수밖에 없다는 것을 한국인은 도깨비를 통해서 익히 꿰뚫어보고 있다. 이제 우리 한국인은 이 책을 읽으면서, 우리 스스로 도깨비의 그와 같은 궁극적인 자기 통찰에 합세하게 될 것이다.

도깨비에게 없는 한국인의 악덕

이건 말이야, 우리 친구 아버지가 겪은 일인데, 난 그걸 그분에게서 직접 들었어.

그 어른이 한번은 우리 고을 향교에 가셨거든. 마침 근처에 있는 큰댁에 들러서는 형네 가족들과 같이 저녁 진지를 잡수시고는 늦게야 어두워서 집으로 돌아오시게 되었지.

한데 숲이 우거진 고개턱에 다다르자, 웬 놈이 불쑥 나타나서는 앞을 가로막고 서더래. 키가 큰 느티나무 고목만 한 녀석인데 얼굴도 텁석부리, 머리도 마찬가지 텁석부리인데 코끝이 뻘겋고 눈은 찢어져 어리어리 빛나고 해서 여간 무섭지 않더래.

그 어른이 본시 담이 큰 분이라, 행여 질세라 두 다리를 벌리고는 버티고 우뚝 섰어. 그러자 그자가 조금 주춤하더니 악을 쓰듯이 소리치더래. "씨름하자!"

그래서 씨름판이 벌어졌는데, 상대가 여간해야지. 기를 쓰고는 맞겨루는데, 문득 상대방 왼쪽 다리가 바른쪽보다 훨씬 가느다란 게 눈에 띄더래. 옳거니 하고는 그걸 잡아채니 상대방이 홀라당 엎어졌어.

그런데 금방 일어서더니 또 덤비는 거야. 코하고 입하고 온 얼굴에 흙을 묻히고서 말이야.

또 한동안 옥신각신하는데, 문득 옛 어른들 말이 생각나더래. 도깨비는 뒤로 밀어뜨려야지 앞으로 잡아끌어서는 소용없다는 말이 떠올랐어. 그러고 보니 녀석이 고개를 한사코 앞으로 구부리고 있는 게 눈에 들더라는 거지.

해서 상대방 어깨에 손을 걸치고는 밀어 젖히니, 그자가 또 파당, 넘어갔다지 뭐야.

한동안 못 일어나는 상대방을 짓누르며 그 어른이 말을 던졌어.

"이제 항복하지?"

그런데 그게 아니야. 언제 넘어졌냐는 듯이 몸을 곧추세우더니, "자, 뭐든 단 세 번이잖아. 한 판 더!" 그러고는 더한층 기를 쓰고 덤비더라는 거지.

그 어른은 이러다간 밤을 새우겠다 싶어서, 허리에 찬 작은 칼을 꺼내서 그 녀석 허벅지를 찔렀어. 상대가 비명을 지르고 넘어지자, 우리 친구 아버지는 다리야 날 살려라고 도망쳤다는 거지.

한데 혹시나 하고 다음 날 낮에 그곳에 가보니까, 아 글쎄 절굿공이가 칼에 꽂힌 채 피에 젖어 있더래. 한데 그 공이가 금방이라도 씨름 한 판 벌일 듯 곧추서 있더라니 놀랍지.

이 이야기는 우리가 익히 알고 있듯이, 도깨비가 변덕이 죽 끓듯 하는데도 한편으론 일편단심이란 것을 일러주고 있다. 그에게는 중도 하차, 그따위는 없다. 천당을 간다면 가고 지옥을 간다면 끝까지 가고야 마는 외고집통, 그게 도깨비다.

한번 마음을 먹으면 씨름에야 지든 말든, 자기가 저지른 일의 결말이야 어떻게 되든 간에 중도에 내던지는 법이 없다. 앞의 이야기가 일러주고 있듯이 그는 중간에 변심을 하거나 포기할 줄 모른다. 그러니,

'알랑방귀 뀌기!'

'누군가 앞에서 따리 붙이기!'

이런 못된 짓거리를 했다고 해서 고발당할 도깨비는 단 하나도 없다.

하긴 더러 사랑하는 여인에게 교태를 부리는 수가 있기는 있다. 하지만 높은 자리에 있는 자에게, 돈 있는 녀석에게 아양을 떠는 그런 짓은 질색을 한다. 사랑하는 여인에게 말고는 도깨비는 빌붙지도 않고 생색도 내지 않는다. 물론 굽실대지도 않는다.

그가 티끌만큼도 비위 맞추기를 하지 않는 것을 보면, 모르긴 해도 아예 태어날 적에 비위를 어미 뱃속에 떼어놓고 세상에 나왔는지도 모른다. 말하자면 그에게는 비장脾臟도 위胃도 없는 게 아닌지 모를 일이다.

그는 그런 의심을 받을 정도로 비위를 맞추는 데는 질색을 한다. 지나칠 만큼 곧이곧대로, 속내 있는 그대로 온통 다 드러낸다. 그러니까 도깨비 무리에 간신奸臣이 있을 턱이 없다. 아첨배도 물론 없을 게 뻔하다. 그들은 언제나 너무 솔직하다. 꾸며대거나 둘러댈 줄도 모른다. 간신배가 없다 보니 도깨비 무리에서는 지방 관청의 하위직을 맡은 아전衙前도 나올 수가 없다.

관아官衙의 상관에겐 알랑댈 대로 알랑대며 강아지 근성을 드러내는 한편으로, 백성들에게는 갖은 독을 피워대면서 이리나 늑대 노릇을 한 게 조선왕조 시대의 아전이란 족속들이다. '백성 등쳐먹기 패거리'들이다. 그들은 강아지와 이리의 튀기인지도 모른다.

그뿐만이 아니다. 아전은 위아래를 가릴 것 없이 등을 만져주는 척하며 뱃속을 훑어먹는 짓도 사양치 않았다. 이래저래 겉 다르고 속 다르고

한 것이다. 이 떼거지 같은 무리들은 윗사람은 윗사람대로 등쳐먹고 백성들은 백성들대로 또 등쳐먹곤 했다.

그건 지난날 이 땅에 전해진 가장 흉악한 '관원官員 심보' 또는 '관리 근성'이다. 한데 지금이라고 아주 영영 사라져버렸다고 장담하기는 힘들 것 같다. 그 흉한 자국이 일부나마 남아서 더러 말썽이 되곤 하는 것을 모를 만한 한국인은 없다.

그 말썽은 오늘날에도 여전히 어릿거리고 있다. 과거 여러 정권에서 시끄럽게 드러난 바, 청와대의 높은 자리에 있는 것을 기회로 아래 기관이나 관계 기관에 압력을 넣거나 또는 억지 청탁을 해서 흉측한 이득을 보곤 한 것이다. 바로 여기서 그 일부 벼슬아치는 영락없이 아전 근성의 본보기 노릇을 해낸 것이다.

도깨비들은 혹 벼슬살이를 한다고 해도 그런 알딸딸한 짓만은 하지 않을 것이다. 그런 면에서는 적어도 도깨비와 한국인은 다르다. 한국인 관원 또는 관리의 이 같은 치명적 결함을 그들은 알지도 못하고 갖고 있지도 않다.

한데 또 다른 면에서도 한국인과 도깨비는 배짱이 맞지 않는다.

도깨비는 절대로 이간질을 하지 않는다. 이 사람 등을 토닥대다가 저 사람 배를 어루만지면서, 그 둘이 지어낸 모처럼의 좋은 연분이나 관계를 엉망으로 부셔놓는 일, 그런 일을 도깨비는 하라고 해도 하지 않는다. 아니, 아예 할 줄 모른다. 물론 남들 등을 다독대면서 간을 내먹는 그런 짓도 도깨비는 하지 않는다. 그런 흉악한 게 있다는 걸 도깨비는 숫제 알지 못한다.

사람은 이간질이 능할수록 아양 떨기를 잘한다. 아첨배일수록 남들 갈라놓는 흥을 더 떨기 마련이다. 한데 참 묘한 것은 비록 그렇듯 이중의 능청을 잘 부리는 사람일수록 영화를 누린다는 사실이다. 이 같은 인간 세상의 병폐를 도깨비는 모른다.

그러니 그만큼 도깨비가 사람을 깔보고 업신여기고 할 것은 불을 보듯 뻔하다. 적어도 그 점에서는 도깨비와 한국인은 다르다.

어마어마한 활성에너지 덩어리

둘째 마당 내내 우리는 도깨비와 한국인의 관계를 보아왔다. 그 둘은 서로 배다른 형제 같다는 걸 살피고, 한국인의 심리와 행동에 걸친 '복합 증후군' 같은 것, 이를테면 콤플렉스 같은 걸 도깨비라고 불러도 좋다는 것을 거듭거듭 눈여겨서 관찰해왔다.

이제 마무리를 지을 차례다. 한국인이 지녀서 가장 마땅한 심성과 도깨비가 지니고 있는 심성을 이야기하는 것으로 이 둘째 마당을 갈무리하고자 한다. 그래서 도깨비가 크나큰 에너지 덩어리라는 것, 엄청나게 뜨거운 불덩이라는 것을 자랑 삼아 얘기하고자 한다.

도깨비는 그 자체가 화약 창고다. 폭죽爆竹 같다. 그는 그늘진 성질을 타고나서 어둑한 곳, 침침한 곳에 눌러 살고 있어 '음지 동물'이란 일면을 갖추고 있지만, 막상 그가 부려대는 성깔이며 소행을 보면 절로 고개가 갸웃해진다.

여름밤 하늘의 불꽃놀이는 도깨비의 얼굴이자 표정 같은 것이라고 말하고 싶어진다. 폭발과 작렬炸裂은 그가 하는 행동의 지표다. 폭발하면서 불덩이가 갈기갈기 짓찢기는 것이 작렬이다.

그는 노상은 아니지만 일단 행동을 벌였다 하면 으레 요란 떨고 야단법석이다. 언제나 시끄럽고 아우성이다. 정해놓다시피 한 화재 현장 같다. 불난 집에 부채질하기나 다를 바 없는 게 도깨비의 소행이다. 그걸 우리는 여태껏 진저리 날 정도로 보아왔다.

그들은 논다 싶으면 으레 술판을 벌이고 춤판이 요란하다. 무당의 푸닥거리는 저리 가라다. 두들기고 치고 까불대고 촐랑댄다. 신바람은 그들 삶의 맥박 같은 것이다. 홍청대지 않으면 도깨비가 아니다.

그들은 태어날 때부터 '비보이'다. 2008년 봄 경남에서 벌어진 세계적 규모의 '비보이 콘테스트'에 왜 도깨비가 참가하지 않았는지 궁금할 정도다. 보나마나 최우수상을 탔을 텐데 말이다.

장난을 친다 싶으면 남의 집 마루에 무단으로 침입해서 욱신대고 용마루에 올라서서 용틀임을 한다. 그로서는 장난과 심술부리기가 다를 바 없다. 사람만 만나면 씨름판을 벌이자고 악을 쓴다. 뭐든 숨 돌릴 틈도 없이 후닥닥 해치운다. 벼락치기는 그의 장기 중의 장기다. 숨을 돌리기는커녕 숨 쉴 새도 없이 왕창왕창 일을 해버린다.

'후닥닥!'

그건 도깨비의 로고다.

그의 행동거지는 그게 무엇이든 인스턴트다. 노래를 부른다 치면 으레 즉흥시고, 뭐든 처리한다 치면 즉결처분이기 마련이다. 이런 게 도깨비다. 도깨비짓이다.

한데 이 여러 가지가 뒤범벅된 도깨비 증후는 얼마든지 좋게 볼 수도 있다. 거기에 담긴 장점을 찾아낼 수도 있다는 뜻이다.

그게 뭘까?

그건 화산이 폭발하듯 하는 엄청난 힘이고 에너지다. 더러는 폭력으로 통할 수 있을 만큼 무시무시한 힘의 덩어리다. 이글이글, 지글지글 타오르고 끓어오르는 불길 같은 것이다. 그러기에 도깨비의 상징은 바로 불이다. '도깨비불'이란 말은 그 자체로 사전에 따로 오를 만큼 독립된 의미다.

그래서 그의 성질머리를 말할 때, 응달진 음성陰性을 일방적으로 강조할 수만은 없게 된다. 버글대고 이글대는 것도 그의 십팔번이다. 음기가 짙어서 거꾸로 양기가 버글대는 건지도 모른다.

깜깜한, 칠흑 같은 어둠의 야밤에 그는 활활 타오른다. 우중충 누기가 치는 밤에도 활활 타올라서는 사방으로 번지는 불덩이가 된다. 하긴 음산하고 으스스한, 그래서 요상한 불빛일 때도 있지만 그것만이 전부는 아니다. 깜깜한 바다 구석구석 밝혀내고는 이글대는 불빛일 수도 있다. 이럴 때 그의 불빛은 서치라이트나 등댓불에 견주어도 좋을 것이다. 물론 음산한 귀신불을 피우기도 하지만, 그 보기는 적은 편이라고 해야 할 것 같다.

그는 어둠을 틈타서 나타나고 날뛰면서도 어둠을 견뎌내거나 보아내지 못한다. 그는 올 듯 말 듯하는 비 기운을 틈타서 모습을 드러내면서도 축축한 기운은 질색을 한다. 어떻게든 태워버리려 든다. 다는 아니더라도 하다못해 둘레의 일부라도 불살라버려야 한다.

앞에서 얘기되었듯이, 도깨비가 한밤의 깜깜한 바다에서 붉은 서치라이트처럼, 아니 레이저 빔 모양 빛나는 것을 바닷가 사람들 또는 어부들은 익히 알고 있다. 이럴 경우, '바다도깨비'라고 따로 이름 붙여서 부르기도 하는데, 도깨비불은 으레 물고기를 많이 잡아내는 풍어의 조짐으로 믿어져왔다. 그래서도 도깨비는 마술사다.

이 같은 신비의 도깨비불은, 가령 박정희 정권 이후 지금까지 강원도 지역에서 계속되고 있는 이른바 '영세민 취로사업'을 갔다가 돌아오던 사람들이 겪은 것으로도 전해오고 있다. 영세민 취로사업은 시골길을 정비한답시고 관에서 주관하는 노력努力 동원이었다. 말이 좋아서 근로 봉사지, 농민들로서는 강제 노동이고 과외 노동일 뿐이었다.

그것에 때맞추어 도깨비가 출몰했다는 것은 그가 힘겨운 역사 현장의 산증언일 수 있음을 의미한다. 도깨비는 서민들의 의식 깊은 곳과 역사 현장에 동시에 살아 있는 것이다. 따라서 도깨비불이 6·25전쟁이 한창이던 무렵, 거제도의 포로수용소에서 밤이면 밤마다 불타올랐다고 해도 별로 놀랄 일이 못 된다.

그러니까 거제도 포로수용소에 북한 인민군이 무더기로 수용되어 있을 때의 일이다.

수용소를 내다보는 산비탈에 몇 가구의 살림집이 있었는데, 거기 피난민도 얹혀서 살고 있었다. 그들은 지치고 굶주린 채로 힘겹게 삶을 견뎌내고 있었다.

그러던 중, 어느 비 기운이 진하게 끼치는 밤에 피난민 한 사람의 눈에 문득 수용소와 수용소 사이의 골짝에 이상한 붉은 불빛이 보였다. 둘씩이나 되는 불은 이글대는 불똥 같기도 하고 타오르는 불길 같기도 했다.

그런데 가만히 있는 게 아니었다. 동그라미를 그리는가 싶으면 오르락내리락 하고, 그러다가도 휘청대면서 갈지자걸음을 치는 것을 보았다. 어떨 때는 불갈퀴 모양이다가는 이내 넝쿨 모양으로 바뀌기도 했다. 두 마리 큰 구렁이가 골짝 바닥에 배를 깔고는 서로 불안은 채 기고 누비고 하면서 온몸으로 불을 버비치고 있는 것 같아 보였다. 그러는 것에 따라서 골짝 위의 하늘도 붉게 물들곤 했다.

두 줄기의 불빛은 그렇게 요상하게 요동을 치고 있었다.

하도 피이쩍어서 옆집 사람을 불러세웠다.

"저건 틀림없이 도깨비불이야! 나도 자주 봤다고. 온 주변에 불똥이 튕겨서 불날까 겁나네. 우리, 소리 질러볼까, 크게? 그럼 사라질지도 모르잖아."

그리하여 그들은 합세해서 크게 고함을 쳐댔다. 그러자 불 하나가 꺼지고 이어서 또 하나가 마저 꺼지는가 싶었는데 그게 아니었다. 사람들의 고함 소리에 일부러 장단을 맞추듯 세차게 맴돌고 휘돌고 하더니 하늘 중천으로 솟구쳐올랐다.

6·25전쟁의 참변! 명색이 한겨레라는 자들이 통일을 핑계대며 저지른 그 피의 만행! 그 처참한 참극의 증거가 포로수용소다.

하필 그곳을 골라서 출몰하는 도깨비불! 그건 전쟁터에서 터지던 포화의 여진일지도 모른다. 전쟁을 저주해서 주모자들을 태워 없애고자 하는 서민들의 절규이고 아우성일지도 모른다. 거기 서민들의 분이며 화, 분통이며 화통이 이글대고 있을지도 모른다. 어떻게 보든, 어떻게 생각하든 그 도깨비불은 가열한 역사의 현장일 수 있을 것이다.

다들 전쟁에 지쳐 있었다. 피난살이에 넋이 나가 있었다. 힘도 기운도 없이 하루하루가 비에 젖어서 풀죽은 그들의 바짓자락 같기만 했다. 사람들은 그 불빛을 보고 이를 악물었다. 두 주먹 불끈 쥐고 몸을 떨었다. 가슴에서는 자신들도 처치하지 못할 불길이 치솟는 것을 느꼈다. 도깨비 불기둥은 그들의 꺼져가는 목숨 심지에 불을 댕겼다. 도깨비의 화기가 그들 피난민들의 사기가 되어서 타올랐다.

그만큼 도깨비불은 치열하다. 가열하고 또 뜨겁다. 도깨비는 그래서도 소스라치고 용솟음치곤 한다. 물론 도깨비들은 짓부수고 까뭉개고 뭔가 박살 내는 데도 용을 쓰고 또 악지를 부린다. 그러면서도 도깨비들은 어떤 힘이 건설적인 에너지인지, 아니면 뭐든 부수고 드는 폭력인지에 관한 차별이 때로는 종이 한 장 차이란 것을 보여준다. 그러나 거제의 포로수용소를 지척에 두고 타오르곤 하던 야밤의 도깨비불은 그렇지 않았다.

다른 건 다 제쳐두어도 좋다. 다만 치열한 역사 현장의 증언이란 것만 가지고도 우리 인간은 그들을 보람된 힘으로, 에너지로 모시고 받들어도 괜찮을 것이다.

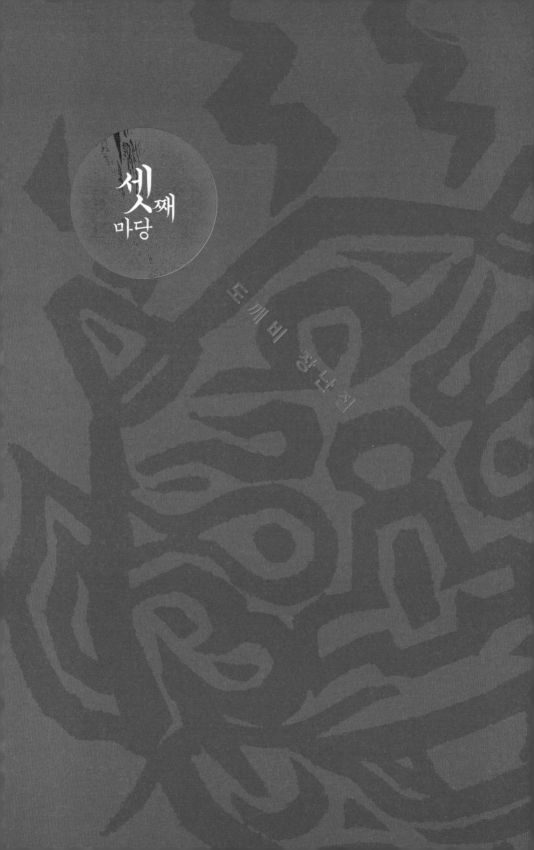

셋째
마당

도깨비 장난치

우리들 허리 빠지게 하는

그 하늘이 내린 마술,
타고나야 한다. 천재보다 더 힘겹게
타고나야 하는 것.

그게 장난이니.
하지만 배우고 익히면 웬만큼은 따라가나니…….

장난, 그 황당한 웃음거리

그자는 우리를 여간 웃기지 않는다. 히쭉히쭉, 비실비실, 그런 따위 웃음만은 아니다. 물론 우리로 하여금 쓴웃음도 짓게 하고 비웃게도 한다. 조소嘲笑나 냉소라도 사람들은 도깨비를 두고 웃지 않을 수 없다. 그래서 '도깨비 웃음'은 만만찮다.

하지만 그는 통쾌하게 웃게도 한다. 폭죽 터지듯 폭소를 터트리게도 한다.

'대굴대굴! 땍때굴!'

구르게 하고 꼬꾸라지게도 한다.

도깨비 그 녀석은 우리를 포복절도케 한다.

"깔깔! 껄껄!"

배를 끌어안고 자빠지게 한다. 이건 호들갑스런 웃음이자 박장대소다. 손뼉은 징 울리듯 요란하고 입은 나팔이듯 팡팡대는 웃음이다.

이게 도깨비의 재미다. 요즘 우리나라 텔레비전에서 보여주는, 이른바 '코믹쇼'니 '코미디'의 웃음 따윈 근처에도 얼씬하지 못한다. 개그라든가 난센스 코미디로는 어림 반 푼어치도 없다.

한 사내가 도깨비의 미움을 샀다. 화가 난 도깨비는 어떻게든 그자를 골리려고 들었다.

야밤중에 몰래 집 안으로 들어와 잠에 곯아떨어져 있는 그자의 고추를 잡아끌었다.

질질 끌고는 방 안을 몇 바퀴 돌고 또 돌았다. 도깨비 재주라, 봉변을 당하는 것도 모른 채 그자는 깊은 잠에 빠져 있었다.

한데 아침에 잠이 덜 깬 눈에, 방 안 벽을 따라서 누르퉁퉁한 구렁이가 사리고 있는 게 보였다.

화들짝 놀랐다. 일어서서 밖으로 도망을 치는데 구렁이가 뒤쫓아 나오는 게 아닌가! 그뿐만 아니다. 연신 그를 잡아끄는 게 아닌가!

그러다가 넘어졌다. 뱀이 허리통을 휘어감았다. 한데 사타구니 사이가 왠지 끈끈했다. 손을 거기다 질렀다. 고추가 잡히는데 평소와는 달랐다. 길어도 예사 길게 뻗은 게 아니었다. 벌떡 일어섰다. 길고 긴 고추가 방 안에 늘어져 있었다.

기가 찼다. 저만큼 숲 속쯤에서 도깨비 소리가 들려왔다.

"꼴좋다!"

그때서야 모든 걸 알아차렸지만 달리 무슨 수가 없었다.

논일은 나가야 하니 어떻게든 몸 간수는 해야 했다. 고추를 허리에 칭칭 몇 겹으로 감았다. 그런데도 그놈의 고추 머리가 한사코 곤추서서는 어깨 너머로 까불대는 게 아닌가!

남의 눈을 의식해서 보자기로 싸서는 어깻죽지에 휘감아 붙였다.

논일을 하다가 허리를 굽히면 그놈의 보자기 씌운 머리끝이 쑥 하니 등을 타고는 휘청댔다.

사람들은 왜 그러는지 영문을 몰랐다. 그러다가 어느 날 들통이 났다. 등을 치올라서 거들먹대는 서슬에 그만 천이 벗겨지고 고추의 머리 꼭대기가 드러났다.

사람들은 놀랐다. 하지만 이내 대판 웃음이 터졌다. 마침 해질 녘이라, 어둔 숲가에서 이 꼴을 지켜본 도깨비가 춤을 추어댔다.

도깨비가 하는 짓은 이런 식이다. 도깨비장난이란 것이 매사 이런 꼴이다. 엉뚱하고 당돌하다. 사람들로서는 상상도 못할 짓거리를 녀석들은 즉흥적으로, 앉은자리에서 해낸다. 그나마 사람들로서는 난감하기 짝이 없는 일들을 식은 죽 먹기로 해치운다.

장난, 권태와의 대판 싸움

이 책의 여기저기서 언급되고 있듯이 도깨비는 장난꾼이다. 장난꾸러기다. '도깨비장난'이란 말이 따로 생긴 것은 이 때문이다.

그는 심심한 게 질색이다. 따분한 것, 지루한 꼴이 질색이다. 하물며 마음에 낀 우울함의 구름, 울적함의 안개, 그따위는 119를 불러다가 소방 호스로 물 뿌려서 날려버리지 않고서는 못 배겨낸다. 도깨비에게 조증躁症은 심할 정도로 벅적대고 있지만 그가 울증鬱症이나 우울증에 찌들어 있다는 소문은 들은 적이 없다. 차라리 그는 까불이치고도 엄청난 까불이다.

우두커니 앉아서 담배 연기나 날리고 있는 꼬락서니, 지하철 전동차의 손잡이에 매달리다시피 하고는 멀거니 어둠을 내다보는 짓거리, 공원 벤치에 아예 허리를 쑤셔 박고 앉은 채 고개를 납덩이처럼 내려뜨리고 속수무책으로 땅바닥을 지켜보고 있는 그 허망한 몸 사위……. 이따위를 도깨비는 박살 내어 소탕하지 않고는 못 배긴다.

권태는 지긋지긋하다. 해괴한 작가 이상이 '권태'를 주제로 글을 쓴 것을 도깨비가 미리 알았다면 쓸데없는 짓, 허튼 짓 말라고 뜯어말렸을 것이다.

매일매일을 그늘지고 음산한 뒷방구석에 꼬박 24시간 틀어박혀 있는 사내가 모처럼 가뭄에 콩의 싹이 트듯 외출을 하는데, 거리를 잠시 헤매던 중 서울 남산공원에서 울려오는 오포午砲, 곧 정오를 알리는 사이렌 소리를 듣는다.

그게 무슨 구원의 복음처럼 주인공의 귀에 사무칠 줄이야! 오죽했으면 1년 365일 내내 으레 그 시간, 그곳에서 판에 박은 듯 일어나곤 하는 그 소리! 듣는 사람들이 지겨워하기 전에 오포 그 자신이 지레 넌더리를 낼 게 뻔한데도 글쎄 그게 해방의 소리, 탈출의 소리로 들리다니!

남산 도깨비가 이 이야기를 들으면 남산 비탈을 구르면서 웃어젖힐 일이다. 아니면 한심한 듯이 하품을 토할까?

프랑스의 요상한 시인 보들레르는 곧잘 '앙뉘ennui', 곧 권태를 노래했다. '앙뉘'를, 권태를 인간 삶의 기본 뉘앙스로 잡아내고는 거기에 시정詩情을 담아냈다. 이런 점은 거의 같은 시대의 천재 시인으로 불리는 랭보도 비슷했다.

그 당시 서구 사회의 지식인들은 자신들이 사는 세대를 '세기말', 곧 인류가 누릴 세기의 끝장이라고들 했다. 권태는 그 인간 파국의 표정이기도 했다. 말하자면 다들 심심해서 죽을 지경이었던 셈이다. 그건 초기 부르주아 사회가 시달린 만성질환이기도 했다.

하지만 사람이 권태에서 영영 벗어날 수 있는 천국이나 천당은 없다. 권태와의 싸움, 그게 지금도 우리가 살아가는 삶의 기본 자세일 것이다.

그러나 우리는 반사적으로 권태에서 한사코 도망치려고 한다. 내빼고 삼십육계를 놓으려 든다. 한데 그게 만만치가 않다. 권태는 장마철의 구름처럼 우리를 뒤덮고는 삼키려고 든다.

그럴 적에 도깨비는 우리에게 복음을 전한다. 위대한 권태 탈출기를 펼쳐 보일 것이다. 도깨비는 권태를 탈피할 수 있는 훌륭한 스승이 될 것이다. 그럴 적에 도깨비장난은 권태의 포로가 된 우리를 구해줄 길을 열 것이다.

그는 한시도 가만있지 않는다.

'초라니 방정!'

'깨 방정!'

'지랄 발광!'

'경망과 촐랑댐!'

사람들이 그들에게 뭐라고 욕을 하고 험담을 내뱉는다 해도 도깨비는 아랑곳하지 않는다.

"욕할 테면 하라지! 저 멍청이들! 우린 놀고 또 놀 테니."

이 괴물들은 장난에 빠지고 놀이에 넋을 팔 것이다.

'장난과 놀이!'

그건 도깨비의 팔자고 사주다. 운명이고 숙명이다.

장난치기의 천재

도깨비가 장난꾸러기란 것은 얼마든지 곱게 봐줄 수 있다. 그의 최대의 취미가 다름 아닌 장난이니까 말이다. 한데 장난은 아무나 치는 게 아니다. 그나마 잘 노는 장난은 지능지수가 높은 자라야 잘해낸다.

강원도 산골의 한 마을에는 도깨비 비석이 있다. 그 비석은 다름 아니고 도깨비님들께 바쳐진 신주 같은 것이다.

마을 앞의 산에 큰 바위가 있는데 그걸 사람들은 할미바위라고 했다.

한데 그 모양새가 꼭 할미가 손자 손을 잡고 마을을 떠나가는 것 같아 보였다.

사람들은 바로 그 탓에 마을에 이상하게 재앙이며 액이 자주 덮친다고 들 믿고 있었다.

그러던 중에 도깨비의 짓궂은 장난이 계속되었다.

주부들이 솥에 밥을 해놓으면 그걸 퍼버어서는 마당에다 흩뿌려댔다. 땅에 흩어진 밥알을 개가 먹으려 들면 느닷없이 돌개바람을 일으켜서 날려 보내기 일쑤였다.

잔칫날 앞뒤 해서는 더 야단이었다. 모처럼 술을 익혀놓으면 거기다 소금을 잔뜩 뿌려놓기가 다반사였고, 떡은 쪄놓으면 그걸 돌알처럼 뭉쳐서 온 들에서 서로 돌팔매질 아닌 떡팔매질을 하기도 했다.

남자들 담배통에 재를 섞어두고는, 자다 깬 사람이 그걸로 담배를 피다가 온밤 내버 기침으로 시달리게도 했다.

집집마다 쌀독에 모래 섞기, 된장독·간장독에 뜨물 받아 붓기가 예사니 아낙네들은 밤을 새워서 장독대를 지켜야 했다. 아이들이 서당에서 글을 읽으면, 밖에서 개도 아닌 것들이 멍멍 요란하게 짖어대면서 저들도 글 읽는 흉내를 내기가 예사였다.

그러던 중에 웬 도사 한 명이 마을을 지나치다 그 딱한 사정을 알고는 계책을 일러주었다.

"저 할미바위 앞에 비석을 하나 크게 세우시오. 거기다 도깨비 신주님이라고 새겨넣고요. 그리고 밤마다 거기 수수떡을 해다 바치면 도깨비 장난이 씻은 듯이 사라질 것이오."

그 뒤부터 정말 마을 사람들은 편하게 살 수 있었다고 전한다.

이처럼 도깨비는 장난치기의 천재다. 비록 해코지를 겸하기는 해도 그 장난은 낱낱이 별나고 기발하다. 둔한 머리 갖고는 어림도 없는 것들이다.

장난치는 재주에 일정한 지수指數가 있다면 그건 이른바 지능지수와 정비례할 것이다. 나쁜 머리에서 생겨나는 장난은 그 질이 떨어지거나 볼품도, 맛볼 품도, 겪어볼 품도 곤두박질할 게 분명하다. '싱거운 장난'이란 말도 있지만, 그 말은 낙제할 게 뻔한 장난이란 뜻이다.

장난일수록 머리로 양념을 치고 꾀로 고명을 얹어야 한다. 장난은 재치나 꾀와 상당히 진한 혈친血親 관계를 맺고 있다.

꾀돌이, 꾀보인 그들은 그래서 장난꾸러기이기 마련이다. 머리가 나쁘다는 것, 멍청하다는 것, 멍해 있다는 것, 그건 모두 같은 꼴이고 닮은 꼴이다. 그러니까 '도깨비장난'이란 굳어진 말도 따로 있듯이 '도깨비 재치', '도깨비 꾀', 그런 독립된 말도 우리는 꾸며내야 한다.

머리가 번쩍, 두뇌가 번쩍하는 만큼 장난도 재미와 신명과 흥을 부리게 된다. 역사상 최고의 천재 모차르트가 어린 시절 천하의 장난꾸러기였다는 사실을 여기서 되새겨보고 싶다. 도깨비에게는 장난기와 지능지수, 그 모든 게 다 골고루 갖추어져 있다.

소란 떨기와 플로우

도깨비에게 장난은 심술부리기를 겸하고 남들 욕보이기도 겸한다. 어느 때건 간에 그는 사람들이 편하게 자고 쉬고 하는 걸 그냥 보아내지 못한다. 수면 방해는 그가 가장 즐기는 장난이다. 자는 사람을 상대로 소란을 피우는 게 그렇게 큰 즐거움일 수가 없다. 한 시간만 난리를 안 떨어도 오금이 저려서 못 견디는 그로서는 당연지사다. 그래서도 그는 장난을 친다.

도깨비에게 가령 학적부나 이력서가 있다고 치고, 거기 취미를 써넣으라고 하면 에누리 없이 '난리 치기'라고 쓸 것이다.

'우르릉 쾅쾅!'

'우지끈 우지끈!'

'폭삭 폭삭!'

'와르르!'

이건 아예 '도깨비 소리'고, 그의 노래 마디 같은 것이다.

무엇인가 단단한 게 무너지는 소리, 뭔지 모르지만 폭발하는 굉음 등은 도깨비들에게 교향곡 같은 것이다. 그렇다고 그 녀석들이 소음 공해로 고발당했다는 신문기사는 아직 본 적이 없다.

빈집이나 마을에서 멀리 떨어져 있는 상여집, 아니면 물레방앗간에서 그 난리를 치는 것쯤이야 저들 자신을 위한 취미로 보아 넘겨야 한다. 그걸 사람들이 공연한 짓이라고 나무라서는 안 된다.

그게 그들의 오락이고 레저다. 아니면 엔터테인먼트다. 도깨비의 쾌락을 누리는 철학이 워낙 그렇게 소란스러운 것이라고 눈 감아주어야 한다. 소란 떨기의 난장판은 도깨비의 천당이다. 모르긴 해도 그들도 비보이의 공연을 엄청 즐길 것 같다.

'떠들고 놀기!'

그건 도깨비로서는 그들 나름의 '플로우flow'다.

평생을 바쳐서 사람들이 행복해지는 길을 연구한, 미국 시카고 대학교의 칙센트미하이 교수가 만들어내다시피 한 '플로우'라는 개념은, 누군가가 무엇엔가 열중하고 몰두하는 동안에 느끼는 신명 같은 것이라고 풀이해도 괜찮을 것이다. 마음 안에 만조 때 바다의 물살처럼 힘살이 넘치는 것과 같다. 참 묘하게도 도깨비에게는 소란 떨기와 아우성치기가 최고요, 최대의 플로우다.

모르긴 해도 늦여름 야밤중에 태풍의 아우성과 된벼락 치는 소리에 장단을 맞추어 도깨비 아비 어미는 아기 낳을 작업을 했는지도 모를 일이다. 마침내 정자가 난자에 박힐 때도, 십중팔구 덤프 트럭이 중앙선 넘어 반대 방향에서 달려오던 크레인 차하고 충돌하듯이 했을 게 뻔하다.

한데 소란 떨며 야단 굿 벌리기는 도깨비 족속들에게는 아주 특별난 의미가 있다. 그건 단순히 기분풀이에 그치지 않는다. 스트레스 날리기에만 약효가 있는 게 아니다. 물론 소란과 아우성이 그런 데는 특효약이라고 인정해도 좋다. 절규나 아우성은 생각 외로 약발이 크다. 중국의 전설적인 명의名醫 편작이 진작에 스트레스 날리는 명약으로 처방했을지도 모를 일이다.

사람들이 산꼭대기에 올라서서 공연히,

"얏호!"

하고 소리치는 게 아니다. 건너편 비탈에서 메아리치는 또 다른,

"얏호!"

하는 그 은은한 울림은 산신령이 저들 가슴풀이, 마음풀이 하는 겨를에 사람들에게도 갖가지 풀이를 선물하는 것이다. 이럴 때도 한국인은 도깨비 사촌이다.

우리 귀를 따갑게 하는 저들 괴물의 소란은, 저들의 가려진 뜨거운 에너지이자 감추어진, 끓어넘치는 정력의 발산이다. 해서 그것은 당연히 풀이를 겸한다.

'풀이', 그 말은 한국인에게 예사로운 말이 아니다. 살풀이는 하늘이며 공중을 떠도는 독 기운을 풀어내는 일이고, 액풀이는 사람이나 가정을 노리고 덤비는 모질고 독한 기운과 운수를 물리는 일이다. 그뿐만이 아니다. 몸살도 푼다고 했고, 임신한 아낙이 아이를 낳는 것도 몸을 푼다고 했다. 병이나 고통은 물론 재앙이든 뭐든 한국인은 풀어야 했다. 불운도 풀어야만 했다.

도깨비가 아우성치며 법석을 떨고 요란 방정을 떠는 것은 그들 나름으론 제일급의 풀이다. 그러기에 도깨비 저들이 법석을 떨고 난리를 벌이며 난장판을 피워도 별로 흉볼 것이 없다.

오히려 사람들은 그걸 부러워해야 할지도 모른다. 자기를 누르고 얽매고 하는 데 길들여져 있는 웬만한 사람들로서는, 그래서는 드디어 스트레스가 화증火症이 되고 병이 되고 마는 축으로서는 본받아야 할 대목이 없지 않을 것이다.

플로우는 도깨비의 사기 진작에 도움을 준다. 그들의 신명을 돋우고 신바람을 날리게 할 것이다. 하지만 그게 놀부도 예사 놀부가 아닌 도깨비의 심술부리기와 맞물려 있는 게 탈이다. 십중팔구 도깨비들은 사람을 괴롭히면서 그 짓을 해낸다. 심술이 장난과 놀이를 북돋우는 것이다. 풀이를 돋우고 플로우를 부추기는 것이다.

소란과 아우성과 난리가 그들로서는 기분 풀이하는 꼴이지만 옆사람으로서는 당하기 어려운 곤욕이 되기도 한다. 도깨비 플로우는 사람들에게 공해와도 같다. '신종플루'라는 고약한 전염병 이름이 도깨비들의 플로우를 닮은 것은 우연만은 아닐 것 같다.

한데 우리들 사람 무리에서도 놀부들은 바글바글하고 있다. 한둘이라야지! 그래서도 도깨비는 에누리 없이 한국인이다.

오늘밤도 폭주족은 거리를 누비며 달리고 있을지도 모른다. TV 소리가 아니면 음악의 울림이 아파트 옆집의 벽을 뚫고 설쳐대고 있을지도 모른다. 지하철 안에서 술주정을 부리며 소란을 떨고 있는 종내기도 아주 없진 않을 것이다.

거리에서는 걸핏하면 앞 차나 옆 차에다 대고 경적을 울려대다 이내 시치미 떼는 자들이 그야말로 부지기수다. 거리에 넘치고도 남는다. 이들은 모두 제멋에 겨워서 남들은 아랑곳도 하지 않는 놀부 족속이거니와, 그래서도 그들은 모조리 에누리 없는 '인도깨비', 곧 사람도깨비들이다.

기적을 일으키는 장난, 그 마술

도깨비는 아예 장난으로 태어났을지도 모른다. 부모가 사랑의 장난을 치는 사이 잉태되었을지도 모른다. 도깨비는 그냥 장난기를 타고난 정도가 아니다. 그 어미가 장난으로 도깨비를 배었을 가능성도 매우 크다. 그만큼 도깨비와 장난은 동의어다. 그 둘은 발음은 다르나 뜻은 같은 말이다.

이들은 한시도 가만있지 못한다. 붙박이는 질색이고 죽치는 것도 못 견뎌낸다. 방구석의 구들장에 등바닥을 아교로 땜질한 듯 누워서 지내는 구들직장 신세가 되느니, 차라리 강물의 급물살에 몸을 내맡기는 길을 택할 것이다. 한곳에 누룽지처럼 달라붙어 있느니 차라리 바람에 흩어지는 갈잎 신세를 택할 것이다.

모였다 하면 북적댄다. 으레 왁자지껄 수다를 떨고 야단을 친다. 장난을 치고 놀이판을 벌이는 한편으론 술판을 벌이고 춤도 추어댄다. 사뭇 흥청댄다. 그래서 온밤 내내 숲 속이 아우성을 쳐대기도 한다. 소란과 소요騷擾는 그들에겐 일상사다. 요란을 떨고 법석을 떨지 않고는 못 배긴다. 그건 물론 난장판 겸한 장난판이다.

혼자서도 가만있지 못한다. 밤중에 남의 집 마루에서 3단뛰기 경합을 벌이고 지붕에서는 높이뛰기로 술 내기도 한다. 잔치 준비에 한창인 집을 찾아가서는 모처럼 장만한 국수를 집 둘레 나뭇가지에다 주렁주렁 매달아놓고는 낄낄댄다.

하지만 이 정도는 아직 약과다. 엄청난 일을 장난으로 해치우는 게 바로 도깨비다.

도깨비장난은 여기에서 그치지 않는다. 방문을 열지도 밀어붙이지도 않고, 아무 기척 없이 남의 집 안방에 숨어들어가는 재주는 또 뭐라고 해야 할까?

안으로 빗장이 걸린 문을 문구멍 뚫어 손을 밀어넣지도 않고 열고 들어가다니, 아무리 도깨비라지만 이건 정말 너무했다. 눈 내리는 겨울밤 그 짓을 하면 잠든 사람들이 소스라쳐 깨어날 텐데, 그 심술 깨기가 도깨비 자신으로서는 큰 재미다.

또 고름 풀지 않고 저고리 벗기나 허리띠 꽉 졸라맨 채 바지 홀라당 벗기, 그런 짓은 누워서 떡 먹기다. 사람으로서는 불가능한 일을 그는 슬쩍슬쩍 힘들이지 않고 해낸다. 이렇듯 그의 장난은 기적이다. 불가사의다.

그러니 기적의 도수가 크고 불가사의의 심도가 깊을수록 도깨비의 재미는 늘어간다. 이 모든 기적과 불가사의가 그들이 누리는 재미라니, 알다가도 모를 일이다.

그들의 장난질은 무궁무진하다. 앞에서 본, 그만한 종류의 기적으로 끝나지 않는다. 조금 과장해도 좋다면, 야밤중 빈 솥이 걸린 아궁이에 장작도 쏘시개도 없이 불을 지피고는 물을 버글버글 끓여댄다. 깊은 우물에서 줄 없는 두레박으로 물을 길으면서 폭포수 쏟아지는 소리를 내기도 한다. 그렇게 해서 사람들을 놀라게 하고 혼을 뺀다. 그래야 그들의 즐거움이 커진다.

도깨비들은 타고난 마술사다. 해리포터가 다니는 마술학교 교장이 되고 교감이 될 자격을 어머니 태에서부터 미리 마련해서 가지고 세상에 나온다. 이 괴물들은 특별히 훈련을 받거나 술법을 연마하지도 않는다. 태어난 그대로 식은 밥 먹듯이 마술을 해치운다. 그들에게 마술은 배우고 익히는 재주도 기술도 아니다. 타고난 본능 같은 것이다. 그들 팔자고 숙명 같은 것이다.

그들은 천생天生의 마술사, 하늘이 내린 요술쟁이다. 생이지지生而知之란 말이 있다. 천재를 두고 하는 말인데, 태어나면서 절로 모든 것을 알아차리고 있다는 뜻이다.

도깨비는 그야말로 생이지지의 마술사다. 그러니 그들에게 원칙적으로 불가능한 것은 없어 보인다. 도깨비들에게 온 세상은 가능성으로 가득 차 있다.

"나의 사전에 불가능이란 말은 없다!"

나폴레옹이 무색해질 말을 도깨비는 예사로 내뱉을 것이다.

'불씨는커녕, 성냥도 부싯돌도 불쏘시개도 없이 맨손 비벼 불 지피기.'

'천야만야千耶萬耶한 폭포수를 한여름에 얼어붙게 하기.'

그따위를 도깨비들은 눈도 까딱 않고 해치운다.

그 지경이니 오랜 가뭄을 겪는다 해도, 그래서 논밭은커녕 온 천지가 다 말라터지고, 강은 물론 개울이며 우물이란 우물까지 다 말라붙는다 해도 도깨비만 불러내면 그만이다.

그는 이미 사막으로 변한 대지라도 옥토로 변하게 할 것이다. 개고기 몇 접시, 막걸리 몇 말만 대접하면 그걸로 끝이다. 바짝 마른 우물에서 분수처럼 물줄기가 솟아오르게 할 게 뻔하기 때문이다.

그렇다고 해서 그가 따로, 또 특별나게 마술을 부리고 요술을 부리는 건 아니다. 그냥 보통으로 한다는 짓이 거의 대부분 그렇다. 그에게서 마술의 손놀림은 사람들로 치면 악수하는 것과 다를 바 없는 흔해빠진 일이다.

다음은 강원도 어느 산골 마을 농부가 직접 겪은 일이라고 전하는 이야기다.

어느 추운 겨울인데 온밤 버버 도깨비가 요란 난리를 떨었다. 지붕 위에서 춤을 추어대자 대들보가 우지끈 휘어졌다.

농부는 밖으로 나가서 횃불을 켜들고는 괴물을 겁주어서 몰아냈다. 한데 쫓겨난 도깨비가 고분고분 물러갈 턱이 없다.

주인이 방 안으로 들어가는 것을 담 너머로 확인하자, 이내 부엌으로 들어갔다.

날이 새고 그 집 안주인이 밥을 지으려고 아궁이로 갔다. 가마솥에 우선 물을 끓이자고 하는데, 아니 이게 무슨 변.

가마솥 뚜껑이 원 모양 그대로 솥바닥에 내려앉아 있는 게 아닌가 말이다. 그걸 꺼내야 솥을 쓸 텐데 별별 수를 써도 헛수고.

그 뒤 이 집에서는 솥을 새것으로 갈 때마다 매번 같은 변이 일어나곤 했다.

결국 집주인이 수수떡을 차려놓고 도깨비에게 사흘 밤낮 용서를 빌어
서 겨우 도깨비의 흉한 장난은 끝이 났다.

이게 실화이건 아니건 그건 상관없다. 전통적인 한국인은 요컨대 이
런 이야기를 믿고들 있었다. 이 대표적인 한 토막 이야기로도 도깨비 마
술의 오묘한 이치가 사정없이 다 드러날 것이다.

아무리 그렇다 쳐도, 그가 앞으로 발을 내밀면서 뒷걸음을 치고 뒤로
발을 내밀면서도 앞으로 내달리고 할 수가 있을까? 설마 그럴 턱이야 있
을라고? 이렇게 우리가 의심을 품으면 도깨비는 비웃을 것이다. 그걸 말
해주는 도깨비 이야기도 있다.

늦은 밤 애기가 찡얼거리며 잠을 들지 못하고 있었다. 옆에서 달래던 어
미는 어느새 자기도 모르게 잠에 곯아떨어져 있었다. 애기는 고아가
된 듯 서러워서 울어댔다.

뜰 앞을 지나가던 도깨비가 애기의 울음소리에 안쓰러워 문틈으로 안
을 들여다보았다.

"저런, 저런 어미 하고는!"

중얼대면서 방 안으로 들어갔다. 안으로 걸린 문고리는 따지도 않고
슬그머니 들어갔다.

아기를 곱게 안아서 잠든 어미 등에 기대어 앉혔다. 아기는 영문을 몰
라 했지만 제 등을 다독대는 손길에 홀려서 사람 모양 빼닮은 도깨비
를 빤히 쳐다보았다.

도깨비는 이불 머리에 있던 초롱불을 제 손바닥에 올려놓았다. 그러고

는 초롱불을 천장에 닿을 정도로 날렸다.

그런데 그 허공의 초롱불이 애기 눈가를 뱅글뱅글 맴도는 게 아닌가!

불꽃이 나비처럼 하늘대면서 애기의 머리 둘레를 돌고 또 돌았다.

신기하게 여긴 애기의 눈도 뱅글뱅글 따라 돌았다. 방글대고 웃기도 했다.

한참을 그러자, 애기는 슬그머니 어미 곁에 누웠다. 이내 솔솔 단잠을 자기 시작했다.

허공 중천에 아무 일도 없었던 듯이 시치미를 떼고는 둥실 떠 있는 초롱불! 어디 그뿐인가? 뱅글뱅글 허공을 맴돌고 있는 초롱불!

그래야 도깨비 마술이다. 도깨비에게 그 정도는 사람들이 종이비행기를 날리는 것과 다를 바가 없다. 이렇듯이 그에게는 기적도 이변도 장난일 뿐이다. 놀이를 하듯 마술과 요술을 척척 해낸다.

그러니 그에게 불가능이 있을 턱이 없다. 그에게는 무한의 가능성과 함께 무제한의 자유가 있을 뿐이다. 기적이 일상사가 되고 이적異蹟이 하루 세 끼 밥 먹듯 척척 치러지는 그런 경지!

그건 인간으로서는 꿈이다. 꾸어도 꾸어도 백날 밤, 천날 밤 꾸고 또 꾸어도 못다 꿀 일일 것이다.

인간에게 꿈은 두 가지 속내를 지니고 있다. 하나는 깊으나 깊은 소망이고 높으나 높은 동경이다. 한데 다른 하나는? 그건 정반대다. 허망이고 물거품이다. 인간으로서는 도깨비의 마술이, 요술이 때로는 허탈한 허망인가 하면 때로는 마음 동동거리는 끔찍한 동경이다.

하지만 우리들 인간, 물리적인 것에 얽매여 있고 논리적인 것에 칭칭 휘감겨 있는 가엾은 우리 인간들로서는 도깨비 마술, 그리고 그의 요술

은 허망한 동경이고 덧없는 선망에 그치고 말 것이다. 언제 우리들이,

"인간 무한 가능성 만세!"

"인간 자유 만세!"

하고 다 같이 구가할 수 있을까? 그렇게 될 날이 언젠가는 와주기를 도깨비에게 빌어야겠다.

장난의 스펙트럼

온 세상 만물은 그의 노리개,
온 세상 만사, 그의 장난거리,

온 세상은 통째로 그의 '루덴스의 공간',
놀이터일 뿐…….

도깨비장난 개론

여태껏 보기로 든 것, 그것들은 일부를 제외하고 거의 다 공연히 사람들을 놀리고 겁주고 하면서 놀아대는 도깨비장난이다. 그들로서는 한껏 멋 부리고 논다는 것이 그 지경이다.

그들의 장난은, 또 놀이는 무한정이다. 도깨비가 갖춘 놀이 목록, 장난기의 목록은 열 권이 넘는 대백과사전을 채우고도 오히려 남을 것이다. 우리가 이미 알고 있다시피 문에 걸린 고리나 자물통 등을 따지도 않고 방 안으로 들어가는 것만 해도 놀랄 노자인데 그게 오히려 약과인 술법을 그는 곧잘 부린다. 그러니 고름 풀지 않고 저고리 벗기, 허리띠 꽉 졸라맨 채 바지 홀라당 벗기 같은 짓은 누워서 떡 먹기다. 사람으로서는 불가능한 일을 그는 슬쩍슬쩍 힘들이지 않고 해낸다.

한데 그의 노리개는 그야말로 별것이 아니다. 흔해빠진 그런 것들이다. 솥뚜껑, 절굿공이, 부지깽이, 빗자루, 지게 따위 그렇고 그런 볼품없는 것일수록 그는 더 즐겁게 가지고 논다. 그러다가 싫증나면 엉뚱하게 달구지나 물레방아를 가지고 논다고 해도 하등 신기한 게 못 된다.

심하면 남의 집 소나 말도 그는 장난감으로 삼는다. 그러니 이 세상에 그의 노리개가 못 될 것은 아무것도 없다. 그러기에 도깨비에게 온 세계는 '루덴스의 공간', 곧 '놀이 공간'일 뿐이다. 세상이 몽땅 그에게는 놀이터다.

마음먹고 강조해도 좋다면, 그들은 어쩌다가 장난을 쳐대는 게 아니라고 말하고 싶어진다. 장난치기가 차라리 정상이라고 해야 할 정도다. 장난은 도깨비의 주특기다. 버릇이고 상습이다.

장난기는 도깨비에게는 정상 기운이다. 특별하게 따로 한 판 벌이는 게 아니라 보통의 행동일 뿐이다. 물론 도깨비의 장난이라고 해서 아주 악의가 없다고는 말할 수 없다. 아주 짓궂은 게 끼어 있기도 하다. 때로는 험하고 수상쩍기도 한 게 사실이다.

장난이란 것은 말처럼 따지는 게 쉽지가 않다. 순우리말로 느껴지는 '장난'은 한자말인 '작란作亂'에 뿌리를 두고 있다.

'야단법석'과 '난리亂離'가 합치면 '야단 난리'가 되는데, 바로 그 난리의 '난亂'이 작란의 '란'이다. 물론 '난동'의 '난', '문란'의 '란'과도 같은 종이다. 그러니 난리를 치고 난동을 부리는 게 작란이다. 난잡한 짓을 서슴없이 해치우는 게 작란이기도 할 것이다.

해서 장난은 작란의 뜻을 고스란히는 아니어도 상당한 정도 이어받은 것으로 보인다. 그러면서 장난은 장난 나름의 뜻도 갖추고 있어서 온통 작란과 동족이라고 말할 수는 없을 것으로 생각된다.

한마디로 장난이라고는 해도 그 정체를 샅샅이 따져서 보아내기는 그다지 쉬울 것 같지 않다. 장난이라고 해도 워낙 종잡을 수 없게 야료를 부리기 때문이다. 야단을 떨고 요사를 떨기도 하기 때문이다. 오죽하면 장난이란 말의 뿌리인 '작란'에서 '란' 자가 덩그렇게 기세를 떨치고 있을라고!

요란법석에서부터 아기자기까지, 선의의 재미 부리기에서부터 악의를 품은 희롱까지, 그 양극을 장난은 다 포함하고 있다. 그러면서도 그 사이에는 별의별 중간치들이 끼어 있기 마련이다. 장난의 전모는 그 끝 간 데가 보이지 않는다.

미리 짠, 의도적인 행동일 수도 있으면서도 한편으론 눈 깜짝할 사이의 순간적인 돌발 사건일 수도 있는 게 장난이다. 무심코 할 수도 있고 일부러 노려서 할 수도 있는 게 장난이다. 깜찍함과 능글맞음은 다

같이 장난의 속내를 이루고 있다. 그러나 그 둘 사이는 까마득하게 멀고
또 멀다.

귀여움이 배어 있는가 하면, 암수暗數가 도사리고 있기도 한 게 장난
이다. 장난은 천진난만함을 자랑하지만, 머리를 짜고 짠 기교도 장난의
상당한 자랑거리다. 그 기교에는 백여우와 같은 간사함과 교활함도 늘
어붙어 있다. 익살을 떨면서 사람들의 공감을 살 수 있는, 귀여움거리가
되기도 하는 한편으로 미움이 박힐 만큼 남을 골리고 욕보이기도 한다.

이렇듯 장난은 종잡을 수가 없다. 이를테면 비정상이기 쉽다. 변덕이
죽 끓듯 할 것이고 변신과 변태도 가차 없이 행해진다. 따로 매겨진 정체
가 없다고 하고 싶을 정도다.

그러니 장난은 그 행동을 어떤 잣대에도 맞추지 않는다. 객관적인 기
준이나 보편적인 준칙을 따라서 행동하는 게 아니다. 당돌하고 엉뚱한
면이 강하다. 불시에 무엇인가 해내는 일인데, 남들을 깜짝 놀라게 하고
또 어안이 벙벙하게도 만든다.

그러니 장난을 어느 규격에 맞추어서 그 속성과 종류를 가름하기는
쉬울 것 같질 않다. 난감하기도 하다. 하지만 기왕 말을 낸 김에 끝까지
모르겠다고, 알 수 없다고 딴전만 필 수는 없다. 어떻게 해서든, 악을 쓰
고 용을 써서라도 정체를 꼬집어내어야 한다.

그래서 이런저런 궁리를 하느라고 해본 결과, 장난은 몇 가지 그 자
체의 속성을 갖고 있는 듯이 생각된다. 그에 따라 장난의 종자가 나누어
질 것도 같다.

물론 그 종자 가름은 쉽지 않을 것이다. 장난의 '난'이 앞에서도 본
것처럼 워낙 어지러울 '란亂'이고 문란한 '란亂'이고 보면, 그 속내를 콕
찍어서 잡아내기는 어려울 것이기 때문이다. 게다가 장난은 우발적이고

즉흥적인 속성이 두드러진다. 난리 났다는 '난'이나 장난의 '난'이 바로 그것이다.

익살에서 작란까지

장난이라고 해서 다 같은 장난이 아니다. 남 골려먹는 장난, 이웃에 애교 떠는 장난도 제 깜냥을 한다. 제 흥이나 저희들 흥에 겨워서 혼자서나 또는 같은 무리끼리 노는 장난이 있는가 하면, 노리고 별러서 해내는 장난도 무시할 수 없다. 재미와 익살 가득한 장난 말고도 따가운 침놓기와 같은 장난도 드물지 않다. 이게 모두 제각각이다.

한데도 어려움을 무릅쓰고 이래저래 갈래를 내어보면 어떻게 될까?

첫째는 귀엽고 고운 장난이다. 어린아이들의 천진난만한 놀이가 이에 속한다. 젊은 여인들이 사뿐하게 교태를 부리는 것 역시 고운 장난으로 쳐도 좋을 것이다. 이들은 재롱떨기라는 일면도 갖추고 있다.

그러다 보니 꽃이 봄바람 타고 설레는 것도, 거기 얼려서 나비가 춤을 추는 것도 자연의 곱상한 장난질이라고 못할 것도 없다. 한여름, 거대하게 우거진 폭나무 그늘에 길게 누워서 잠이 들까말까 할 때 홀연히 떨어져내린 생 이파리 한 잎, 그것이 코끝을 간지럼 태우면, 그건 얼마나 멋쟁이 장난인가! 재롱, 기운 만점의 장난이 아닌지 모르겠다.

재롱은 한자로 '才弄'이라고 쓴다. 재주 재才＋놀 롱弄이니까, 재주를 부리고 꾀를 피우면서, 재주껏 놀고 즐기고 흥겨워하는 것이 곧 재롱이다. 이 같은 재롱의 경지에 드는 장난은 귀여운 어린아이나 젊디젊은 처녀의 몫이다.

둘째로는 익살의 장난을 들먹여야 하는데, 꾀돌이나 꾀보가 아니면 이 장난을 놀 수 없다. 재간둥이라야 익살에 넘친 장난을 칠 수 있다. 도깨비장난이 으레 그렇듯이, 재롱보다 재치로 노는 이 장난은 장난 중에서도 제법 팔을 걷고 나설 만하다.

셋째는 좀 특별난 장난이다. 누군가에 대해서 바른말 하기와 통할 수 있는, 그래서 비판 노릇을 하는 장난을 들고 싶다. 당해도 싼 사람을 비틀어놓고 꼬집고, 그러고는 비아냥대기도 하는 장난이라고 해도 괜찮을 것 같다. 야유와 조롱을 겸한다 해도 그건 당연할 것이다. 그래서 세 번째 장난은 당연히 풍자, 곧 '새타이어satire'를 겸하게 된다. 정수동의 장난과 김삿갓 시의 말장난이 이 범주에 들 것이다. 한데 이 셋째가 둘째와 어느 정도 겹친다 해도 그건 도리 없는 일이다.

넷째는 멀쩡한 사람, 별로 흉잡을 데 없는 사람을 골려먹는 장난이다. 공연히 트집 잡듯 덤벼대는 장난이라고 해도 괜찮을 것 같다. 악의가 담기고 심술이며 꼬인 심보가 꿈틀대는 장난이라고 해도 좋다. 그래서 이것을 '검정빛 장난'이라고 부르고 싶다. 이에 비하면 첫째부터 셋째까지는 '흰빛 장난'이라고 가름해도 좋을 것이다. 한데 셋째에는 검정빛이 약하게나마 껴들기도 한다. 이제 흰빛 장난의 세계 속으로 한번 들어가보자.

김선달이 과거를 보는지 뭘 보는지 해서 서울로 가는 중이었다. 날은 덥고 뱃속은 텅텅 비고 지칠 대로 지쳐 있었다.
마침 길가에 주막이 있기에 무턱대고 들어섰다. 주머니 속이 빈 것 따위는 생각할 겨를도 없었다.
장내는 매우 떠들썩했다. 과객들이 여기저기 술판을 벌이고 있었다.

하지만 안면 있는 사람은 하나도 없었다.

그렇다고 술을 구걸할 처지도 아니고 해서 뜰 가의 나무 그늘에 주저앉았다. 그러고는 잔뜩 부러운 눈으로 술판들을 넘겨다보았다. 배에서는 연신 쪼그랑 쪼그랑 소리가 일었다.

그런 꼴로 한참이 지났다. 김선달의 거지꼴을 보아낸 과객 하나가 심심하던 판에 오기를 부리고 나섰다.

"여보시오, 보아하니 주머니 사정은 말이 아닌데도 그 꼴에 술은 탐이 나는가보지?"

김선달은 못 들은 척했다. 버친김이었을까? 과객 녀석이 거드름을 피우며 김선달 앞으로 비틀대고 다가왔다.

"이봐! 저기, 개 데리고 있는 젊은 여자 보이지? 저 여인을 웃겼다가 이내 화나게만 만들면 내가 말술을 사주지, 어때?"

슬쩍 그자를 올려다본 김선달이 일어섰다. 일어서서 우줄우줄 걸어 나갔다.

여인은 상당한 집안의 규수 같아 보였다. 머리에 쓴 비단갓이 요란했다. 옷차림도 예사가 아니었다. 남들과는 제법 떨어진 비교적 한갓진 자리에서 시녀의 시중을 받으며 미숫가루 물을 마시고 있는 중이었다. 그러고 보니 뜰 바깥에 놓인 가마는 바로 이 여인이 타고 온 게 분명했다. 이래저래 여인은 도도했다. 그 앞에 앉은 개도 풍산개인지 뭔지는 몰라도 주인을 닮아서 거드름을 피는 것 같아 보였다.

김선달은 그곳으로 다가갔다. 그러고는 "형님, 꼬리가 처진 걸 보니 먼 길에 고생 많았습니다" 하면서 개 앞에 납작 엎드려 큰절을 올렸다.

여인이 얼굴을 가리고 웃어댔다. 옆에서 보던 사람들은 박장대소했다. 그렇게 웃음이 자지러지자, 김선달은 등을 돌려서 여인에게로 다가가

그 앞에 바싹 엎드렸다. 여간 정중한 큰절이 아니었다. 그러고는 소리

치듯 말했다.

"형수님, 그간 안녕하셨는지 문안 여쭙니다."

고개를 돌리고 웃고 있던 여인이 김선달을 내려다보며 푸르락누르락,

치밀 대로 치민 화로 여인의 온 머리카락이 추켜섰다.

이 멋진 장난질, 코믹 센스 만점이다.

당하고 만 여성에게는 좀 안쓰럽지만 옆사람들에게는 여간한 청량
제가 아니다. 꾀가 분수처럼 솟고 재주가 가을 햇살마냥 영롱하다. 거기
다 여간 고소한 게 아니다. 갓 볶은 참기름 맛을 내는 익살이 설레고 있
다. 이야말로 익살맞은 장난의 정수다.

이렇듯 첫 번째와 두 번째의 재롱과 익살의 장난들은 다들 괜찮은 장
난들이다. 익살의 장난에 겸한 세 번째 풍자의 장난도 물론 따끔하고 짭
짤한 만큼 그 품질의 우수성을 말할 수 있을 것이다. 그러기에 우리는 장
난을 통틀어서 무작정 작란作亂과 같다고는 말할 수 없다.

김선달의 장난을 당한 여성은 공연히 거드름을 피웠기에 당해도 싸
다. 그녀가 그렇지 않았다면 그의 장난은 남을 해코지하는 악희惡戱로 그
치고 말았을 것이다. 그녀는 괜스레, 남들 보기 딱하게 도도하게 굴었다.
그러기에 호되게 장난을 당해도 별로 할 말이 없다. 떨어질 만한 벼락이
떨어진 것뿐이다. 김선달의 장난은 의로운 행동으로 추켜세워도 괜찮을
것이다.

이렇듯 세 번째 장난은 제삼자나 직접 관계없는 옆사람들에게는 여
간 통쾌하지 않다. 재미가 난만하고 깨가 말로 쏟아진다. 익살의 잔치판
이 벌어진다. 골려서 마땅한 사람을 골려먹는 익살의 장난은 이래서 박

수갈채를 받아도 괜찮을 것이다. 절대로 작란이 아니다.

바로 여기 풍자의 장난이 익살의 장난과 함께한 다음 이야기는 실로 경탄할 만하다.

옛날 조선왕조 시대의 이야기다. 어느 고을에 새 현감 나리가 부임해 왔다.

한데 그는 공연히 거들먹대고 남들을 우습게 대했다. 엎친 데 덮친 격으로 뇌물을 챙기고 고을 사람들을 수탈하기가 예사였다.

이 독선적이고 부패한 관장官長을 백성보다 먼저 아전들이 그냥 보아 넘길 수 없었다. 다들 머리를 맞대고 작전을 짰지만 별 묘수가 없었다. 그러자 한 젊은 아전이 특공대를 자원하고 나섰다.

동료들에게 다들 내일 아침은 느지막이 출근들을 하라고 일렀다. 나머지는 자기가 알아서 할 거라고 했다.

다음 날 아침 그는 조금 일찍 관아에 출근했다. 늦게 나온 나리는 대뜸 호통을 쳤다.

"이것들, 아전 꼴에 왜 이렇게 출근이 늦어!"

그러자 기다렸다는 듯이 특공대 아전이 벼락같이 단 위로 뛰어올라가 불문곡직, 나리의 뺨을 쳤다.

"아니, 아니, 이놈이 환장했나?"

악을 쓰는 나리를 본 척도 않고 뜰로 버려선 특공대 아전은 시치미를 뚝 떼고 엎드려 앉았다. 이어서 다른 아전들이 나타나 다들 자리를 잡고 앉았다.

"저기, 저 엎드린 저놈을 잡아 족쳐라!"

나리는 그래고래 절규를 했다. 입에는 거품을 물고 얼굴은 붉다 못해 불덩이 같아 보였다. 동료 아전들이 모른 척하고 아뢰었다.

"무슨 곡절인가 궁금하나이다."

"고, 곡절은 무, 무슨 얼어죽을 곡절? 저 미, 미친놈이 버, 내 뺨을 쳤지 뭔가!"

아전들이 다들 고개를 버저었다.

"나리, 감히 어느 아전이 그럴 수 있겠습니까? 부디 진정하시옵소서."

기가 찬 상전은 안으로 뛰어들어갔다. 남편이 발광하는 꼴을 보고 부인이 물었다.

"나리, 어쩐 일이옵니까? 어디 편찮으신가요? 아니면 심기가……."

남편이 악을 썼다.

"그, 그게, 아, 아니고 저, 저 젊은 놈의 아, 아전이 내 뺨을 갈겼지 뭐요!"

아내는 아무 말 없이 냉수를 떠왔다. 그러고는 남편이 벌컥벌컥 마셔대는 꼴을 딱한 듯이 버려다보면서 이부자리를 폈다.

"공연한 말씀 마시고 여기 누워 진정하시는 게 좋겠습니다."

분이 더 심하게 터진 현감은 그 길로 한양에 갔다. 조정에다가 고발장 겸 사유서를 썼다.

"무엄하게 제 뺨을 갈긴 아전 놈을 벌해주소서."

그러나 결과는 더 참담했다.

"이 정신 나간 자는 파직당해 마땅하다."

하는 걸로 판결이 났기 때문이다.

이 깨소금 맛 나는 이야기에서 아전 녀석은 바로 인도깨비, 곧 사람 도깨비다. 그렇게 관헌 영감을 골탕 먹인 다음, 그 밤에 그는 도깨비와 어울려서 잔치판에 춤판을 겸해서 벌였을 게 틀림없다.

도깨비의 말재주, 말장난

내친김에, 이 같은 흉한 사람 골려먹는 익살의 장난에서 말장난이 갖는 비중이 사뭇 크다는 것을 덧붙여야 할 것 같다. 어쩌면 말장난이야말로 장난의 장난이고 장난의 보배라고 해야 할지도 모른다. 도깨비들도 기꺼이 이에 동조할 것이다.

말장난은 으레 '머리 장난'을 겸한다. 워낙 남달리 장난을 잘 치자면 꾀보거나 꾀돌이라야 한다. 머리가 둔해가지고는 제대로 장난을 치기가 어렵다. 머리 둔한 사람은 점잖을 수 있을지는 모르나 장난기는 타고나지 못한다.

김선달, 정수동, 이들 장난의 대가들은 두뇌가 명석한 천재들이었다. 그들 둘의 지능지수를 합치면 능히 300은 넘고 400에 육박할 것이다.

정수동이, 어느 날 별것은 아니지만 그나마 벼슬아치라고 뻐기는데다 예사로 뇌물을 처먹어대는 사내와 술상을 사이에 두고 마주 앉았다. 술은 그 좀생이 벼슬아치가 정수동에게서 무엇인가 얻어낼 꺼리를 노리고 내는 것이었다. 일종의 '커미션 바치기'나 다를 게 없었다. 정수동이 난데없이 브로커 노릇을 하게 된 꼴이었다. 그나저나 정수동은 워낙 술고래라 사양치 않고 술상 앞에 버티고 앉았다. 한데 이게 뭐야? 술상이 꼴이 아니었다. 콩나물 한 접시에 달랑 막걸리 한 되쯤이 아닌가 말이다. 그것도 역겨운데 한술 더 떠서 술잔이 말이 아니었다. 애기 주먹만 한 질그릇 종지였다.

한동안 그걸 보던 정수동은 갑자기 울기 시작했다. 상대가 놀랐다. 영문을 몰랐다. 좋아하는 술상을 앞에 두고 갑자기 영문도 모르게 울어대다니! 그것도 나이 지긋한 사내 어른이!

술을 권할 생각도 나지 않았다. 뜨악해서 물었다.

"선달 어른, 어쩌자고 눈물입니까?"

한데도 정수동은 좀체 울음을 그치지 않았다. 한참을 곡을 하다시피 울어댔다. 그렇게 얼마가 지난 뒤, 이 어른 울보가 울음을 그치고 입을 떼었다.

"미안하이. 이 작은 술잔을 대하고 보너 돌아가신 우리 형님 생각이 나지 뭔가! 우리 형님이 돈을 아끼느라 꼭 여기 놓인 이것만큼 작은 술잔으로 약주를 드시다가 그만 실수해서 잔을 삼키고 말았다네.

한데 그게 말이야, 그 작은 잔이 목에 걸려서는 숨이 막혀서 돌아가실 줄 누가 생각이나 했겠는가? 여기 이 작은 잔을 보니 문득 우리 형님 생각이 나서 내가 그만 울게 된 거라네."

이래서 술잔은 된통 큰 도자기 사발로 바뀌고 술도 말술로 둔갑했다고 이야기는 전해온다. 도깨비들이 들었으면 왜 진작 "우린 못 그랬지?" 하고 땅을 칠 것이다.

대단한 말재주고 말장난이다. 말술이 절로 생기는 말장난이라면 술고래로서는 더 바랄 게 없는 재주에 속한다. 말 몇 마디로 술을 되가 아닌 말로 마셨으니, 그만하면 입으로 하는 말이 여간 큰 술값을 치른 게 아니다.

한데 말재주를 시로 부린 천재가 있다면 정수동도 부러워할 게 아닌지 모르겠다. 그는 누굴까?

누군 누구겠는가? 바로 김삿갓이다.

이십수하二十樹下 삼십객三十客

사십촌중四十村中 오십식五十食

한문을 곧이곧대로 읽을라치면 영 말이 안 된다.

스무 그루 나무 아래, 서른 사람 나그네들

마흔 개 마을 안에, 쉰 사람이 밥 먹는다.

이렇게 한자말에 충실하게 우리말로 옮겨봤자 귀신 씻나락 까먹는 소리에 불과하다. 영 다르게 읽어야 한다.

스무 나무 아래 서른 나그네,

망할 놈의 마을에서 쉰밥을 먹이더라.

이렇게 우리말로 풀어서 읽어야 비로소 웬만큼 뜻이 통하게 되어 있다. 그러나 여전히 자상한 주석이 붙어야 한다.

'스무 나무'는 나무의 종류일 법하고, 삼십이야 고지식하게 읽으면 당연히 '서른'이다. 하지만 김삿갓이 노린 것은 '서러운'이다. '서러운'을 줄여서 발음하면 '서런'이 될 테고, 그걸 얼른 소리 내면 '서른'으로도 들리게 되어 있는 것을 이 나그네 시인이 이용한 것이다.

사십은 '마흔'이지만 조금 소리를 비틀면 '망할'로도 들릴 수 있다. 오십은 '쉰'이니까 그대로 쉬어빠진 음식의 그 '쉰'과 소리가 하나도 다를 게 없다.

마침 지나치던 마을에서 김삿갓이 걸식乞食을 한 것 같다. 한데 망할 놈의 마을 인심이 사나웠다. 과객도 손님이라면 손님인데 하필 저들 먹다 남은 밥, 그나마 쉬어빠진 밥을 먹으라고 내놓은 모양이다. 개돼지에게도 못할 짓이 아닌가 말이다. 화가 치밀 수밖에 없다. 그러니 욕을 퍼부을 수밖에.

그러나 과객은 점잔을 떨며 시를 지었다. 그것도 한문으로 말이다. 이건 능청이다. 시치미 떼기다. 그것도 재주다. 시 짓기로 화를 돌려서 은근하게 나타낸 것이다.

하지만 그 개돼지만도 못한 망할 놈의 마을 녀석들이 시의 본뜻을 알 리가 없다. 그 천치들이 김삿갓의 말장난의 시가 우리가 가름한 장난 가운데서 세 번째 것이라는 걸 어찌 알겠는가? 되게 욕을 먹고도 멍청하게 눈만 끔벅끔벅했을 게 뻔하다.

식은 밥을 내던지고 김삿갓이 사라지고 난 뒤에 겨우 누군가가 있는 머리 없는 머리 간신히 쥐어짜고 해서 풀었을 때, 그들의 노기는 하늘을 찔렀을 것이다.

된통 당했지만 이미 늦었다. 몇 놈이 김삿갓이 사라진 쪽으로 달려가봤지만, 그림자도 보이질 않았다고 이야기가 그럴듯하게 전해온다든가, 어떻다든가……

한데 김삿갓이 환생한 것 같은 도깨비가 있다.

어쩌다가 방망이를 부러뜨리곤 쌀을 못 만들어낸 도깨비가 꼬박 하루를 굶고는, 더는 견딜 수 없어 동냥 바가지를 들고 사람들의 마을을 찾아갔다. 어느 집 사립문 앞에 섰다. 〈각설이 타령〉을 부르면서 밥을 청했다. 노래를 부르느라 고개를 흔들 때마다 찌그러진 삿갓이 흔들거렸다.

"시끄러!"

주인은 화를 버럭 내면서 동냥 바가지에 개가 먹다 남은 밥찌꺼기를 쏟아부었다.

"옛다! 이거나 처먹어라."

욕까지 버뻘었다.

도깨비는 개밥 찌꺼기를 그 집 사립문에 끼얹었다. 그러면서 몇 번 숭어뜀을 넘자, 아니 이게 무슨 일? 집이 통째 개 우리 모양이 되고 마는 게 아닌가!

이 도깨비와 김삿갓의 촌수가 사촌보다 더 가까울 건 아주 확실하다.

앞에서 본 김삿갓의 일화야말로 장난이며 재치에 대해서 말하는 바가 크다. 그것도 남에게 억울하게 당해 화가 터져오를 때는 말로써 부리는 재치와 장난이 한몫 크게 한다는 것을 웅변하고 있다.

화가 난다고 그 자리에서 당장 화를 내버리면 만사가 그걸로 끝이다. 서로 악다구니가 오고가다 결국 싸움판에 불이 붙을 것이다. 그건 이따금 여의도의 의사당에서 벌어지는 그 장면과도 닮았을 것이다. 한데 울화통이 폭발할 직전일수록 재치와 장난기를 부리는 터전이 되고 기회가 될 수도 있다. 그것을 김삿갓은 보여주고 있다.

바야흐로 화가 부글댈 바로 그때, 한 발 슬쩍 물러설 줄 알아야 한다. 능청을 떨어도 좋고 시치미를 떼도 나쁠 것은 없다. 속은 불길로 타오르지만 겉으로는 영 딴전을 피워야 한다. 그래야 울화 속에서 오히려 장난, 그것도 말장난을 칠 수 있다.

김삿갓은 업신여김을 당했다. 깔보여도 예사 깔보인 게 아니다. 모욕을 당했다. 보통 같으면 으레 분통을 터뜨려야 할 판이다. 한데도 그는 자신의 마음속에 활활 타오르는 불길을 말재주로 껐다. 한데 그게 아주 심하게, 또 효과 만점으로 상대방을 보기 좋게 꼬라박은 것이다.

그는 뜻과 소리를 조금씩 뒤틀고 비틀고 하면서 우리말 시를 한문에 실어서 즉석에서, 즉흥적으로 지어내었다. 우리나라 문학사에서 즉흥시로 맞대거리를 하면 아무도 김삿갓을 당할 수 없을 것이다.

한문을 한국어로 읽게 한 것부터가 이미 말장난이다. 20, 30, 40, 50 등 숫자를 한 줄로 정연하게 늘어놓고는 그걸 모두 우리말로 풀어서는 원 문자들과 전혀 다른 뜻을 가지게 벼른 것이 여간 돋보이는 게 아니다. 기지機智가 번뜩이고 장난기가 휘황찬란하다. 꾀보 머리의 재주 부림이 놀랍기만 하다.

번뜩이는 기지, 꾀보 머리의 재주

기지는 누구나 알다시피 영어로는 '위트wit'라고 한다. 지성, 이성, 판단력, 분별력 등을 의미하는 한편으로 재능, 재간, 재치 등을 더 크게 강조하고 있는 낱말이다. 더 소상하게는 '재미있고 유머를 가득 부려대는 재치'를 뜻한다. 흔히 기지라고 할 때는 바로 이런 뜻의 위트를 번역한 말로 생각하면 좋을 것 같다.

이 경우, 機는 '재치 기'라고 읽지만 남을 슬쩍 속이는 술수를 의미하기도 한다. 그밖에 재빠르고 날랜 것도 機라고 한다. 기지는 기민機敏한 재주면서 슬쩍 남을 속여서 재미 보는 꾀도 의미할 수 있다. 그러니까 '위트'를 기지라고 번역한 것이다. 김삿갓은 위트 만점의 시인이다.

한데 화뿐만 아니라 어떤 갈등이나 위기 상황도 말장난으로 멋지게 넘길 수 있음을 보여주는 또 다른 일화가 있다.

> 대원군이 섭정攝政 자리에 앉아서 아들 왕을 능가하는 위세를 떨치고 있을 때다.
>
> 한 시골 선비가 뇌물가지를 좀 챙겨가지고는 대원군을 뵈러 왔다.
>
> 그가 안내를 받아서 방에 들어서자 대감 나리는 서안을 앞에 두고 책을 읽고 있었다.
>
> 선비는 머뭇댐 없이 큰절을 올렸다. 한데 대감은 책에서 눈도 떼지 않았다.
>
> '내가 절하는 걸 못 보셨나?'
>
> 그리하여 선비는 다시 한 번 더 정중하게, 장중하게 큰절을 올렸다. 이번에는 일부러 오래 엎드렸다.
>
> 한데 벼락이 떨어졌다.
>
> "네 이놈, 두 번 절이라니. 내가 죽은 송장이더란 말인가?"
>
> 옆자리를 지키고 있던 시종들은 깜짝 놀랐다.
>
> 한데 고개를 가만가만 들어올린 당사자는 만면에 엷은 웃음까지 띠고 있었다.
>
> "아니옵니다. 처음 절은 뵙는다는 절이옵고 두 번째 절은 물러간다는 절이옵니다."
>
> 선비의 대답에 대원군은 무릎을 쳤다.

그리하여 선비에게 만만찮은 벼슬자리가 하나 내려졌다고 한다.

이만한 익살은 우리를 절로 미소 짓게 한다. 그래서 이 이야기를 유머가 넘친다고 칭송해도 하등 나쁠 것은 없다.

이건 장난도 아니고

한편, 지금껏 얘기를 미루어둔 네 번째 장난, 곧 흉한 장난은 그 나름대로 또 두 가지 내용으로 나뉜다. 첫째는 남을 해코지하는 것이다. 남을 놀려먹고 골려먹는 장난, 남을 깔보고 욕보이는 장난도 너무나 흔해빠졌다. 젊은 사내 중에 못난이들이 공연히 여성에게 희롱하듯 하는 장난이 이에 속할 것이다.

> 한 시대 전의 이야기다. 옛적에 대표적인 색향色鄉으로 알려진 경상도
> 어느 도시에서 일어났다는 사건이다.
> 총각 녀석 몇이 강가를 지나가고 있는데, 맞은편에서 아리따운 처녀가
> 다가오고 있었다. 기생 하다가 물러난 미인의 따님들인 듯 여겨졌다.
> 그래서 사내 녀석이 능청을 떨었다.
> "너희들 새 솥에 우리 고구마 좀 삶아 먹자."

이처럼 없는 재주를 피워서 여성을 놀려댄다고 한 장난이 거꾸로 된 벼락을 불러올 줄이야!

욕을 들은 여성들은 기생의 따님들답게 못 들은 척 지나치지 않았다.

대뜸 반격이 돌아왔다.

"그럴 것 없어. 너네 어머니 헌 솥에 삶아서 먹어."

처녀들은 얼굴빛 하나 바꾸지 않고 천천히 멀어져갔다. 손까지 흔들면

서……

여기서 '솥'이, 그리고 '고구마'가 무엇을 상징하는지 굳이 밝히는

것은 차라리 쑥스럽기도 하려니와 독자들로부터 욕을 들을지 몰라서 삼

가기로 한다.

사내들이 질 나쁜 말장난을 하다가 오히려 된통 당한 꼴이다. 남에게

들이댄 창날에 제가 찔린 꼴이다. 남을 해코지하는 장난을 치다가 거꾸

로 해코지를 당했으니, 사내들은 할 말이 없을 것이다.

흉한 장난의 두 번째는 '못난이 장난'이다. 이건 좀 별난 장난이고 아

주아주 질이 나쁜 장난이다. 여기에는 순진함도 없고 천연스러움도 없

다. 그러니 익살도 있을 턱이 없다. 그저 남들 눈살을 찌푸리게 할 뿐이

다. 별로 질이 좋지 않은 인간들이, 또는 제대로 세상을 볼 줄도 모를 뿐

아니라, 남들 눈치도 볼 줄 모르는 인간들이 저들도 모르게 해내는 장난

이 이에 속한다.

뭔가 저들로서는 하는 대로 한다고 아우성을 치는데, 그게 남들에게

는 영 못마땅한 장난으로만 보이는, 그런 속 다르고 겉 다른 장난도 있기

마련이다. 우리들 사람 사는 세상에는…….

본인들은 잘난 일이고 제대로 된 일이라고 기들을 쓰는데, 그게 남들

에게는 오히려 장난으로 비치는 행동이며 말들이 사람 사는 세상에는

없을 수가 없다. 가령, 이 나라의 정치판을 보자면 어떻게 될까? 이런 따

위 장난이 우리들 눈에 들지 않을 건 말하나 마나다.

언제 어느 때, 또 어느 당파라고 할 것도 없다. 그건 정계의 연례행사의 일부나 다를 바 없는 일이다. 별난 일도 아니고 예외적인 일도 아니다. 늘 어느 시대고 그렇게 해왔기 때문이다. 큰 선거, 가령 국회의원선거나 대통령선거를 앞두고는 으레 벌어지곤 하는 그 장난질 같은 정치 행사!

이쯤 운을 떼면 눈치 빠른 독자는 이게 무슨 소린지, 금방 짐작할 것 같다. 어제까지 멀쩡했던 정당이 갑자기 산산조각이 난다. 조금 전까지도 한 뭉치임을 자랑했는데 웬걸, 느닷없이, 서둘러서, 또 다투어서 정당을 옮긴다. 언제 단결이며 단합을 맹세했느냐는 듯이 당적을 옮긴다.

말이 좋아서 정계 개편이다. 난데없는 그 이합집산이 국민들에는 '정치 장난'으로밖에 안 보인다는 것을 그 정치인들은 아무렇지 않게 받아들인다.

"장난도 아니고 이게 뭣들 하는 짓거리들이냐?"

'정치 장난꾼들'은 이런 국민들의 질타쯤 아랑곳하지 않는다.

이런 장난판이 벌어진 게 어디 한두 번이던가? 헤아릴 수도 없이 되풀이되었고 오늘날에도 마찬가지다. 장난꾸러기, 말썽꾸러기 도깨비도 질색하고 고개를 돌릴 만한 장난이다. 이건 아예 장난이라고 하지 말고 작란作亂이라고 해야 하는 게 아닌지 모르겠다. 도깨비도 모를 것 같다.

도깨비의 에로스 장난

사랑이 별것인가?
그것도 장난일 수 있지.

'에로스'이기에 장난이 들어서
색정을 치밀게 할 수도 있으려니…….

복수도 장난으로

셋째 마당에 들어와 우리는 도깨비가 사람 고추를 가지고 노닥거리는 장난으로 말머리를 일으켜서, 어느새 몇 가지 도깨비장난에 겹쳐 사람들이 흔하게 놀아대는 숱한 장난에 대해 이야기했다. 도깨비장난에 관해서 이러쿵저러쿵 하다 보니 절로 사람 장난에 대해서도 말꼬리를 잡은 셈이다.

이제 다시 도깨비에게로 화두를 돌려야 할 것 같다. 사람의 장난에 관한 일반론, 이를테면 '장난 개론'에 비추어 이제부터는 도깨비장난에 대해 다시금 되살펴고자 한다.

우리의 둘도 없는 익살꾼 도깨비는 사람이 하는 장난이라면 거의 빼놓지 않고 즐긴다. 그래서 흥청대기도 한다. 심심함이 원수 같기만 하는 도깨비들은 조금의 지루함도 못 견디고 제멋에 겨운 듯 장난을 치는가 하면, 사람을 겁주고 기겁하게 만드는 장난도 곧잘 놀아댄다. 그리고도 모자라서 남의 웃음거리가 될 만한 장난도 결코 사양치 않는다.

한데 그런 중에도 해코지 장난은 참 묘하게도 유머와 코믹 센스를 갖추고 있으니, 익살의 장난과는 그게 그것일 정도로 가까운 인연을 맺고 있다고 해도 괜찮을 것 같다.

도깨비와 사랑에 빠진 여인이 있었다.

과부인지라 외로이 견뎌가는 고단한 삶의 무게도 덜어줄 겸 해서 도깨비는 밤마다 그녀와 데이트를 즐겼다. 밀회 한 번에,

"돈 나와라 뚝딱!"

매번 방망이 쳐서 돈다발을 여인에게 안겨주었다. 창부집에 드나드는

사내들의 바람난 돈과는 성질이 다른 금전이었다. 연정이 둔갑해서 생긴 돈이었다.

그러자니 여자는 부자가 안 되고는 못 배겼다. 졸지에 졸부가 된 여인은 돈을 탐낸 홀몸의 사내와 도깨비 몰래 한낮 밀애를 계속하곤 했다. 그걸 도깨비가 재빨리 눈치 챘다. 어느 날, 남녀 둘이 방 안에서 안고 뒹굴다가 입맞춤하는 기색을 눈치 챈 도깨비가 뜰 바닥에다 대고는 방망이를 쳤다.

"꽉 물어라, 뚝딱!"

여자가 사내의 입술을 꽉 물었다. 사내의 비명이 들려왔다. 입술이 물린 사내는 요란을 떨었지만 소용이 없었다. 여자의 어금니가 박힌 입술에서 피가 터졌다.

"놓아주어라, 뚝딱!"

도깨비 방망이질에 따라 겨우 입술이 풀린 사내가 문을 박차고 밖으로 도망쳐 나왔다. 마루 끝 섬돌에 놓인 신발을 재빨리 꿰찬다고 찼는데 그만 홀라당 넘어졌다. 도깨비가 신발 가득 미리 물에 비빈 개똥을 채워두었기 때문이다.

사람이 바로 이 도깨비와 같은 처지가 되었다면 어떻게 했을까? 모르긴 해도 칼을 들고 남녀가 놀아나고 있는 방 안으로 달려들 것이다. 그 칼이 사내 등에 꽂힐 게고, 방바닥은 피바다가 되었을 것이다.

사랑한답시고 주는 대로 돈을 받아 챙기면서 자기도 즐기고 노닥거리고 한 주제에, 그것도 상대방이 누군지 뻔히 알면서도 서슴없이 배신을 한 여편네!

못된 그녀를 생각하면 도깨비의 이 방망이 장난이, 바보짓이 '못난

장난'으로 보일 수도 있을 것 같다. 하지만 꼭 그렇게만 볼 일이 아니다. 화도 노기도 슬쩍 장난으로 바뀌치기하는 도깨비에게 박수를 칠 수도 있을 것이다. 그는 복수할 만큼 복수하고 골릴 만큼 골리고 있다. 장난을 치고 익살을 떨면서 멋드러지게 복수를 하고 있는 것이다.

　　'복수도 장난으로!'

　　이만큼 우리 사람들은 도깨비에게서 배울 수 있어야 한다. 얼간이, 등신 짓거리가 눈에 띄면 띌수록 거꾸로 그의 익살과 재치는 더한층 번쩍일 것이다.

사랑의 구슬 빨기

바로 앞의 이야기에서만이 아니다. 그 이전에 더러 소개된 다른 이야기에서도 도깨비는 통쾌하게, 또 재미 만점으로 신나는 '복수 장난'을 치고 있다. 도깨비 원수 갚기는 그토록 흥청댈 수도 있다.

　　도깨비가 장난을 칠수록 화냥질하는 과부는 더한층 꼴이 우스워진다. 그래서 도깨비의 복수극은 1급의 희극이 된다. 신명이 넘치도록 톡톡히 재미를 부리면서 상대방에게 한 방 되게 안기는 '복수 장난'을 칠 줄 아는 도깨비를 바보, 멍청이라고 흥볼 수만은 없다. 바로 그 때문에 '바보짓 원수 갚기'는 더욱 멋지다. 하지만 이 당돌하나 바보 같은 괴물들이라고 해서 언제나 겉보기로 바보, 얼간이처럼 비칠 장난만 하는 것은 결코 아니다. 일방적으로 신나고 무척 황홀할지도 모를 장난을 보란 듯이 해내고도 있다.

도깨비가 과부 연인을 얻었다. 밤마다 꿀맛 같은 잠자리의 재미를 누렸다. 한데 그 잠자리라는 것이 좀이 아니라 아주 색달랐다.

도깨비는 연인을 껴안고서는 연신 입맞춤을 해댔다.

'쪽, 쪽, 쪽!'

'쭉, 쭉, 쭉!'

여기까진 인간 남녀의 '키스신'과 마찬가지, 그들 짓거리와 별로 다를 게 없었다.

하지만 그게 아니었다. 도깨비는 이내 본색을 드러내고 말았다. 그는 여인의 입을 빨아도 여간 야단스러운 게 아니었다. 침도 요란하게 튀었다.

한데 틈틈이 혀가 날름거리는 게 아닌가! 혀를 쑥 하니 여자 입에 들이밀었다가는 빼고, 빼는가 싶으면 이내 들이밀고 했다. 한창 달리고 있는 증기기관차의 피스톤마냥 왕복 운동을 해댔다.

그것만이 아니었다. 불그죽죽한 혀끝에 뭔가 얹혀 있었다. 그건 백옥 구슬이었다. 붉은 혓바닥과 흰빛 구슬 알의 대조가 절묘했다.

그걸 여자 입에 들이밀고 빨아버리고 하자니 혀가 연해도 여간 연한 게 아니었다. 감기고 펴고, 펴서는 감기곤 했다. 그런 동작이 여간 날렵한 게 아니었다. 시뻘건 혀가 연하고 연해서 날름거렸다.

그 짓을 온밤은 아니라도 초저녁부터 자정 무렵 야밤중을 넘기기까지 계속했다. 그러다가 마침내 상대가 진력을 버고 지쳐서 쓰러지면, 그게 에로스의 황홀경 탓이려니 여기고는 이 괴물은 사뭇 우쭐대는 것이었다.

이것을 도깨비 사랑의 '구슬 빨기'라면 어떨까 싶지만, 그에겐 사랑도 섹스도 멋진 장난질이다.

사랑을 장난질로 한다면 나쁘게 들릴 가능성이 크다. 특히 사람들 사이에서는 고깝게 받아들여지기 십상이다. 그러면 우리의 귀여운 도깨비들은 그게 사람들의 못난 점이라고 생각할 수도 있을 것 같다.

입술과 입과 혀로 삼박자를 갖춘 사랑의 구슬 놀기! 그건 게임 같은 걸까? 아니면 멋 부리기 같은 걸까?

입술로는 달게 빨고, 혀로는 알뜰하게 휘어감고, 입 안 가득 궁합 맞게 삼키고 하면 가시버시 사랑으로 더 무엇을 바랄까? 남녀 간의 성애性愛에 입이 껴드는 것은 당연하지만, 아무리 그렇다 쳐도 인간의 것은 이 도깨비의 '입질 사랑'을 당하는 게 쉽지 않을 것 같다.

그건 분명히 곰살궂은 '농弄'이다. 곰살가운 '희롱戱弄'이다. 이럴 때, '희戱'는 이래저래 갖가지로 논다는 뜻이지만, '농弄'은 구슬을 가지고 논다는 뜻이다. 워낙 '농弄'은 글자 생김새가 보여주듯 '구슬 옥玉+손 수手'다. 두 손으로 구슬을 가지고 노는 것이 다름 아닌 '농弄'이다.

도깨비라는 유쾌한 괴물에게 야밤중의 사뭇 은근한 성애性愛는 문자 그대로 농이고 장난이었던 것이다. 다만 글자만은 바꾸는 게 좋을 것 같다. '玉+手' 말고 '玉+舌'로 된 새로운 글자를 하나 만들어서 그에게 바쳐야 한다. 그래야 그의 사랑에서 '설舌', 곧 혀가 감당해내고 있는 큰 구실이 분명해질 것이다.

섹스에서는 입의 몫이 워낙 크다. 입과 입술과 혀의 구실이 섹스에서 크다는 것을 모르는 사람은 없을 것이다. 입과 입술 그리고 혀는 오럴 섹스에서만이 아니라 섹스 그 자체에서 3대 히어로가 되기에 족할 것이다.

그런 면에서 도깨비는 에로스의 달인이다. 우리들 사람이 그를 그냥 '별난 색골'이라고 흉만 보아서는 안 된다. 물론 요상한 색광色狂이라고

헐뜯어서도 안 된다.

사랑은 인간의 감정과 행위, 어느 쪽으로든 구슬이다. 보석이고 옥玉이고 보옥寶玉이다. 인간이면 누구든 그의 사랑이, 그녀의 애정이, 그 마음과 그 정의 보옥이기를 바랄 것이다.

옥玉은 구슬 세 알을 한 줄에 꿴 것을 나타내는 글자다. 그러니까 패옥佩玉, 곧 목이나 가슴에 걸어야 비로소 제 빛을 내는 것이 옥인 셈이다. 하지만 중국의 『설문說文』이란 한자풀이 책에서는 "돌의 아름다움이 곧 옥이니, 그것은 다섯 가지 덕을 갖추고 있다"고 일러주고 있다. 오덕五德이란 '어질 인仁, 의로울 의義, 지혜로울 지智, 용기 용勇 그리고 깨끗할 결潔', 이들 다섯 가지 인간의 미덕을 가리킨다.

중국의 가장 오래된 시가집인 『시경詩經』에서는 "왕께서 그 여인을 구슬로 삼고자 했다"고 읊기도 했다.

도깨비 입에 물린 그 구슬!

사랑하는 여인의 입에 넣었다 뺐다 한 그 구슬!

모르긴 해도 도깨비는 『시경』에 보이는 그 왕처럼 사랑하는 여인을 구슬처럼 만들고 싶었던 게 아닌가 싶다. 그는 『시경』도 훤히 꿰고 있었을 것 같다.

사랑하는 여인에겐 스스로 한없이 어질기를, 끝도 없이 의롭기를, 마냥 슬기롭기를, 언제나 맑고 깨끗하기를, 그리고 여인이 어려움이나 위기에 처했을 때는 단연코 목숨을 걸고 용감하기를 맹세한다면, 그 사내의 사랑이야말로 다이아몬드처럼 찬란하고 흑진주처럼 영롱할 게 틀림없다.

도깨비의 사랑은 그런 아스라한 경지, 그런 소슬한 경지에서 빛나고 있다. 그건 단군 이래 한국인이 마음으로 우러러 받들고 마음에 사무쳐 간직코자 한 사랑일 것이다.

삼국시대 저 가실이란 여인의 사랑, 조선의 기녀 매창이 애인에게 바친 사랑, 그리고 춘향의 사랑 모두 한국인의 사랑의 역사에서 더없이 빛나고 있는 구슬이다.

한데 참 묘하게도 암수 도깨비끼리의 사랑에 대해서는 전하는 이야기가 전혀 없다. 동족 사이에서는 영 재미를 못 보는 건지, 아니면 저들 암도깨비가 수놈들의 마음에 영 안 드는 것인지는 확인할 길이 없다. 아무튼 도깨비 수놈은 죽자고 인간 여자를 탐할 뿐이다.

그런가 하면 암도깨비가 인간 사내를 탐냈다는 이야기도 없다. 겨우해야, 어두운 야밤중에 요상한 불빛으로 얼씬대는 정도가 고작이다. 그것에 홀린 인간 사내가 드디어는 넋을 잃고 쓰러져버리는 대목에서야 겨우 에로스의 흔적을 눈치 채게 되는데, 그게 과도한 성의 쾌락에 빠진 사내의 꼴을 암시하는지 어떤지는 알 길이 없다.

아무려나 도깨비의 에로스 이야기는 주로 수놈 도깨비와 인간 여자 사이에서 벌어진다. 그게 수놈 도깨비들의 정상적인 에로스의 양상인지, 아니면 변태인지는 알 길이 없다.

곡절이야 어떻든 간에 이 수놈 도깨비는 인간 여자를 탐낸다. 그것도 밤새도록 온 정력을 발휘한다. 초저녁, 어두워지면서 시작하는 그의 에로스는 새벽닭이 울기까지 계속된다.

그러는 한편, 밤마다 연인에게 무더기로 돈을 갖다 바친다. 성의 공세에다 황금의 공세를 겸한 이중의 공세가 여간 치열한 게 아니다. 도깨비의 사랑을 받는 인간 여인은 누구라도 부호가 될 수밖에 없다.

하지만 도깨비의 삼보三寶, 이를테면 세 가지 보물 중에서도 최고의 자리를 누리는 것은 아무래도 에로스다. 씨름을 즐기는 그의 힘도, 화수분 방망이에서 쏟아내는 돈도 결국은 에로스에 바쳐지기 때문이다.

고추로 강물에 다리 놓기

앞에서 우리는 도깨비가 남의 고추를 가지고 노는 장난에 기겁을 했다. 그건 정말이지 황당한 장난이다. 사람으로서는 상상도 못할, 괴이쩍은 장난이다.

"불알을 뗄 녀석!"

이것만 해도 끔찍한 욕이고 악담인데,

"그 녀석, 고추 잡아 뗄라!"

이쯤 되면 욕 중에서도 가장 겁나는 욕이 될 것이다.

한데 우리의 도깨비 말고도 남자 고추를 가지고 놀아난, 별난 자가 또 있다. 그런 악취미를 가진 자는 북아메리카에 사는 원주민인데 우리 도깨비를 쏙 빼닮았다. 어쩌면 우리 도깨비가 까마득한 옛날, 사뭇 원시 시절에 미국으로 이민을 간 것인지도 모른다.

그자를 미국의 인류학자들은 '트릭스터trickster'라고들 부르고 있다. 앞에서도 잠깐 언급된 이 용어는, 글쎄 뭐라고 번역하는 게 좋을지 좀 헷갈린다. '트릭'이란 낱말은 그 뜻이 참 요란하다. 책략, 기교, 재주, 그게 모두 트릭이다. 그러기에 묘수라고도 번역이 되고 요령이라고도 번역될 말이다.

한데 이런 반반한 뜻 말고 흉한 뜻도 거기에는 담겨 있다. 착각이나 환각을 일으킬 만한 사람들의 짓거리도 '트릭'이라고 못할 것이 없다. 그래서 잔재주나 꼼수도 의미하지만 더 나아가 속임수나 사기 치기도 트릭이라고 한다. 그러다 보니 장난이나 남을 가지고 노는 희롱도 트릭이라고 한다.

그런데 미국 원주민 신화의 주인공이기도 한 '트릭스터'는 앞에서 보인 여러 트릭의 뜻을 두루뭉수리로 다 갖추고 있다. 반반한 뜻과 추한 뜻을 고루 갖추고 있는 자가 다름 아닌 '트릭스터'다.

그러기에 그는 북미 원주민의 신화 속에서 조물주나 다름없는 구실도 도맡고 있다. 그러는 한편으로 꾀돌이나 재간둥이, 장난꾼 노릇도 심심치 않게 해낸다. 제법 망측한 일이나 고약한 일에도 잔꾀를 부려대고 있다.

하니까 그가 제 고추를 가지고 장난을 쳤다고 해서 크게 흉 될 것 같지는 않다. 트릭이란 낱말에는 마술 부리기란 뜻도 포함되어 있는데, 제 고추를 가지고 노는 마술사가 북미 원주민인 트릭스터이기도 한 셈이다.

어느 날 트릭스터가 먼 길을 가고 있었다. 끝도 없이 넓은 들을 겨우겨우 건너가니 이제는 커다란 강이 앞을 가로막고 나섰다.

다리는 물론 없었지만 나룻배도 보이질 않았다.

"자, 어떡하지?"

헤엄을 쳐서 건널까도 했지만 그게 어림없었다. 말이 강이지 한바다 같은지라 건너편 기슭이 보이지도 않았다.

머뭇대다가 묘안을 짜냈다. 한 가지 트릭이 떠오른 것이다. 바지를 내리고 자시고도 없이 그는 자신의 고추를 꺼냈다. 달랑대는 그 물건을 무조건 잡아서 늘렸다.

늘리고, 늘리고, 또 늘리다 보니 무한정 늘어진 그 물건이 드디어 저편

물가에까지 가 닿았다. 절로 다리가 놓인 셈이다.

이쪽저쪽 물가의 큰 바위에 휘감긴 '고추다리'를 그는 야금야금 줄타기 하듯 건너갔다. 흔들흔들 중간 부분이 그녀처럼 출렁대는 게 재미있었다.

한참을 그렇게 재주를 피우다 보니 지쳤다. 트릭스터는 노는 두 다리를 제 '고추다리'에 걸치고는 앉았다. 이제 절반이나 건너왔으니 마음도 놓였다.

담뱃대를 입에 물었다.

부싯깃이 깔린 부싯돌을 부시로 쳤다. 불똥이 튀었다. 깃에 불이 붙은 순간 난데없이 바람이 일었다.

깃불이 날렸다 싶은데 그게 고추다리에 떨어질 줄이야!

"앗, 뜨거!"

트릭스터는 불에 탄 고추 부분을 끌어버리려는 강물에 담갔다. 하지만 화상은 뜻밖에 컸다. 불이 꺼지고 뜨거움이 가시자, 불에 탄 자리에 제법 큰 혹이 불거졌다.

그러고 난 뒤, 그만 트릭스터의 고추는 더는 늘어나지 않게 되었다.

북미 원주민의 트릭스터 신화는 이렇게 끝이 난다.

이 이야기는 뭇 남성들에게 그저 우습기만 하지는 않을 것이다. 웃음에 더해서 어떤 부러움 같은 것, 아니면 시샘 같은 것을 느끼는 사람도 없지 않을 것 같다.

제 고추로 다리를 놓아 강을 건너다니! 그것은 엄청난 트릭이다. 비록 그 목적은 진지하다 해도, 그 행위 자체는 폭소거리고 그만큼 장난기도 넘쳐 있다. 하지만 거기엔 크고 굵은 사내 물건, 그나마 제 마음대로 조종하고 조절할 수 있는 거대한 물건에 대한 꿈이 어려 있다.

사내들은 곧잘 '큰 물건 자랑'에 취한다. 그러다가 드디어는 남성의 권위, 사내의 힘 자랑, 권력이며 권위 뽐내기에까지 다다르게 된다. 도깨비의 고추 장난과 트릭스터의 고추 트릭에는 그 같은 사내들의 으스댐이 용트림하고 있다. 그 뻐김이, 또 우쭐댐이 나부대고 있다.

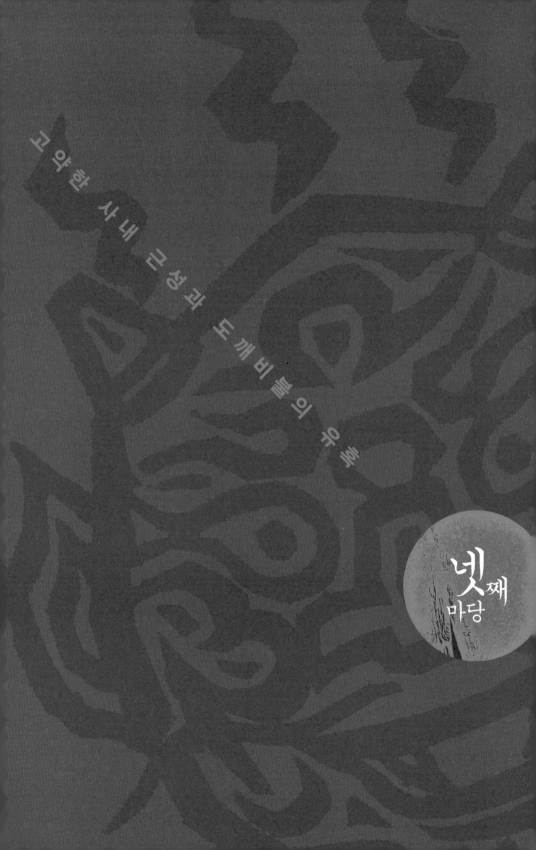

연약한 사내 근성과 도깨비불의 위험

넷째
마당

알량한 사내 근성

이 괴물도 지독한 남권주의자!
여식 아이들 보고 무지막지하게   "찢어진 것"이라고 쌍소리 해대던
이 땅의 옛 사내들 꼬락서니 그대로.

여자는 요물이라는 그 미신 때문에

"그 못된 것, 어쩌자고 남녀 성차별은 그토록 심하게 하지? 그 괴상망측한 것이!"

이건 도깨비의 진상을 알게 되면 이 땅의 여성들 누구나가 도깨비에게 쏘아붙일 말이다. 적어도 성을 차별하는 문제에서만큼은 도깨비에게서 조선왕조가, 유교의 가르침이 시퍼렇게 살아 있다.

"남녀유별男女有別!"

"여필종부女必從夫!"

이런 슬로건은 도깨비에게 초시대적일 뿐이다. 시대의 변화쯤 그는 아랑곳하지 않는다. 여권운동이니 아니면 페미니즘이니 하는 말은 아마 들으려고도 않을 것이다.

도깨비는 워낙 그 자체로 암수를 겸하고 있을 것이라는 혐의를 받고 있기도 하다. 물론 '암도깨비'란 말이 없는 것도 아니니까 좀 알쏭달쏭하긴 하다. 그러나 사람과 대면하거나 만날 때, 그는 태어난 대로 본래의 모습을 거의 드러내 보이지 않는다. 보인다 해도 예외적이다. 사람 앞에 현신現身할 때, 사람의 사내로 또는 사람의 처녀로 나타나곤 하지만, 어떤게 본래의 성인지 말하기 어렵다.

한데 그가 인간 여성으로 현신할 때는 거의, 반드시라고 해도 좋을 만큼 처녀이다. 아낙의 모습도 드물지만 할머니인 경우는 절대로 없을 것이다. 처녀는 처녀인데 순진하고 결백하고 한 게 아니다. 온통 요상하고 요물이다. 사내를 만났다 하면 꾀고 속이고 하면서 야료를 부린다. 나이나 얼굴 인상, 몸놀림만 숫처녀다.

이건 뭘까? 도깨비 이야기는 여성의 매력, 그것도 처녀의 매력을 온통 요괴의 몫으로 돌려세우고 있다. 여성의 꽃을, 여성의 정화精華를 하 필이면 요상한 것으로 치부하고 있다.

"여성은 곧 요물!"

이 공식은 조선조 이래의 유물이다.

"여자 보기를 여우 보듯 하라."

이 가르침 또한 다를 바 없는 흉한 유산이다. 악의 유산이다. 한데 한 국인들은 그걸 도깨비에게 덧씌워서 도깨비를 욕보이고 있다.

한밤중에 음산한 바람을 타고 나타나는 그 귀신은 거의 반드시 여자 다. 소설『장화홍련전』에서는 억울하게 죽은 처녀의 넋이 밤귀신이 되어 나타난다. 그건 경남 밀양에 전해오는 「아랑각」전설의 주인공 아랑의 경우에도 마찬가지다.

한데 도깨비가 인간 여자가 되어 나타나면 그건 어김없이 요상한 귀 신과 꼬락서니가 같다. 그러니까 도깨비가 요상하고 요망한 것을 여자 에게 바가지 씌우고 있는 셈이다. 그러니, 도깨비 그 녀석들은 책임을 져 야 한다. 인간 여성으로 둔갑했다 하면 정해놓고 어떤 기생도 못 당할 요 녀妖女의 모습을 갖추기 때문이다. 여성들이 갖춘 하고많은 미덕을 다 제 쳐두고 하필 '유혹의 정精'으로서만 나타나기 때문이다. 그나마 필경 사 내의 혼을 빼고 그 넋이 나가게 술수를 부리기 때문이다.

한데 여기에는 한국 사내들의 부당한 '피해의식'이 얼씬대고 있다. 남녀 사이에서 가해자는 남성 당사자인데도 종국에는 자신이 스스로 자 청한 것이나 다를 바 없는 손실이나 피해를 여성에게 바가지 씌우며 여 성을 요물로 몰아붙이기 때문이다. 그건 명백한 책임전가다. 그야말로 적반하장이다.

가령, 요물 중의 요물인 귀신 이야기에서도 그렇다. 유령이라고 해도 좋을 여자 귀신은 야밤중에 나타나서 남자들을 겁주고 혼절하게 하는데, 이 무서운 괴물들은 앞에서도 말한「아랑각」의 아랑이 그렇듯 남성에게 짓밟힌 희생자다. 야밤중에 문득 나타나서 남자를 유혹하고 넋을 빼는 암도깨비는 너무나도 이 귀신을 닮았다.

아무튼 도깨비가 여자로 둔갑할 때, 만사 제쳐놓고 깜빡이는 푸른 눈빛으로 사내들을 꾀어 뺑뺑이를 돌리다 홀라당 그 넋을 빼먹는 마녀가 되는 것은, 여성을 요물로 치부해온 한국 남성들의 심보가 말썽을 부리고 헛소리를 하기 때문이다. 거기 바로 한국 남성의 여성을 대하는 고약한 '사내 근성'이 있음은 새삼 말할 필요도 없다.

월경의 피에 얽힌 사내들 심보

한데 도깨비를 화두 삼아 한국의 '사내 심보'를 말할 때, 그것도 여성을 대하는 사내들의 고약한 근성을 말할 때면 더 심각한 대목이 있다. 앞에서도 이미 나왔다시피 도깨비는 사람을 홀린 끝에, 또는 사람과 어떤 식으로든 얽어들고 헤어질 때는 그 몸뚱이 대신 뭔가를 남겨놓기 마련인데, 그게 빗자루나 절굿공이, 부지깽이, 떡메 등이다.

그런데 그 몽둥이나 작대기 종류에는 으레 피가 얼룩져 있다. 그것도 하필이면 꼭 여성의 피다. 경도經度라고들 일러온 월경의 피다. 누구나 알다시피, '달의 것' 또는 '몸엣것' 등의 별스런 이름을 가진 이 피는 홀대를 받은 정도가 아니라 사뭇 무안한 천대며 박대를 받아왔다.

"더러운 것!"

"추잡한 것!"

그런 따위 악담 말고도 '부정不淨'이란 누명을 뒤집어써왔다. 이 경우 '정淨'은 말할 것도 없이 '청정淸淨'의 '정'이고 '정화淨化'의 '정'이다. 그러니 부정은 오염된 것, 추잡한 것 따위를 의미할 뿐만 아니라, 엎친 데 덮친 격으로 위험한 것까지도 의미하게 된다.

이래서 도깨비 세계에서 여자는 요물에다 부정을 겸한 것이 되고 만다. 한술 더 떠 저주에 경멸까지 겹쳐 가지고 있다.

한데 여성의 경도를 두고 '부정하다'고 했을 때, 거기에는 단지 맑지 못하다든가 깨끗하지 못하다는 뜻만 새겨져 있는 게 아니다. 그것은 위험이고 재난이기도 했다. 어떤 무서운 결과를 불러올지도 모를 화근이기도 했다. 그것은 온전히 사내들이 여성들을 상대로 한 바가지 씌우기였다. 놀랍게도 이따위 생각이 고조선의 「단군신화」 이래 근자에까지 내내 전해지고 지켜지고 있으니, 여성들로서는 억장이 무너질 일이다.

「단군신화」에서 웅녀는 시집가기 직전의 나이였다고 짐작된다. 그러니까 소녀였다가 어른 여자가 될 바로 그 무렵의 처녀였다고 헤아려진다. 「단군신화」는 웅녀가 시집가기 직전의 나이라는 데 유념하면서 꼼꼼히 살펴보아야 한다. 그런 처지, 그런 나이에 웅녀는 굴에 갇혀 햇빛도 보지 않고 무려 100일 동안 쑥과 마늘만 먹도록 강요당했다. 그 아리따운 나이면 당연히 성숙의 표징이 될 월경을, 그것도 첫 월경을 겪었을 것이다. 한데 그게 추하다는 것이다. 더럽고, 부정하다는 것이다.

이건 대단히 중요한 대목이다. 한 여성의 성장 과정, 인생의 역정에 관한 중요한 대목이다. 이때는 미성년에서 성년이 된 때로, 이제 바야흐로 짝을 얻을 그 순간이다. 그 결정적인 순간이다.

그 징표가 바로 첫 월경이다. 한데 「단군신화」에서는 웅녀로 하여금 굴에 몸을 숨기고는 쑥과 마늘만 먹으면서 3×7일, 곧 스무하루 동안 또는 100일 동안 굴속에 몸을 숨기고 웅크려 있게 강요했다. 아마도 이는 가부장제 사회에서, 그래서 부권夫權 사회이자 남권 사회에서 자라난 사내들이 그렇게 우긴 것으로 풀이된다.

첫 월경을 겪은 여성으로 하여금 근신하고 삼가고, 나아가 몸을 씻기시고 맑히고 해서 정화하도록 억지로 요구한 것이다. 웅녀는 그래서 햇빛도 못 보고 굴속에 틀어박혀야 했다. 그 매운 마늘과 쓰디쓴 쑥을 약으로 먹으면서 몸과 마음을 정화하도록 강요받았다. 한때, 어느 이름난 비평가 한 분이 웅녀가 먹은 쑥과 마늘을 정력제라고 풀이한 적이 있지만 그건 옳지 않은 것 같다. 이들 마늘과 쑥은 정화제, 이를테면 부정 탄 몸을 깨끗하게 맑히는 약이었던 셈이다.

그 웅녀 뒤로 여성의 월경은 줄곧 더럽고 부정한 것으로 흉한 대접을 받아왔다. 1000년 너머 2000년, 그 까마득한 세월 동안 그 괴상한 생각이 여성을 옭아매었던 것이다.

묵은 이야기는 이쯤 해두고, 피 묻은 빗자루며 절굿공이로 돌아가보자. 이들 연장은 으레 여성의 것이다. 여성의 손때가 두고두고 묻은 것이다. 그것만 해도 못마땅한데 거기 월경의 피마저 묻어 있다니! 이게 부정해도 여간 부정한 게 아니라고들 묵은 시대의 사내들은 생각한 것이다. 그따위가 밤이 되면 마귀로 둔갑하고 도깨비로 둔갑한다고들 이 땅의 사내들은 믿어왔던 것이다.

여기에는 말할 것도 없이 남자들의 자기모순이 엉켜 있다. 이 땅의 사내들은 남편과 그 아비까지 한패가 되어서는 극히 최근까지도 아내며 며느리에게 아이들을 많이 낳아달라고 닦달을 해댔다. 적어도 3남 2녀고, 그냥저냥 심하게 욕심을 안 부리는 것으로 하고도 5남 3녀, 그 정도로 며느리와 아내가 출산하기를 다그쳤다.

그러자면 말하나마나 경도(월경)의 순환은 필수적이다. 단순한 생리 현상이 아니라, 남자들의 욕심을 위해서도 필수불가결한 절차다. 한데도 그걸 더러운 것, 부정으로 몰아붙였다. 그야말로 적반하장賊反荷杖이다. 도적놈이 집주인에게 회초리를 들고 덤비는 꼴이다.

모시고 받들어야 마땅한 것을 오히려 역으로 패대기를 친 것이다. 무조건 여자 것이라면 부정한 것, 부당한 것으로 몰아붙인 지독한 남녀 차별이 거기 꿈틀대고 있다.

한 시대 전만 해도 새벽장에서는 첫 손님으로 여성을 받지 않았다. 심지어 영업용 택시조차 여자를 첫 손님으로는 태워주지 않았다. 그러한 한국 사내들의 마음보가 그대로 도깨비에게로 옮아간 것이다. 하필이면 궁지에 몰린 도깨비가 둔갑해서 생겨난 피 묻은 빗자루에다 애매한 죄를 뒤집어씌우고야 말았다. 결과적으로 도깨비 빗자루는 지독한 성차별을 하는 남권 의식으로 심하게 찌들어 있다.

도깨비에게 빗대어서 드러난 한국 사내들의 자기모순은 또 있다. 그것은 여자를, 앳된 젊은 여성을 요물로 본 데서 여지없이 드러나고 만다.

아리따운 여자가 요물다울수록, 요상할수록 일부러 골라서 좋아하며 그 상대를 즐기려던 것은 누군가 말이다. 한데 넘어 가고 꾀이고 하다가 마침내 기력이 쇠진하고 자산을 탕진한 끝에 가면 여태껏의 아름다움이고 매력이었던 요물다움은 난데없이, 애꿎게 마魔가 되고 귀鬼가 되는 것이다. 이 같은 사내들의 심보는 제 도끼로 제 발등을 찍어놓고, 그 탓은 도끼에게 돌리는, 그 뒤죽박죽의 심성과 하나도 다를 것이 없다.

공이, 몽둥이와 사내의 그 물건 사이

아무러나 이래저래 도깨비의 성차별은 하늘을 보고 침 뱉기일 뿐이다. 거기 겹친 남권 의식은 피해의식이며 열등의식이 물구나무선 것뿐이다. 그런데도 도깨비는 빗자루며 공이 그리고 각종 몽둥이며 자루 따위로 그를 대신할 신표信標로 삼았다. 그따위들로 성차별은 더욱 격화되고 남권 의식은 더욱 세게 불이 붙었다. 그것들은 모두 전형적인 '팔루스(남근)', 곧 사내들의 고추를 상징하는 물건들이기 때문이다.

'팔루스'라고 하면 남성의 성기 또는 생리의 일부로서만 사내의 고추를 상징하는 데 그치지 않는다. 사내들이 이른바 남권 사회에서 누리고 있는 권세라든가 권리, 또는 사내로서 뻐기고 잘난 척하고 덤벙대는 그 나부댐이며 기세 등을 두루 상징하는 것이 이를테면 '팔루스'다. "적어도 사내대장부가!" 하고는 목에 힘을 줄 때 '팔루스'는 고개를 바짝 들고 뻐기는 셈이 된다.

가령 한 시대 전만 해도 어른들이 남자아이를 보고, "사내새끼가?"라고 언성을 높였을 때의 그 사내새끼란 말, 어쩌면 욕으로 들릴 수도 있을 그 말조차도 실제로는 '사내대장부'와 맞겨룰 만한 말이었다. 여기에도 '팔루스' 의식이, 또는 콤플렉스가 기세등등하다.

그건 가령, 한 시대 전 할머니들이 더운 여름날 알몸으로 설쳐대는 어린 손자 녀석 사타구니에 손을 들이밀고 뭔가를 따서 먹는 것 같은 시늉을 지으면서, "아이, 맛나는 우리 고추!"라고 탄성을 질러댄 바로 그 장면에서도 드러난다. 이때의 '고추'는 장차 손자가 남자로서 누리게 될 온갖 특권과 뻐기게 될 힘을 상징하고도 남는다. 이런 게 '팔루스'다.

위에서 사내 손자를 보고 흥이 나서 중얼댄 할머니가 손녀딸을 보고,

"여기가 어디라고 이 계집애가!"라고 꾸중할 때의 그 계집애는 순전히 욕이고 악담이다. 같은 할머니 입에서 나온 사내새끼와 계집애지만 그 두 말은 그야말로 하늘과 땅 사이다. 이래서 '팔루스'는 하늘에 견주어져도 좋다.

못난 집안 어른들은 어린 딸애나 손녀딸을 두고 쌍말이나 욕을 내뱉을 때, 심지어 "이 찢어진 것!"이라고 차마 입에 담지 못할 악담도 해댔다. 한데 그 '찢어진 것'이란 도대체 여자아이 육신의 어느 부분을 두고 내뱉은 걸까?

차마 내놓고 말하기도 민망하다. 이렇게 공개된 자리에서는 여자의 가장 여자다운 몸의 일부를 두고서 한 말이라고밖에 더 내놓고 밝힐 수가 없다.

사내의 고추는 우뚝 치솟는다. 여자의 성의 상징물은 바닥에 납작 붙어 있다. 그리고 찢어진 것이란 흉한 악담을 일부 못난 사내들에게서 듣게 되어 있다. 그건 납작하게 찢어진 그 무엇인 셈이다. 이들 두 가지의 모양새를 두고 고약한 사내들은 높다랗게 우뚝 선 힘센 장사와 기죽어서 납작 엎드린 열등아의 차이라고 우긴 것이다.

서울 인왕산의 서쪽 비탈에는 저 이름난 '선바위'가 우뚝 커다랗게 솟은 채 사람들의 치성을 받고 있는데, 이에서 그다지 멀지 않는 곳에 누운 바위가 있다. 바로 지척에 뻐기고 선 '선바위'와는 대조적으로 정해진 이름도 없고 사람들도 별로 찾지 않는 이 바위는, 땅바닥에 죽치고는 옆으로 길게 누운 꼴을 하고 있다. 그런데다 그 안으로 비교적 길게 작은 굴이라고도 보일 만한 구멍이 뚫려 있다.

그래서 '선바위'가 사내대장부 귀신 대접을 받는 데 비해서 이 누운 바위는 아낙네 귀신으로 여겨지고 있다. 이런 데서도 사내의 고추와 여성의 어느 부분은 역력하게 대비되고 있다. 더하여 바로 여기에서 한국에서 설쳐대는 남녀 차별의 몰골이 드러나고도 있다.

한데, 사내들의 그 '고추'라는 물건은 그야말로 도깨비 키와 마찬가지로 '신축 자재'다. 고무줄처럼 늘었다 줄었다 하기를 광대 재주 넘듯 한다. 다른 대목에서도 묘사하고 있듯이, 그 물건으로 도깨비 사내는 제 몸을 온통 몇 바퀴 둘둘 감을 지경이니 그 길이를 가늠할 수조차 없다. 이건 그의 남권 의식에 포개진 권력의지의 크기에 비례한다.

"못난 사내 XX 자랑"이라지만, 그건 누구라고 자랑할 만한 인품도 못 갖추고 또 그럴싸한 인간도 아닐 때, 그래서 소위 큰 인물이 못 될 적에 부리는 허세를 비꼬는 말이다. 그건 결국 못난 사내의 열등의식이 표현된 것에 불과하다.

한데 도깨비는 제 것만 가지고 그러는 게 아니다. 남의 것을 가지고도 그 비슷한 우스꽝스런 장난을 쳐댄다. 그래서 이 괴물이 고추를 통해서 향유하는 권력의지며 남권 의식은 더한층 부풀어 오르고 또 늘어난다. 인간 사내들의 그 물건을 떡 주무르듯 함으로써 그들에 대한 지배력이며 우월감을 한껏 누리게 되는 것이다. 그러니 도깨비는 한국의 '사내 중의 사내'인 셈이다.

한데, 전통적으로, 관습적으로, 다른 한편으론 무의식적으로 몽둥이와 작대기는 창이나 칼 따위와 함께, 앞에서도 말했듯이 전형적으로 팔루스 대접을 받아왔다. 그러니까 왜 하필 도깨비가 둔갑을 하되 이따위 물건들만 골라서 하게 되는지 짐작할 수 있을 것 같다. 그건 도깨비의 중 뿔난 사내 근성을 표현하고 있다. 이를테면 도깨비가 갖춘 남권 의식의 표시가 다름 아닌 몽둥이고 방망이다. 공이고 작대기다. 빗자루다.

'막무가내로 흔들어서 동네 꼬맹이들을 혼내주던 할아버지의 작

대기!'

'걷어 올린 어린놈의 종아리에 내리쳐지던 아버지의 회초리!'

'벼고 보리고 간에 곡식보다는 땅바닥이 더 작살나곤 하던 마을 안 사내 어른들의 도리깨!'

이건 모두 이 땅에서 오래오래 전해지고 지켜진 사내다움의 표적들이다. 그걸 어떻게 알았을까는 둘째로 하고, 도깨비는 그 사내 어른들을 흉내 내면서 아예 자기 자신을 작대기며 회초리 그리고 도리깨로 둔갑시켰다.

그래서 도깨비와 관련하여 '몽둥이의 사내 근성'이란 말을 만들어내도 괜찮을 것이다. 그것으로 우리는 몽둥이에 의지해서 도깨비가 부려대는 남권 의식을 말할 수 있을 것 같다.

그건 그렇고, 거기에 더해서 우리는 도깨비 그 녀석의 갖가지 또 다른 사내 근성을 쉽사리 끄집어낼 수 있다. 그는 마음만 먹으면 언제 어디서건, 누구라고 가릴 것 없이 부자로 만들어준다. 벼락치기로 엽전 꾸러미를 가난뱅이에게 안겨주기 예사다.

돈을 마음대로 주무르는 것, 그건 인간이 갖는 권능 중에서도 제일로 꼽고 모시어 받든 것의 하나다. 묵은 시절 소위 관료 일부가 국민들의 돈을 떡 주무르듯 제 마음대로 챙기고 가로채고 한 것도 바로 그 때문이다.

당연히 부에는 권위와 위엄이 따라붙어 있었다.

'고래등 같은 기와집!'

'네 칸 대문!'

'솟을대문!'

이들은 하나같이 부의 상징을 겸한 권세의 상징이었다.

거기에 더해서 전통 한국 사회에서 한 집안의 부는 으레 가부장의 몫이었다. 물론 부잣집 마나님이 계시긴 했지만 아무래도 '부자 참봉'의 그늘에 가려 있었다.

도깨비는 갖가지 벼슬 이름을 이고 있다. 도깨비 참봉, 선달 도깨비, 초시 도깨비 등등인데, 이 정도는 차라리 아무것도 아니다. '도깨비 영감'도 모자라서 '대감 도깨비'도 있었으니 말이다.

'도깨비감투'란 말은 아예 그 자체로 독립된 낱말이다. 지금도 그 고약한 악습이 일부 전해오듯 감투는 오랫동안 이 나라에서는 벼슬과 권력의 대명사였다. 도깨비가 지금 세상에 행정고시니 사법고시가 있다는 걸 알면 틀림없이 응시하자고 덤벼들 것이다. 그러고는 영락없이 100퍼센트 전원 합격할 수 있다고 장담할 것이 틀림없다.

무지막지한 감투 콤플렉스

한데도 그 정도로는 간에 기별도 안 가는지, 도깨비는 더 사납게 욕심을 부려댄다. 앞에서도 보았듯이, 조선조의 높고 낮은 관직 이름은 다 꿰차고 있으면서도 노상 감투 타령이다.

이것들이 모두 도깨비의 권능과 권력을 의미하고 있음은 말할 나위도 없다. 이에서도 우리는 전통 한국 사회에서 권력과 권위는 앞에서 본 부와 다를 바 없이 오로지 남자들만의 독점물이었음을 생각해야 한다.

양반 아닌 상민들마저도 서로들 상대방의 이름자 아래에 구슬을 달고 금덩이를 꿰매듯이 이것저것 닥치는 대로 벼슬 이름을 붙여주었다. 그건 전부가 앞에서 지적한 바와 같이 도깨비가 질질, 흘레벌레 차고 걸치고 다니기 좋아하던 벼슬 이름이다. 이를테면 관직명이고 공직의 직함들이다.

참봉, 초시初試, 선달, 영감, 대감…… 이따위 직함들. 선달에 견주어서 후달이나 미달이 있었던가? 초시와 맞물려서 복시가 있었던가? 아니면 대감에 비겨 중감이나 소감은 없었던가? 그게 궁금하듯이 별별 벼슬 이름을 서민들, 상민들도 서로 붙여서 부르고 일컫고 했다.

한데 그 관명에는 글쎄, 요즘 같으면 공무원 급수로는 칠 수 없는 것들도 포함되어 있다. 8급이나 9급에도 못 미치는 것, 아니면 급수 외에 속할지도 모르는, 그야말로 '콤마 이하'일 것이다. 그런데도 각자 이름 석 자 아래 그런 등속의 것을 주렁주렁, 덜렁덜렁 강아지 목걸이처럼 매달고 다니기를 좋아했다. 개중에는 요즘 같으면 '관명 사칭'으로 고발당해 쇠고랑 차기 딱 알맞은 경우도 드물지 않았다. 아니 흔해빠졌었다.

이에 비해서 실제로 관직이 상당히 높았을 경우, 그 벼슬 이름은 얼마나 길고 또 어리어리했던가 말이다. 가령,

'보국순록대부정일품영의정'

이 지경이면 그야말로 구렁이 담 넘기다. 그 길이가 그러고도 남는다. 이런 것이 지난날의 한국인이지만, 그 여파가 오늘날의 세상에서 아주 사라졌다고 말하기는 힘들 거라고 도깨비들이 스스로 나서서 장담할 것 같다.

권력과 권세를 말하다 보니, 도깨비감투가 거듭 발언권을 들고 나서게 된다. 그것은 물론 권력의 상징이지만 오직 그것만은 아니다. 둔갑술과 변신술만이 아니라 은신隱身술에까지 걸친 그의 비상한 능력의 상징을 겸하고 있다.

도깨비가 감투를 쓰면, 그는 거의 무한정이고 무제한의 능력을 향유하고 실천하게 된다. 그가 가진 여러 장신구나 의상 가운데서도 감투는

방망이와 더불어서 한결 득세한 쌍벽을 이루고 있다. 방망이와 감투, 이 둘은 도깨비 나리들의, 아니 도깨비 대감들의 '양대 보물'이었다.

어찌된 일일까? 도깨비의 '권력 탐욕'과 거기 겹친 그의 권력의지의 보기를 들자면 가물가물 끝이 안 보인다. 아직 단서도 못 꺼낸 이야깃거리는 정말이지 기겁할 정도로 놀랍고 또 놀랍다. 이제 그런 얘기를 잠깐 살펴보기로 한다.

옛날에 강원도 산골 마을에 아주아주 없이 사는 사람이 있었다. 가진 것이 아무것도 없는, 그야말로 진짜 가난뱅이였다. 들판에 나가서 지푸라기를 모아다 짚신을 엮어서 장에 내다 파는 그 알량한 돈으로 간신히 목숨 지탱하는 게 고작이었다.

어느 날, 지푸라기를 주워 모으고 있는 그에게 지나가던 웬 사람이 물었다.

"그걸로 뭘 하게요?"

그런데 가난뱅이의 사정을 들은 과객이 말했다.

"내가 당신 잘살게 해줄 테니 내 부탁을 들어주오. 사흘 뒤에 다시 올 텐데, 그때까지 내게 먹을거리, 마실거리를 장만해줄 수 있겠소?"

이게 무슨 뚱딴지 같은 소리? 멀쩡히 올려다보는 가난뱅이에게 지나가던 사람이 말을 덧붙였다.

"개고기를 안주 삼아 막걸리를 마시고 싶은데 나로서는 그걸 장만할 줄도, 담을 줄도 모르니 제발 소원 좀 들어주시오. 은혜는 반드시 갚을 테니. 하늘에 걸어 약조하리다."

그 말투가 여간 간절한 게 아니었다. 믿을 만도 했다.

가난뱅이는 모아둔 돈을 다 털고도 모자라서 사흘을 꼬박 품을 팔았다. 그러고도 딸리는 것은 장리 돈을 빌려서 보태었다. 그럭저럭 막걸리 한 말을 담아서 거르고 강아지도 한 마리 잡을 수 있었다.

사흘 뒤 다시 찾아든 나그네는 맛나게 마시고 먹고 난 다음 보따리 하나를 내놓았다.

"고맙소. 그 가난에도 나를 이토록 융숭하게 대접하시다니! 보답으로 이걸 두고 갈 테니 내가 가고 난 뒤에 풀어보시오."

그가 가고 난 뒤 주인은 보따리를 풀었다. 그런데 달랑 감투 하나가 들어 있었다.

"감투야 아무려면 어때?"

시큰둥하게 여겼지만 한번 써보았다.

한데 이게 뭐람? 자기 눈에도 자기가 보이질 않는 게 아닌가!

별꼴이야 여기고는 밖에 나가보았다. 지나가던 이웃이 아무도 못 알아보았다. 슬그머니 장난기가 돋았다. 지나치던 총각의 머리를 슬쩍 문지르다시피 해보았다. 한데 이웃 갑돌이 녀석은 두리번거리다가 해괴한 표정을 지을 뿐이었다.

내친김에 야금야금 이웃 마을 부잣집으로 갔다. 마침 벼타작을 하고 있었다.

'됐다!' 싶어서는 뒤편에 쌓아둔 벼를 바지춤에 퍼 담았다. 바로 옆에서 일하는 사람들조차 눈치 채지 못했다. 이러하기를 수삼일 계속했다.

차츰 욕심이 많아져서 이제 하루 양식을 채우는 것으론 마음에 차지 않았다. 여러 곳 부잣집 타작마당을 뒤져서는 벼 훔치기를 계속했다. 도둑질한 벼를 장에 내다 팔아서는 돈을 살 만큼 허욕도 부렸다. 한 달 포쯤 지나자 그의 집 살림이 제법 두툼해져 있었다.

그러던 어느 날, 지나간 날들과 마찬가지로 어느 부자네 타작마당에서

벌써 몇 차례, 서너 되나 되게 벼를 바지춤에 퍼 담자 땀이 났다. 좀 쉬

었다 하자고 타작 터 가장자리에 자리를 잡고 앉았다.

'휴, 욕심도 부릴 만해! 저들이 나를 못 볼 테니 마음 쓸 것 없지 뭐냐!'

그는 자신의 욕심만큼 두툼할 대로 두툼해진 바지춤을 쓰다듬으면서

싱긋 웃었다.

한데 바로 그때였다. 일하던 머슴 하나가 곁에 와서 담배를 피우는데

그 담뱃불이 이 곡식 도둑 감투에 떨어졌다.

그런데도 욕심에 밀려서는 감투가 타서 구멍이 뚫어진 줄도, 그 밑 살

갗이 드러난 줄도 모르고 벼 도둑질을 계속했다.

사람들은 까만 테두리가 찍힌 살덩이가 움직거리고, 그럴 적마다 벼가

옮겨지곤 하는 것을 보고는 타작하던 작대기로 내리쳤다.

"아야, 아야!"

그리하여 감투가 찢어지면서 모든 게 들통이 났다. 그는 죽도록 얻어

맞고는 관가에 고발당해서 옥살이도 하게 되었다.

이게 바로 도깨비감투다. 가야의 수로왕이며 신라의 탈해왕이 부렸

다던 그 절묘한 둔갑술도 이 도깨비감투의 마술에 비하면 사뭇 저리 가

라다. 홍길동의 변신술도 어림없다.

도깨비 옷을 입으면 누구나 '존 도John Doe'가 되고 만다. 미국인들이

즐겨 보고 있는 TV 드라마 'CSI 과학수사대'에 자주 등장하는 인물이 존

도다. 그는 수사 대상으로 떠오르긴 하지만 정체를 알 수 없는 신원 미

상, 정체불명의 인물이다. 의문부호가 붙은, 누군지 잘 알 수 없는 바로

그 존 도가 언제 우리나라에 와서 도깨비감투를 얻어갔는지도 모른다.

한데 도깨비감투와 비슷한 것에 도깨비 옷이 있다는 것도 익히 알려

저 있다. 그밖에 도깨비 등거리도 큰 몫을 다하고 있다. 등거리도 저고리도 감투도 모두 같은 기능을 갖고 있다. 그것들을 걸치고 입고 쓰고 하면 온몸이 안 보인다. 그러자니 남들 앞에서, 또는 남들 곁에서 무슨 짓을 해도 들킬 턱이 없다.

누구든 도깨비감투만 쓰면 슈퍼마켓이나 마트에 가서 물건을 슬쩍하든, 은행에 가서 금고를 털든, 아니면 만원 버스 속에서 소매치기를 하든, 그야말로 완전범죄를 저지를 수 있다.

그뿐만이 아니다. 미운 녀석을 마음껏 해쳐도 상해죄로 잡힐 턱이 없다. 젊은 여성을 상대로 성희롱을 해도 경범죄에 걸릴 턱이 없다. 가령 대학 입학시험장에서 마음껏 커닝을 해대도 되니 수석 합격은 맡아놓은 당상이다.

어디서나 행동이 자유로울 것이다. 거칠 게 있을 턱이 없고 거추장스러울 것도 없을 것이다. 마치 몸이 없듯 마음 내키는 대로 행동을 할 수 있을 것이다. 이렇듯 무한정하고 무제한의 능력에 대한 욕망, 전능한 힘을 꿈꾸는 마음이 반영된 것이 도깨비감투다. 사내들의 권력의지의 산물인 것이다. 그게 바로 도깨비감투며, 도깨비 등거리다. 또 도깨비 옷이다.

자기 갉아먹기 하는 힘 자랑

도깨비의 사내 근성은 신분이나 몸가짐, 또 인식표로만 설쳐대는 것이 아니다. 물리적으로도 으스대기가 예사 아니다. 그의 키 자랑은 눈꼴이 사나울 정도다. '못난둥이 키 자랑'이라고 홍보하고 싶을 정도다.

앞에서도 보았듯이, 도깨비는 키를 늘렸다 줄였다 하면서 사람을 위협하기를 즐긴다. 하늘 중천까지야 미치지 않겠지만 6척이 지나고 7~8척 넘어서 9~10척 장신으로 웬만한 정자나무쯤 우습게 여기려 든다. 그만큼 그는 남들 내려다보기를 좋아하고 깔보기를 즐긴다. 그 지경이니 사람 업신여기기는 아예 그가 즐겨하는 취미이다.

물리적인 자랑은 또 있다. 다름 아닌 힘자랑이다. 이미 자주 지적된 것처럼, 사람만 만났다 하면 거의 예외 없이 씨름판을 벌리자고 덤벼든다. 그렇다고 그가 역사力士나 씨름의 고수인 것도 아니다. 물론 '천하장사'는 더더욱 못 된다. 일본 씨름인 스모라면 스모꾼들 중에서 가장 높은 자리인 '요코주나'는 어림도 없다.

그런 주제에 씨름을 무슨 장난이나 놀이처럼 즐기자고 든다. 한데 참묘한 것은 판판이 참패로 끝이 난다는 점이다. 연전연승은 언감생심, 연전연패가 도깨비의 씨름 기록이다. 옛날 사람들 같으면 '앉은뱅이 용쓰기'라고 흉볼 게 뻔한 것이 그의 힘자랑이다. 그러기에 그의 힘은 차라리 '용'이라고 해야 할 것이지만, 그만큼 그는 힘자랑에 정신을 팔고 있는 셈이다.

필경 지게 마련인데도 아주 잠깐, 한때 으스대다가 망하고 마는 도깨비의 권력 과시와 권력의지는 인간들의 것을 너무도 빼닮았다. 어떤 독재도, 어떤 과잉의 권력 행사도 바로 그 자체가 망조亡兆였다는 것을 인류의 역사는 생생하게 펼쳐 보였다.

독일의 나치스가 그랬고 소련의 공산 독재가 그랬다. 그들이 망할 수밖에 없는 것을 일러주고 있는 이야기가 있다.

히틀러가 정신병 환자 수용소를 시찰하게 되었다. 그 사실이 수용소에

알려지자, 간호사들은 정성을 다해서 환자들을 훈련시켰다.

"하일, 히틀러!"

모두 하나같이 큰 소리로 외치면서 바른팔을 우뚝 쳐들게 했다. 근 한 달 그런 훈련이 계속되자 결과는 아주 좋았다.

드디어 그놈의 악랄한 독재자가 나타나자 훈련이 100퍼센트 효과를 발휘했다. 수많은 환자들은 하나같이 히틀러 앞에서 "하일, 히틀러!"를 절규하고 바른손을 추켜세웠다. 대성공이었다.

한데 간호사들은 아무도 그렇게 하지 않았다. 침묵을 지키고 팔도 꼼짝 않고 서 있기만 했다. 히틀러를 수행해온 부관이 간호사들을 가리키면서 소리를 질렀다.

"너흰 왜 꼼짝도 안 해?"

그러자 대답이 날라왔다.

"예, 우린 정신병 환자가 아니니까요!"

부관도, 히틀러도 뒤로 넘어질 뻔했다.

이 기가 차면서도 매서운 이야기! 정신병을 앓고 있는 사람이나 경례를 붙이는 권력이 오래 갈 턱이 없다.

'일장춘몽'은 그야말로 사나운 권력일수록, 독선적인 권력일수록 더 뼈저리게 겪는다는 것을 위의 이야기는 도깨비 이야기와 어울려서 우리에게 일러주고 있는 것 같다. 그런데도 독재자와 도깨비는 그들 악습을, 그 흉측한 버릇을 되풀이한다.

한때 우리의 여의도도, 우리의 청와대도 필경 도깨비감투를 쓴 꿈자리였다는 것을 그동안 몇몇 정권이 무너지고 허물어질 적마다 보여주었다. 그 두 곳, 권력의 터전은 필경 '도깨비 터'였던 셈이다.

도깨비도 제정신이 들면 그 사실을 깨달을 것이다. 남의 일이 아니라고 소스라치게 자각할 것이다. 안 꺾이는 힘이란 없다. 힘을 과분하게 쓰다보면 필경 힘쓰는 주체가 망가지고 만다.

제 힘에 제가 쓰러져 자빠진 정치권력! 그따위는 여의도에 가보면, 청와대에 가보면 여기저기서 지난날의 흔적을 흉하게, 치사하게 남기고 있을 것이다.

제 힘의 반작용으로 스스로 꺾어지기 위해서 일부러 부려대는 악쓰기와 추호도 다를 바 없는 정권이 하필 이 나라 안에서 흔해빠졌던 것은, 필경 한국인이 도깨비와 사촌이라서 그랬을지도 모른다. 도깨비가 혹시라도 증인으로 불려 나온다면 여의도의 의정 당상에서 그런 취지로 발언할는지도 모른다. 그래서도 '도깨비 국감'이 절실한데, 그것을 정치가들이나 권력자들이 잘 알고 있는지 어떤지 사뭇 궁금하다.

아무튼 여성 깔보기, 몽둥이 차고 방망이 휘두르기, 자신과 남의 부를 좌지우지하기, 그리고 키자랑과 힘자랑에 겹친 용쓰기 자랑 등등, 이따위 것들만 해도 도깨비의 괴상망측한 '사내 심보'를, 앞에서 누누이 풀이해보인 바로 그 도깨비의 '사내 심보'를 거듭거듭 증명하고도 남음이 있을 것이다.

뺑뺑이 돌리는 도깨비불

어지럼증, 그건 쾌락의 별명일 수 있다.
술에 취해서도 어질어질, 사랑에 녹아서도 어질어질한 것,

도깨비는 그걸 즐긴다. 그래서 그는 마약은 몰라도 술과 사랑으로
곤드레만드레가 되곤 한다.

뺑뺑이 돌리기의 블랙홀

지친 나그네가 밤길을 간다. 정처가 없다. 사방은 어둠뿐, 어디에도 머물 만한 곳이 있을 것 같지 않다.

무서움을 탄 탓일까? 고갯길이 새삼 힘겹다. 걸음이 휘청댄다.

기를 쓴다. 다리를 끌다시피 한다. 간신히 고개턱에 올라선다.

'휴!' 숨을 돌린다.

바로 그때, 저만큼 고개 아래로 불빛이 어릿댄다.

"아, 살았구나!"

허겁지겁 다가가너 어서 오라는 듯 불덩이가 커진다. 영락없이 주막집 불빛이다.

눈이 번쩍 뜨인다. 바싹 다가든다. 한데 이게 웬일?

불빛이 오르락내리락한다. 나그네는 멈칫한다. 그러자 불덩이가 뱅뱅 돌기 시작한다.

그걸 좇아서 나그네의 눈길도 따라서 돈다.

그러자 불빛이 커졌다 작아졌다 되풀이하면서 더 거칠게 휘돌기 시작한다. 나그네는 이젠 눈으로 좇기만 하는 게 아니다. 온몸을 꼬고 뒤틀고 하다가는 마침내 뺑뺑이를 돈다. 눈도 몸도 소용돌이를 친다.

'퍽!'

마침내 그는 정신을 잃고 쓰러지고 만다.

다음 날 아침, 가시덤불 속에 누워 있던 그는 지나가는 사람들에 의해 발견되었다. 개똥을 입에 물고 떡을 먹듯 입을 오물거리고 있더라는 것이다.

도깨비 이야기에서 가장 흔하게 보는 것 중의 하나가 다름 아닌 이 '도깨비불'이다. 도깨비와 도깨비불은 이처럼 사람들의 혼을 빼놓는다. 정신이 나가게 한다. 그것이 바로 도깨비의 사람들 뺑뺑이 돌리기다. 그건 도깨비의 십팔번, 장기 중의 장기다. 그래서도 우리는 도깨비를 무서워하고 또 두려워한다.

한데 바로 이 대목에서 궁금해지는 게 한두 가지가 아니다. 이야기 줄거리는 짧아도 말썽거리는 만만찮다.

조금만 더 정신을 차리고 이 대목을 읽다 보면, 이 비슷한 경험을 누구나 인생의 어느 대목에서 한두 번쯤은 겪었다는 것을 깨닫게 될지도 모르겠다.

사랑에 정신을 잃고 돈에 넋이 나가는가 하면, 소위 권력이란 것에, 그리고 자신이 좋아하는 일에 온 마음을 빼앗기기도 하는 것이 인간이다. 그 온갖 것들에게 우리는 뺑뺑이 돌림을 당하면서 살아가고 있다는 것을 전적으로 부인한다는 게 참으로 난감할 정도다.

하지만 그건 나중 이야기고, 우선은 이 괴상한 현장으로 마음을 모아 보는 것이 좋을 것 같다. 이 현장은, '뺑뺑이를 돌린다!' 인데, 그게 뭘까 하고 궁금증을 갖게 된다.

'뺑뺑, 뺑뺑이, 뺑그르르!'

이 세 마디는 서로 맞물려 있다. 동그라미를 그리면서 돌아치기로는 셋 다 마찬가지다. 한데 'ㅂ'이 하나 빠져서 '뱅뱅, 뱅뱅이, 뱅그르르!' 한다 해도 본색이 크게 달라지지는 않는다. 다만 정도의 차이가 있을 뿐이다. '빙빙', '빙그르르'도 같은 무리에 속할 것이다.

심하게, 격하게 원을 그리면서 돌아치면, 그래서 마침내 폭포수 바로 아래 물살이 그렇듯이, 소용돌이 치고 화방수로 격렬하게 돌아치면 그게 뺑뺑이다.

그러나 화창한 여름날 무리 지어서 나는 잠자리가 그리는 원이듯이, 뭔가가 살짝살짝 돌면 그건 뱅뱅이다. 'ㅂ' 하나만큼 더 격하게, 또 덜 격하게 돌고 돌아치고 하는 셈이다.

도깨비불은 사람을 뺑뺑이 돌린다고 했다. 그건 사람의 눈알을 돌게 하고 눈길을 돌게 하다가 마침내 정신을 뺀다는 뜻이다. 홀리고 홀려서 넋을 잃게 만든다는 것이다.

거기 한번 말려들면 어느 곳이나 어느 순간에서나 사람들에게는 블랙홀이 되고 만다. 도깨비불은 뜻밖에 우리의 지척에서 소용돌이치고 있는 블랙홀이다. 한번 사로잡히면 누구도 못 벗어난다.

그러나 우리는 이 대목에서 뺑뺑이 돌기의 또 다른 면목을 생각해야 한다. 그것은 우리들 대부분이 어릴 적에 곧잘 '뺑뺑이 돌기 놀이'를 즐겼기 때문이다.

다음 장면을 새삼 떠올려보자.

> 한 다리로는 땅을 실하게 밟는다. 다른 한쪽 다리는 가볍게 든다. 그러고는 두 팔을 한꺼번에 한 방향으로 휘젓듯이 돌리는 여세로 온몸을 빙글빙글 맴돌게 한다.
> 같은 몸놀림을 되풀이하는 사이에 회전하는 속도가 더해진다. 둘레가 온통 따라서 돌 무렵, 소녀나 소년은 픽픽 쓰러지고 만다.
> 이마에 땀이 송골송골한 것도 아랑곳하지 않고 소리친다.
> "아, 재밌다!"

여기에서 뺑뺑이 돌기는 오히려 크나큰 재미고 즐거움이다. 정신이

나가는 게 겁먹을 거리가 아니라 거꾸로 재미 보는 일이다. 이처럼 도깨비에게서 우리가 경험할 뺑뺑이는 두 가지 얼굴을 가지고 있다.

일링크스의 유혹과 공포

아이들의 '맴돌이 놀이'는 '어지럼 타기 놀이'다. '일링크스의 놀이'라고도 부를 수 있다. '일링크스'는 눈알이 뱅뱅 돌고 정신이 어질어질해지는 것을 의미한다. 극단으로 술에 취하고 마약에 넋이 나가는 것이 다름 아닌 일링크스다. 한자어로는 도취陶醉라고 해도 좋을 것이다.

여기에서는 어지럼 타는 것이 큰 재미다. 정신을 잃다시피 하고는 픽 쓰러지는 것, 그게 바로 재미다. 묘하게도 넋이 나가는 게 흥겹기도 한 것이다.

아이들이 일링크스의 놀이, 어지럼 타기 놀이에 취하는 곁에서 어른들은 어떨까? 가령 농촌의 농악패들이 곧잘 묘기를 보이는 그 '상모돌리기'라면 그건 영락없는 뺑뺑이 돌기의 재미에 취하는 것이 아닐 수 없다. 몸이 돌고 머리가 돌고 열두 발 상무가 허공을 돌아치는 춤, 하늘도 덩달아서 빙글빙글 도는 그 춤사위.

그건 격렬한 일링크스의 춤이다. 취해서 어지럼 타는 것이 여간 큰 신명이 아니다.

상무 상무
열두 발 상무 상무

라고 서정주가 노래했을 때, 노래의 장단만이 돌아친 것은 아닐 것이다. 눈도 머리도 몸도 마음도 화방수를 그렸을 것이기 때문이다.

춤에서는 강강술래도 여간 자주 돌아치는 게 아니다. 군데군데 반원을 그리고 소용돌이를 그리며 뱅글뱅글 돌아치는 것이 다름 아닌 강강술래다. 이것도 부분적으로는 뺑뺑이 춤이다. 일링크스의 춤이다. 강강술래는 '뱅뱅 술래'다.

어디 그뿐이던가? 무당춤은 또 어떻고! 여러 모양새, 갖가지 동작의 춤을 추어대던 무당은 드디어 선 자리에서 뺑뺑이를 돈다. 마치 기다란 송곳이 꽂혔다 뛰었다 하는 것처럼 춤춘다. 그것으로 신내림을 받는다. 이른바 '접신接神의 경지'에 든다. '엑스터시'고 '트랜스'다. 심취요, 도취다. 황홀경에 빠지고 만다. 이것은 종교 체험에서 한국인이 맛보는 일링크스다. 뺑뺑이 돌기가 종교적인 신앙의 힘으로도 큰 몫을 맡고 있다.

무당춤은 원칙적으로 여성들의 것이다. 그리고 보면 여성들만이 독점적으로 누리는 일링크스의 놀이가 있다. 이미 말한 강강술래 말고도 널뛰기와 그네타기가 있다. 여기서 한국의 여성들은 감히 사내들이 근접하지 못할 어지럼 타기의 재미에 흠뻑, 또 역동적으로 젖어든다. 결코 상모 춤에 뒤질 게 없다.

널뛰기는 상하로 움직이는 율동이다. 위로 치솟고 땅으로 무섭게 내리박힌다. 또 역으로 내리박힌 반작용으로 중천을 향해서 뛰어오른다. 그것은 격렬한 동작이다. 그것을 무수히 되풀이한다.

흰 치맛자락이 파도치기를 하는 바로 그 순간 여성들은 백조가 된다.

'꽈당! 꽈당!'

그 소리로 땅기운도 움찔댈 것이다.

바로 앞에서 그려내 보였듯이 무당의 '송곳춤'은 일링크스의 춤이지만, 널뛰기 또한 대단한 역동성에 넘치는 일링크스의 춤이라고 봐도 잘못은 없다. 그것은 '뜀질하는 춤'이다. 그것도 일종의 송곳춤이다.

이보다 더한 게 있는데, 그게 그네타기다. 누구나 알다시피 그네는 앞뒤로 원을 그리면서 출렁댄다. 처음에는 작은 원으로 흔들대다가 차츰 원이 커진다. 그러다가 마침내 반월 크기의 원을 넘어선다. 드디어는 열사나흘 날의 모양새와 같은 동그라미를 커다랗게 그린다.

그것은 하늘 중천에서 그려지는 뺑뺑이 돌림이다. 그나마 물에 내려 앉았다가는 다시 소스라치고, 소스라쳤다가는 다시금 또 곤두박히는 제비처럼 날면서 그려대는 뺑뺑이다. 어려서 줄넘기로 이미 일링크스의 놀이를 즐겼던 여성들은 여기에서 어지럼 타기 놀이의 절정에 다다른 것이다.

널뛰기에서도 그렇듯이 그네타기에도 어지럼증의 흥분이 따르고, 대단한 일링크스의 재미가 설레고 있을 것은 뻔하다. 하니까 이 땅에서는 애들은 애들대로 뺑뺑이의 일링크스를 즐겼다. 그런가 하면 어른들은 남녀 가릴 것 없이 같은 즐거움을 향유했다.

마파람에 들이대듯 바람개비를 들고 달리던 그때, 바람개비의 날개들은 비행기 프로펠러처럼 요란을 떨면서 돌아쳤다. 그런 한편으로 그들은 팽이 돌리기도 함께 즐기곤 했다. 그런 우리들의 아득한 기억 속에 한결 더 선명하게 떠오르는 놀이 하나!

풀잎 끝에 빨간 고추잠자리가 앉아 있다. 풀잎 바닥에 살짝 닿도록 편하게 펴진 날개에 여름 햇빛이 눈부시다. 녀석은 꼼짝을 않는다. 주무시는 걸까?

아이는 손을 뻗치다 말고 멈춘다. 잠자리 눈망울이 너무나 또록또록하다. 엄지와 집게손가락을 가만가만 거기 갖다 대다시피 한다.

잠자리는 아직도 막무가내다. 아이의 손가락 끝이 잠자리 눈망울을 에워서 동그라미를 그린다. 야금야금 돌아친다.

잠자리 눈망울이 뱅글뱅글 따라서 돈다. 좀 어지러운지, 잠자리 날개 끝이 바르르 떨고 있다.

그때다. 아이의 손가락이 날렵하게 움직인다. 엄지와 집게손가락 사이에 한쪽 날개가 잡힌 잠자리가 기겁하고는 팔딱댄다.

아이들에게 잠자리 눈알 돌려 정신 뺏기는, 그들 사이에서 서로 겨루는 또 하나의 뺑뺑이 놀이의 원리를 이용한 것에 불과했다.

둘이 서로 마주 보고 선다. 한 아이가 눈을 왕방울처럼 크게 뜬다. 맞은편에 선 녀석이 자신의 겁지를 친구의 눈을 찌를 듯이 들이민다. 그러고는 원을 그린다. 천천히 돌리는가 싶더니 차츰 빨라진다.

상대방의 눈알이 따라서 돌면 돌수록 이쪽 손가락의 뺑뺑이는 빨라진다. 상대가 그만 견디다 못해 눈을 감는다. 그리고 그 자리에 주저앉아 버린다.

"이겼다!"

그렇게 소리 지르는 승자의 겁지가 하늘을 찌를 것 같다.

어떨까? 이와 같은 아이들의 뺑뺑이 돌기와 돌리기는 도깨비의 뺑뺑이 돌기와는 아주 딴판으로 다를까?

과거시험에 떨어진 젊은이가 귀향길에 올랐다.

제 집과 제법 떨어진 골짝의 물레방앗간 앞을 지나게 되자, 마음도 놓이고 해서 주저앉아서는 담배 한 대를 피우자고 들었다.

부싯돌을 쳤다. 야밤이라 불이 제법 번쩍! 했다. 한데 그 순간, 또 다른 불빛 하나가 일렁대다가 눈앞을 맴도는 게 아닌가!

푸르스레하기도 하고 푸르죽죽하기도 한 그 열은 불길이 길게 꼬리치듯 줄을 그으면서 알랑대듯이, 꾀듯이 젊은이의 둘레를 뱅글뱅글 돌고 또 돌았다.

어찌 보면 그건 아리따운 여인의 요염한 웃음 같기도 했다.

"이히히……"

그건 놀리듯이, 아니면 꼬이듯 버는 소리 같았다.

젊은 과객은 아찔했다. 어질어질하기도 했다. 하지만 왠지 그 불빛을 따라서 도는 게 싫지 않았다. 그는 맞장구를 쳤다.

불빛이 이끄는 대로 뱅글뱅글 돌고 또 돌았다. 자꾸 그렇게 돌아치자 황홀해지는 것 같았다. 드디어 몸과 마음을 불빛에 내맡기고는 때론 사뿐사뿐, 때론 와락와락 소용돌이치듯 돌고 또 돌았다. 느리고 빠르게, 부드럽고 거칠게 맴돌이는 계속됐다.

얼마를 그랬을까? 한동안 그랬다. 마침내 그가 퍽 쓰러졌을 때, 그는 오히려 하늘에라도 날아오르는 것 같았다.

다음 날 아침, 앞산의 절에서 버보버는 종소리에 눈을 겨우 떴을 때, 가시넝쿨에 얽힌 그의 곁에는 낡은 부지깽이가 놓여 있었다. 거기에는 칙칙한 피가 묻어 있었다.

이런 것이 도깨비가 사람들을 걸려들게 만드는 뺑뺑이 돌리기다. 일링크스다. 도깨비 뺑뺑이 돌리기나 아이들의 뺑뺑이 돌기나 어지럼증을 일으키다가 마침내 쓰러지고 마는 것은 마찬가지다.

그뿐만이 아니다. 도깨비는 사람을 뱅뱅이 돌림 해서 정신을 뺏고 아이들은 잠자리눈을 뱅뱅 돌림 해서 잡아챈다. 또 서로의 눈알을 뱅뱅이 돌리기 해서 쓰러지면 그만 패자가 되고 만다.

그러니까 도깨비의 사람 뱅뱅이 돌리기와 아이들의 잠자리 뱅뱅이 돌리기, 그리고 상대방 눈알 뱅뱅이 돌리기며 스스로 뱅뱅이 돌기 하는 놀이들은 서로 얼마쯤 맞물려 있을 것이다. 여기에 뱅뱅이 돌리기의 만만찮은 뜻이 숨겨져 있을 것 같다.

도깨비의 것에는 공포 아닌 무엇인가 다른 것이 묻어 있을 것이고, 아이들의 것에는 재미 말고 또 다른 무엇이 묻어 있을 것이라 생각된다.

도깨비의 것에는 공포에 포개진 유혹이 있으니까 거기 뭔가 재미 같은 것이 아주 없을 수는 없다. 아이들의 것에서 재미를 유발하는 어지럼증도 얼마쯤의 무서움이나 두려움을 내포하지 않을 수가 없다. 그러기에 양쪽 다, 반드시 어지럼증이 수반된다. 아찔아찔하고 어리벙벙해진다. 그러다가 넋도 잃게 된다. 그게 상당할 정도로 재미를 머금고 있는 경지, 그게 이를테면 '일링크스'다.

유혹에는 어지럼증이 수반된다. 정신이 나가고 넋을 잃게 만들어야 유혹은 끝이 난다. 거기에 일링크스가 없을 수 없다. 그러나 거기에는 자아상실의 두려움이 따르고 어지럼증 자체가 무섭기도 할 것이다. '눈이 빙빙 돈다'는 것이 무서움을 나타내는 말이기도 한 것은 이 때문이다.

이 같은 일링크스의 이중성, 곧 한편으론 즐거움이고 재미인데도 거기 두려움이 수반되기도 하는 그 이중성은 도깨비의 뱅뱅이 돌리기나 아이들의 뱅뱅이 돌기와 별로 다르지 않을 것이다. 이래서 한국인은 어릴 적부터 도깨비를 닮아간다.

쾌락과 중독의 판타지

아무려나 서로 뺑뺑이 돌기 내기를 하면서, 또 스스로 뺑뺑이 돌기를 하면서 어지럼증을 즐긴 아이들, 눈알을 뱅뱅 돌게 해서는 잠자리를 잡아챈 아이들은 차츰 크면서 사랑에서 그걸 구하게 될 것이다. 술에서도 찾게 될 것이다. 극히 일부는 불행하게도 마약에서 그것을 아주 진하게 경험하자고 들 것이다. 더러는 각종, 별의별 중독증에 빠져들지도 모른다.

하지만 겉으로는 몸이, 그리고 눈알이 뱅글뱅글 돌지는 않지만 속으로 마음이 뱅글댈 것을 사람들은 구할 것이다. 돈에 대한 탐욕이 그렇고, 권력에 대한 탐욕 그리고 명성에 대한 과욕도 그렇고 그렇다. 이들은 모두 정신의 어지럼증, 의식의 일링크스 없이는 생각하기 어렵다.

한데 거의 대부분의 중독증은, 뺑뺑이 돌리기가 그렇듯 일링크스와 관계되어 있다. 혼이 나가고 정신이 마비되고 하는 것이 중독증의 전형적인 증상이기 때문이다. 그러면서 그것을 즐기고 거기에 탐닉하기 때문이다.

흠뻑 빠져들고, 그래서는 제정신을 잃고 마는 이들 중독증은 쾌락을 추구하는 인간의 본능과 맞맺어져 있다. 하지만 가장 병적인 쾌락이다. 그것은 가령 서구에서 '에피큐리언', 곧 쾌락주의자의 원조로 떠받들어지고 있는 그리스의 철학자 에피쿠로스가 누리고자 한 쾌락과는 천리만리 동떨어져 있다.

전원생활을 하는 한편으로 소요와 산책으로 사색과 묵상에 깊이 젖는 것, 뿐만 아니라 전원을 가꾸는 틈틈이 지기들과 대담을 나누는 것 등등이 가져다줄 보람, 그것이야말로 에피쿠로스와 그의 추종자들이 추구하는 쾌락이었다. 이것과 중독증의 쾌락을 맞대놓고 비교할 수는 없을 것이다.

전통적인 한국인이 야밤중에 또는 누기가 치는 음산한 어둠 속에서 도깨비에게 뺑뺑이 돌림을 당하는 것은, 한편 공포에 짓눌리게도 되지만 다른 한편으론 은연중에 본인도 모르게 쾌락에 빠지게도 된다는 것을 의미할 수 있다. 이건 모순되는 생각 같겠지만 꼭 그렇지만은 않다.

황진이나 매창 등, 조선조의 저 이름난 명기名妓에게서 뺑뺑이 돌림을 당한다고 가정해보는 것만으로도 이 점은 쉽게 납득될 것이다. 밤의 시간성은 낮의 그것보다 훨씬 말썽 사납다. 그건 우선 안식이고 위안이다. 커다란 품일 수도 있다. 포옹이고 위무慰撫다. 그런가 하면 불안이고, 심지어 공포다. 죽음과 아슬아슬 연줄을 대고 있다. 또한 무無, 곧 없음과도 접맥된 게 밤의 어둠이다. 그래서 밤의 시간성은 모순을 품게 된다.

그뿐만이 아니다. 그러면서도 밤은 불가사의不可思議와 신비의 세계다. 우리가 미처 모르는 것들이 수런대고 있는 시간이다.

밤은 육체의 시간이라기보다 영혼의 시간일 수도 있다. 현실의 시간인 몫보다 꿈의 시간인 비중이 월등 크다. 밤의 짙은 어둠에는 피안의 소리 없는 울림이 들려오곤 한다. 거기에 우리는 우리의 영혼을 내맡긴다.

한데도 밤은 둔갑하듯 다른 속성을 과시한다. 관능적 감각의 시간이 되어서 우리를 찾아든다. 거기엔 쾌락과 향응이 융숭하게 깃든다. 이래서 밤은 다시 한 번 더 모순의 시간이 되고 만다.

밤에는 공포와 안식이 한자리에 있고 쾌락과 두려움이 서로 손을 잡고 있다. 여기서 우리는 어둠 자체가 우리를 소름 끼치게 하면서도 탐닉과 도취를 위한 촉매가 된다는 것에 유념해야 한다.

도깨비의 사람 뺑뺑이 돌리기는 밤의 시간성을 교묘하게 이용하고 있다. 그는 사람들을 무서움에 떨게 하면서도 한편으론 유혹과 도취, 그리고 거기 깃든 일링크스에 흠뻑 젖어들게 한다. 이미 술에 취할 대로 취한 사람일수록 도깨비의 뻥뻥이 돌리기의 대상이 된다는 것이 그것을 말해주고 있다.

놀이의 명수

여태껏 '일링크스'라는 생소한 말을 몇 번이나 쓰면서도 그 뜻매김은 미루어왔다. 이제 우리의 화제에서 큰 몫을 맡아주고 있는 일링크스의 본성에 대해 웬만큼이라도 살펴보아야 할 것 같다.

프랑스의 인문학자 로제 카이유와는 유희 속에 일링크스를 자리 잡게 했다. 그는 유희의 중요한 속성, 말하자면 재미 보기나 흥 돋우기를 일링크스의 긴요한 속성으로 치고 있다.

그는 『놀이하는 인간』이란 책에서 놀이 또는 유희를 크게 네 가지로 나누었다.

'아곤'의 놀이는 다투고 겨루는 놀이다. 이것은 이기고 지는 것을 걸고 벌이는 놀이다. 모든 스포츠는 아곤의 놀이다.

'미미크리'의 놀이는 흉내 내기 하는 놀이다. 무엇인가, 누군가를 본따고 모방하는 놀이이다. 어린아이들이 하는 '의사놀이' 같은 것 말고도 소꿉장난을 보기로 들 수 있을 것이다. 소녀는 엄마 역할을 그리고 소년은 아빠 역할을 흉내 내며 놀 것이다.

'알레아'는 워낙에 라틴말로 주사위 놀이를 가리킨다. 좋고 나쁜 결과를 얻는 것, 아니면 따고 잃고 하는 것이 우연에 내맡겨진 것이 '알레아의 놀이'다. 우리 같으면 화투 치기가 좋은 본보기다. 아이들의 '가위

바위보'역시 여기에 들 것이다. 사행심射倖心의 놀이가 다름 아닌 '알레아의 놀이'다. 카지노 판은 알레아 판이다.

이들과는 달리 현기증을 느끼고 감각을 잃은 채 도취에 빠지는 것을 목적으로 삼는 놀이가 다름 아닌 '일링크스'다.

도깨비는 놀이의 명수들이라서 이들 네 가지 놀이 중 어느 것 하나 안 빼고 두루 즐길 것이다. 그것은 이들의 정신연령이 10대에 가깝거나 심하면 그 이하일지도 모른다고 우리가 지레짐작하는 뒷배경이기도 하다. 실제로 그들은 동심의 천국에 그들의 마음이며 정신을 기대고 있을 가능성이 아주 크다.

이것은 그들이 미숙하다거나 못난이라고 말하고 있는 것은 아니다. 가령 영국의 시인 워즈워스가 "아이는 어른의 아버지"라고 하면서 찬미해 마지않던 바로 그 동심童心을 도깨비들은 어른이 다 되고도 실컷 누리고 있음을 강조하는 것뿐이다.

도깨비 이야기치고 장난 기운이나 놀이 기운이 아주 없는, 그래서 맨송맨송한 이야기는 상대적으로 수가 적다. 그들은 걸핏하면 사람에게 씨름이나 힘겨루기를 하자면서 덤벼들며 '아곤'의 놀이에 몸을 내맡긴다. 그런가 하면 느닷없이 인간 사내로 위장하고 나타나는가 하면 이내 시치미를 떼고는 젊은 미녀로 둔갑하곤 한다. 그들은 '미미크리'의 명수다. 그런가 하면 방망이를 휘두르면서 "돈 나와라 와라 와라 뚝딱!" 할 때는 어느 정도 '알레아'를 시도하고 있다고 봐도 괜찮은 게 아닌지 모르겠다.

한데 그들이 해내는 '일링크스 놀이'는 좀 성가시다. 그들이 불덩이가 되고 불빛이 되어서는 오락가락, 오르락내리락하다가 드디어 뱅글뱅글 돌 적에 그들은 스스로 '일링크스' 놀이를 하고 있는 것이 틀림없다.

일링크스의 욕망

일링크스의 욕망은 인간이라면 누구나 무엇인가에 유혹당하고, 뺑뺑이 돌림을 당하고 싶어하는 바로 그 욕망이다. 그래서 마침내 흔히들 "뿅 가버린다"고들 하는 그 경지에 자신을 내던지고 싶어지기도 하는 것이다.

아리따운 여자를 보고 뿅 가는 게 사내다. 좋은 상표가 붙은 패션 상품을 보고 뿅 가버리고 싶은 것이 여성이다. 당첨된 로또 복권에 뿅 가는 것은 투기꾼만이 아니다. 사람들은 알게 모르게 이처럼 뿅 가기를 은근슬쩍 바라고 있다. 이건 도깨비와 관련되어 무엇을 암시하고 있을까?

그것은 도깨비에게 당하기를 인간이 은근슬쩍 바라고 있다는 것을 말하고 있다. 한국인은 무엇엔가, 누구에겐가 뺑뺑이 돌림을 당하고 싶은 잠재된 욕망을 도깨비에게서 채우고 있는 것이다.

도깨비는 스스로 자진해서 나타나기보다는 사람들이 그를 은근하게 기다리고 바라는 틈을 타서 나타나는 것이다.

일링크스와 공포가 뒤엉긴 '판타지'에 취하고 싶은 한국인의 마음이야말로 도깨비의 안태고향安胎故鄕이다. 특히 도깨비불이 그렇다.

뿅 가고 싶은 한국인의 잠재의식을 도깨비는 실현시켜준다. 도깨비 덕택에 한국인은 그동안 '공포의 판타지'를, '일링크스의 판타지'를 누리고 또 즐겨온 것이다. 이야기로서만 그런 게 아니라, 실제로 도깨비에게 홀려서도 그랬다.

하지만 여기에서 도깨비불과 관련지어 한국인의 또 다른 잠재의식 또는 무의식의 욕망을 말해야 한다. 남들의 유혹에 넘어가고 싶은 숨겨진 욕망의 크기만큼 남들을 제 마음대로 돌려대고 싶은 충동에 대해서

도 말문을 열어야 한다.

인간은 누군가를 마음대로 부려먹고 싶어한다. 시키면 시키는 대로, 이르면 이르는 대로 상대가 해주기를 바란다. 그런 은근한 욕망이 끝내는 상대방을 실컷 뺑뺑이 돌리고 싶은 지경에까지 나아간다.

가장이라면 집안 식구들에 대해서, 직장 상사라면 손아래 직원을, 또는 학교라면 교직자가 학생에 대해서 각기 '작은 독재자'가 되고 싶은 욕망이 아주 없다고 말하기는 어려울 것이다. 인간은 그렇듯 누구나 '작은 독재자'이기를 바란다. 그것으로 자신의 능력을 가늠하고 자기의 권위를 재보고 싶어지기도 할 것이다.

나뭇잎이 바람결에 나부끼듯 자신의 권위며 능력을 받들어서 사람들이 움직여주기를 바랄 때, 사람은 누구나 작은 히틀러가 되고 꼬마 스탈린으로 둔갑하고 말 것 같다.

가장과 상사와 교직자 또는 그 비슷한 자리나 처지를 누리고 있는 사람들이 선의든 악의든 간에 독재를 부리고 싶은 충동에 전혀 사로잡히지 않는다면 그것은 거짓말이다. 하물며 언제나 '절대 복종'이 '절대 규율'로 내세워지는 군대의 상관들은 더 말할 게 없을 것이다. 이들은 누구나 '카리스마'를 누리고 싶을 것이다. 그만큼 독재를 향한 충동 또한 강하다.

'카리스마Charisma'는 워낙에 기독교 신학에서 쓰이던 용어다. 신에게서 특별히 부여받은 비상한 능력이나 특권을 가리키던 이 말은, 구체적으로는 남들의 어려운 병을 고치는 의학적인 능력, 또는 사람들이 알지 못하는 사이에 장차 무슨 일이 일어날 것인가를 미리 내다보는 예언자의 능력 등을 의미하기도 했다.

그러던 의미가 시간이 흐르면서 독재자 또는 절대적인 권위를 누리는 사람을 의미하게도 된 것이다. 한데도 앞에서 누누이 말한 바와 같이 인간이면 누구나 조금은, 또는 작은 규모로도 카리스마 있는 사람이 되고 싶어하는 것을 전적으로 부정하기는 힘들 것이다.

화제가 좀 고약하지만 아리따운 젊은 여성이라면 어떨까? 남성의 넋을 빼놓고 혼이 나가게 하고 싶은 것, 그건 미녀의 생리 같은 게 아닐까 싶다. 사내를 뿅 가게 하고 싶은 충동에 한 번도 사로잡혀본 적이 없다면, 그건 미녀의 자질 부족일지도 모른다. 보는 사내의 넋을 빼는 여인의 아름다움, 그것이 바로 그녀의 카리스마다.

각계각층에 걸친 이와 같은 '작은 독재' 충동이 한층 더 강화되면, 그것은 끝내 뺑뺑이 돌리기를 향해서 치달을 것이다. 그럴 때, 교향악 지휘자의 몸짓과 손놀림은 무엇을 연상시킬까? 상하로 오르내리고, 좌우로 휘돌고, 그러고는 뺑뺑이를 도는 그의 시늉에서 우리는 무엇을 연상할 수 있을까?

이젠 뻔할 뻔자다. 그것은 도깨비불이다.

교향악단의 연습 현장에 가본 사람들이라면 직접 목격했을 것이다. 단원들 가운데 누구든 음정이나 박자를, 아니면 고저를 제대로 지키지 못하면 대부분의 지휘자는 사정없다. 지휘봉을 탁자에 대고 두드리는 것은 그나마 부드러운 편이다. 소리를 지르되, 그게 악담이고 욕일 때도 드물지 않다. 토스카니니는 그 극단적인 보기였다고들 전해온다.

이덕희의 『토스카니니』란 책을 보면, 세기의 '마에스트로'로 또 '카리스마'로 군림한 이 위대한 지휘자는 '무조건의 존경과 공포와 절대적인 존경'을 누리고 있었다고 한다. 그는 리허설 도중에 갑작스레 뛰쳐나가기가 예사였고, 그런 그에게 아내는 '허드렛일꾼'이었고 아들은 '하인'이었다고 한다.

자! 이만하면 지휘자의 몸짓, 손놀림이 우리가 지금 다루고 있는 화
두 속에서 무엇과 견주어질 것인가는 거듭 말할 필요도 없이 자명하고
도 남는다. 그건 도깨비불의 움직임이다.

그렇다. 이제 결론을 내려도 좋을 것 같다. 한국인이 도깨비에게서
뺑뺑이 돌림을 당할 때, 때로는 번쩍대는 불빛이나 요상한 불빛은 한국
인의 잠재적인 욕망이나 충동과 맞맺어져 있는 것이다. 스스로 당하고
싶은 욕망이 거기 꿈틀대고, 남을 당하게 하고 싶은 충동 또한 거기 사리
고 있는 것이다. 하니까 이 점만으로도 도깨비는 어둠의 거울, 암흑이란
거울에 비쳐본 한국인의 자화상이다.

다섯째
마당

우리는 모두가 도깨비다!

도깨비의 하고많은 얼굴이며 모양새,
이런가 하면 저렇고, 저런가 하면 이런 얼굴이며 모양새,
그것들은 모두 한국인 우리의 얼굴과 모양새.

도깨비의 수두룩한 그 심보며 심성,
이런가 하면 저렇고 저런가 하면 이런 그 심보며 심성,
그것들은 모두 한국인의 마음가짐이고 심성이나니.

허깨비/허째비의 허는 '허虛'?

여지껏 우리는 도깨비의 존재며 생태를 여러모로 알아보았다. 하지만 그는 우리와 맞닥뜨리면 곧잘 그의 정체를 숨기면서 우리의 넋을 잃게 만든다.

도깨비, 그는 우리를 뺑뺑이 돌린 끝에 드디어는 넋을 잃고 쓰러지게 만든다. 새벽녘에 가까스로 제정신이 들었을 때는 아무도, 아무것도 없다. 남은 것은 불빛의 기억, 그것뿐이다. 그의 존재 자체가 미심쩍어진다. 그나마 온 몸뚱이가 가시넝쿨에 얽혀 있는 것을 다행으로 여겨야 할지도 모른다. 그게 지난밤 무슨 이변이 일어났는지에 대해서 말해줄 유일한 물증이 될 것이기 때문이다.

그는 그의 정체만큼이나 성명姓名도 오락가락한다. 도깨비가 본명이니까, 도씨 성에 깨비를 이름으로 가지고 있을 게 틀림없다.

도씨 성은 한자로는 도都는 아닐 테고 '도둑 도盜'나 '도전할 도挑'일 가능성이 적지 않다. 아니면 그 근성 때문에 '도륙낼 도屠'일 수도 있을 것 같은 한편으로, 홀연히 가슴 펴고 어깨를 우쭐대며 '도도할 도'로 변신할 수도 있을 듯하다. 그뿐만이 아니다. '도란대는 도'가 될 수도 있고 '도닥거림의 도'가 될 가능성도 없지 않다.

이토록 도씨 성의 풀이가 만만치 않는데도 이 녀석은 느닷없이 허씨로 성을 바꾼다. 허許는 아니고 허虛일 테지만 순우리말로 하면 '허드렛일 허'거나 '허드레꾼 허'일 가능성이 크다. 궂은일, 마른일 가림 없이 마구잡이로 해대는 사람이 허드레꾼이니까 말이다. 아니면 '허튼수작 허'가 딱 들어맞을지도 모른다. 또 '바람 든 허파'의 '허'일 가능성은 그의 갖가지 농탕질이 증언해줄 것이다.

아무려나 성을 바꾸는 걸 보면 '두 아비 자식'일 테고, 그래서 그의 이름자를 실어줄 만한 족보가 있을지 어떨지 궁금해진다.

이래저래 도깨비, 그에게 허虛씨 성은 잘 어울린다. '허무虛無'의 '허', '허망虛妄'의 '허', 또는 '허실虛失'의 '허'는 성씨로서 그에게 안성맞춤이다.

그렇다 쳐도 그에게서는 그야말로 '허실상부虛實相符'의 일면이 있다. 허가 실이고 실이 허고 하는 경지가 그에게는 달라붙어 있다. 허무인데도 실체인 그런 요상한 수를 그는 곧잘 부려댄다.

성만 그런 게 아니다. '두 성바지'인 것만 해도 영 쌍것인데 이름자마저 요술을 부리니, 그의 정체를 확인하기가 점점 더 어려워진다.

이름인 '깨비'에서 '비'는 항렬상의 돌림자일 것 같다. '깨'는 '째'로도 바뀌지만 '비'는 요지부동이기 때문이다. 한데 그 이름마저도 성씨가 그렇듯이 알쏭달쏭하다. 글쎄 '깨비'는 다름 아니고 장작개비나 성냥개비의 개비가 깡을 부린 것 같은데, 그래봤자 기본이 개비고 보면 깨비라고 한다고 해서 갑자기 뭐가 잘나게 되는 건 아니다.

더러 과부 하나 홀려서는 온밤 내내 깨를 볶아대지만, 그래서 그의 이름에 깨가 붙은 게 아니란 것은 장담해도 좋다. 누구보다도 먼저 도깨비 자신이 이 점에 동의할 것이다.

'째비'는 글쎄, 잘 모르지만, 손잡이의 '잡이'가 변모한 '잽이'가 용틀임하고 또 악을 쓴 것 같은데, 그렇다고 해도 도째비가 문득 뾰족한 신세로 올라서는 건 아니다. 고작 칼잡이에 파리잡이의 잡이를 겸하겠지만, 흥해지면 사람잡이의 잡이가 될지도 모른다. 그러나 몇 계급 특진을 하면 술래잡이의 잡이에 도둑잡이의 잡이를 겸할 수도 있을 것이다. 그는 어쩌다가 우연은 아닌데, 심보 사나운 사람을 골리고 벌을 내리기 때문이다.

이래서 그는 또 한 번, 자신의 아이덴티티의 부재에 대해서 말하게 된다. 그렇다면 그는 '유무有無 상응'으로 말미암은 아이덴티티의 부재에 겸해서 '허실상부'로 말미암은 아이덴티티의 부재를 우리에게 일러주게 된다. 그런데 무슨 놈의 존재가 아이덴티티의 부재를 두 곱쟁이로 갖추고 있는 걸까?

하지만 아이덴티티의 부재를 그의 최종적인 아이덴티티로 보아 넘겨서는 안 된다. 없고 있고 하는가 하면 있다가도 순식간에 없어지고 마는 게 도깨비의 본성이기 때문이다. 도깨비는 있고 없고 하는 사이를 오락가락한다.

그건 그렇고, 앞에서 본 대로 유무 상응하는 뺑뺑이 돌리기에 한국인의 자화상이 숨어 있듯이, 이 대목의 허실상부에서도 한국인의 자화상이 이야기될 수 있을 것 같다.

숨바꼭질의 소망

인간은 누구나 자기가 실존이기를 바란다. 실재이기도 간절히 바라고 있다. 그러면서 자신의 아이덴티티가 의심할 바 없이 굳건하기를 간절히 소망한다. 이것은 틀림없다. 그래서 바위덩이처럼 그 존재가 단단하고, 한 그루 커다란 교목喬木마냥 그 실존이 굳건하기를 열망할 것이다.

한데도 그 반면에는, 마치 그 욕망에 대한 반작용이듯 스스로 물 흐름이고자 할 것이다. 더 나아가 구름이고자, 안개이고자 할 것이다. 아니, 더할지도 모른다. 한 순간, 한 찰나의 바람결로 둔갑하고자 할 것이다. 교목을 스치고 지나가면, 다만 그뿐인 바람이 되고 싶을 것이다.

그러기에 우리는 문득문득 행적을 감추고 싶어한다. 마치 삶의 숨겨진 리듬이 되살아난 듯하는 자취를 씻은 듯이 지우고 싶어한다. 여태껏 아주 없었던 듯이 사라지고도 싶어할 것이다. 홍길동이 그것에 대해서 증인이 되어줄 것이다.

모든 신비로운 것은 순간에 나타났다가 순간에 사라져버린다. 신이 그렇고 신선이 그렇고, 심지어 일부 귀신조차도 그렇다. 보통 사람도 그것을 그들 꿈속에 간직하고 있다. 피안을 향한 동경이듯이, 아니면 영원한 신비에 잠기듯이 묘연하게 종적을 감추기를 바라게도 된다.

글쎄, 거기에는 신선들에 대한 동경이 스며 있을까? 선녀에 부치는 우리의 꿈이 어려 있는 걸까? 아무려나 거기에는 우리가 어린 시절 곧잘 해대던 숨바꼭질의 여운이 울리고 있다.

"꼭꼭 숨어라! 머리카락 보인다!"

그 외마디가 새삼 들려온다. 그러면서 그것을 되새기고 있는 어른들은 자기도 모르게 중얼댈 것이다.

"꼭꼭 숨었다! 머리카락도 안 보인다!"

그러고는 다시금 아이라도 된 듯이, "용용, 죽겠지!" 하고 혀를 내밀지도 모른다.

무슨 죄를 지어서가 아니다. 다만 삶의 하중荷重이, 그 무게가 불현듯 어깨를 짓누르고, 일상의 생의 부담이 가시처럼 마음에 박혀들면 홀연히, 스스로 꿈결처럼 사라지고 싶은 것이다. 그뿐이다. 단순하다면 단순하고 질박하다면 그런대로 또 질박하다.

그러나 그게 어디 마음대로 되는가 말이다. 그러기에 바람결이 문득 부러워진다. 지금 여기 이 순간, 이 자리에 있고도 없어지고 싶다. 없는 듯이 있고 싶어진다. 정처 없다는 말이 새삼 간절해진다.

"주무주주住無住住."

불경에 그런 구절이 있다. '머무름이 없는 곳에 머무는 것, 그것이 곧 머무름이다.' 이 정도로 번역되는 게 아닌지 모르겠다. '머무름 없이 동요하고 변하고 하는 그것이야말로 우리들 인간의 진정한 정주定住, 곧 변함없는 상황이다.' 이렇듯 뜻풀이를 할 수도 있을 것 같다.

바람이 바로 그 가장 좋은 상징일 테지만, 인간의 영혼이 거기에 다다른 경지를 최치원의 다음과 같은 행적에 비추어서 헤아리게도 될 것이다.

> 은근한 절이 있는 깊은 산, 이미 속세를 등진 지 오랜 최치원의 발길이
> 거기 닿는다. 그러고는 길목에 지팡이를 꽂아두고는 행적을 감춘다.
> 남은 건 다만 지팡이뿐, 본인은 바람처럼 사라진 것이다. 그로써 최치
> 원은 신선이 되었다.

그래서 최치원은 그의 호를 굳이 고운孤雲, 곧 외로운 구름이라고 했는지도 모른다. 한데 그의 육신은 표연히 사라지고 남은 것은 다만 한 자루 지팡이! 물론 그 지팡이가 나중에 크나큰 은행나무 고목이 되긴 하지만, 그가 사라진 그 당장에는 한갓 한 자루의 그렇고 그런 작대기에 불과하다면, 그건 도깨비가 사라지고 난 뒤 남은 나무토막과 너무 닮았다.

그래서도 최치원의 전설은 도깨비 이야기와 너무도 흡사하다. 사람들의 눈결에서 사라지는 도깨비는 으레 빗자루, 절굿공이 그리고 지팡이로 남는 게 아니던가! 앞에서 우리는 그것을 실컷 보고 또 보았다.

우리는 누구나 더러 그런 주무주주住無住住의 소망, 그리고 고운 최치

원의 행적을 동경할 것이다. 그 극단의 경지까지 가기는 가망이 없는 우리는 그래서 나그네가 부러워진다. 하여 김삿갓을 동경하게 된다. 그래서는 드디어 스스로 정체 없는 것이 되기를 꿈꾼다. 꿈에 나타나는 갖가지 형상과 물체, 심지어 동물까지도 꿈꾸고 있는 우리들 자아의 또 다른 표현이란 걸 우리는 잘 알고 있다. 그 종잡을 수 없는 변화와 변형, 그것은 우리들의 자아, 그나마 속 깊은 자아의 모습이다.

나의 아이덴티티, 나만의 아이덴티티여, 가라!

꿈속에서는 우리가 무의식 중에 부르짖는 그와 같은 외침이 메아리치고 있을 것이다.

"당신이 누구요?"

누군가가 물어오면 조금도 머뭇대지 않고,

"난 아무도 아니오. 아무것도 아니오."

이렇게 되받아주고 싶은 충동을 한두 번 느껴보지 않은 사람이 있을까? 그러기에 한국인이 도깨비에게 매겨준 그 아이덴티티의 상실은 우리들 한국인 자신의 것이다.

사슬을 풀고는 구름이 되고 싶다. 연줄을 자르고 안개가 되고 싶다. 연관의 고리를 부수고는 물 흐름이 되고 싶다. 우리는 그러기를 바라는 존재다. 문득 물살을 타고 가는 한 잎의 갈잎이 부럽다.

이 같은 우리의 여러 겹의 '되고 싶음'이며 부러움이 도깨비의 저 둔갑에, 그 변화무쌍에 덧씌워져 있는 것이다. 이래서도 최치원이 그렇듯 도깨비는 한국인이다.

도깨비 두들김, 욕망의 울림

다음과 같은 소리, 그것은 우리들 누구나 두들겨서 소리 내고 싶은 소리! 우리들 욕망의 울림이다.

"돈 나와라, 와라 와라! 돈, 돈, 돈!"

이건 숲 그늘 너머로 들리는 도깨비의 기도 소리고 축원의 아우성이다. 덩달아서 "뚝딱 뚝딱!" 방망이 치는 소리도 메아리친다.

한데 이 아우성, 이 울림은 숲 속에서 도깨비들만이 쏟아내는 걸까? 천만에, 그렇진 않을 것이다. 주식시장에서, 펀드에서 그리고 그밖의 각종 금융시장에서 사람들은 도깨비는 저리 가라고 굉음을 내고 있을 것이다.

그뿐만이 아니다. 부동산을 비롯한 투기에서, 카지노에서, 로또에서도 마찬가지다. PC 게임에서도 그런 굉음은 울려퍼지고 있다. 오늘날 우리 사회에는 도깨비가 방망이를 두들겨대는 듯한 소리가 크게 메아리치고 있다. 우리 사회는 지금 통으로 '도깨비방망이 사회'로 둔갑했는지도 모른다.

한 시대 전만 해도 이 땅의 아이들은 그들 나름의 투전投錢 놀이, 소년들 특유의 돈 노름놀이를 했다. '돈 게임'에 열중했다. 그것을 그들은 '돈 먹기'라고 했다. '돈 따먹기'라고도 했다.

그 당시만 해도 아이들의 몫으로 떨어지는 돈은 으레 동전인데, 그것을 감히 먹는다고 표현했다. 이 엉뚱한 비유법에 돈과 관련한 아이들의 욕망이 눌어붙어 있다. 돈 욕심은 세 끼의 끼니를 먹는 바로 그 식욕과 한통속이다. 밥으로 배를 채우듯 돈으로 마음을 채워야 했던 것이다. 그들이 그럴 때, 에누리 없이 "돈 나와라, 와라 와라, 뚝딱!" 하고는 도깨비

방망이를 두들겨대고 있었던 것이다.

철없는 아이들이 그런데 하물며 어른들이야! 물론 돈 방망이를 두들겨댈 것이지만 또 다른 종류의 방망이도 곧잘 두들겨댔다.

국회의원 선거를 앞둔 후보자들은 후보자들대로 제각각,

"감투 나와라, 뚝딱!"

요란하게 방망이질을 하고 있을 건 뻔할 뻔이다.

감투는 도깨비들에게 돈 방망이 못지않은 또 다른 최첨단 무기다. 도깨비가 감투를 쓰고 나서면 누구도 그를 이길 수 없다고 말했다. 그러기에 도깨비는 감투를 쓰고서 모양을 감추고 누구에게나 도전하고 나선다. 기승하고 나선다.

각종 의회의원 입후보자들이 "감투 나와라, 뚝딱!" 하는 소리에 못지않게 또 다른 사람들이 또 다른 도깨비방망이를 두들겨대고 있다.

각각의 직장 기획실 책상머리에서며 영업 담당자들이 서로 뒤질세라 도깨비방망이를 요란하게 두들겨대고 있을 것이다. 어디선가 고시학원에서는 방망이질이 지나쳐서 그만 방바닥이 내려앉았다고도 했던가? 아니했던가?

그 소리 없는 아우성으로 다들 목이 따가울 것이다. 소리 없는 절규의 메아리가 마음속에서 진동하고 있을 것이다.

그러기에 숲 속의 도깨비방망이는 언젠가는 사람들한테 도둑 맞게 되어 있다. 그건 '소원성취 방망이'의 으뜸이기 때문이다.

도깨비방망이 훔치기는 도깨비 이야기의 정석의 하나다. 아니, 도깨비방망이는 돈과 감투에 부치는 한국인의 욕망 속에서 잉태되어 태어났을지도 모른다. 그 욕망은 도깨비와 한국인이 나누어 갖고 있는 2대 욕망이다.

이렇듯이 지금 우리 사회는 '도깨비방망이 콤플렉스'에 겹쳐서 '도깨비감투 콤플렉스'로 욱신대고 있다.

화수분의 꿈

술을 한량없이 흘려내는 바위라든가, 쌀을 끝도 없이 담아내는 토굴에 관한 꿈은 한국인의 전설에서 자주 만날 수 있는 화소이다.

그건 모두 '화수분의 꿈'이다. 재물이며 돈을 아무리 써도 써도 줄기는커녕, 써버린 것만큼 더 생기는 것을 꿈꾸면서 우리는 화수분이란 말을 써 왔다. 한국인은 그들 화수분의 꿈을 도깨비방망이에도 실어놓았던 것이다.

그러기에 전영택의 명작 『화수분』에서 주인공 화수분의 행적이 가르치는 바는 크다. 가난에 찌들 대로 찌든 농부 출신 극빈자의 이름이 하필 '화수분'이라니!

그건 예사 반어(아이러니)가 아니다. 주인공은 한겨울 길거리에서 굶주림과 추위로 동사하고 만다. 그의 곁에는 모처럼 오랜만에 상봉한, 아내와 아이들의 시신도 꽁꽁 얼어붙어 있었다.

화수분이란 주인공의 이름에 견줄 때, 이 한 가족의 최후는 비극적 종말의 본보기 같은 것이다. 한데 그 비극은 동사한 일가족의 송장 더미 밑에 얼어붙어 있을 '화수분의 꿈'으로 더한층 커질 수밖에 없다. 그것은 사람들이 죽어서도 손 떼지 못할 꿈, 바로 그것에 대해서 말해주고 있다.

한국인이 화수분에 부쳐서 가꾼 꿈은 이토록 무섭고 간절하다. 그만큼 도깨비방망이에 싣게 되는 소망도 부풀 수밖에 없다.

흥부의 박도 다를 바가 없다. 켜면 켜는 대로 소원한 귀물들이 쏟아져 나오는 마술의 박, 그게 다름 아닌 흥부의 박이다. 흥부의 박이나 도깨비방망이나 그게 그것이다.

한데 한 마디로 도깨비방망이라지만 그 가지 수가 얼마나 되는지는 잘 알려져 있지 않다. 맞으면 머리통에서 피가 흐를 게 뻔한, 저 무시무시한 가시방망이가 가장 이름 나 있다. 이건 도깨비가 가장 즐겨 휘둘러 대는 최첨단 무기이다.

황금방망이 또는 부자방망이도 가시방망이 못지않게 사람들에게 잘 알려져 있는데, 이를 화수분방망이라고 고쳐 불러도 괜찮을 것이다.

두들기면 두들기는 대로 황금을 쏟아내는 방망이. 도깨비는 그만큼 돈을 좋아한다. 돈이야말로 도깨비들의 첫째 보물이다. 그들은 돈에 눈먼 자들이다. 도깨비에게 '돈탐'은 본능 같은 것이다. 누르려 해도 누를 수 없는 탐욕과 충동이 돈을 향해서 발동한다.

한데 한국인은 화수분의 꿈에 그리고 흥부의 박에 부치는 꿈에 부풀어서 도깨비방망이를 이야기해왔다. 그 이야기에서 도깨비가, "돈 나와라, 뚝딱!" 하고 방망이 두들기는 외침에 맞추어서 한국인은, "부자방망이 나와라, 뚝딱!" 하고는 그들 가슴을 두들겨댄 것이다. 이래서도 도깨비는 한국인이다.

그런가 하면 도깨비는 돈과 권세, 금전과 권력에 버금해서 탐내고 욕심 부리고 하는 것이 또 있다. 그건 색이다. 섹스다. 도깨비는 둘도 없는 색골이다. 그는 에로스의 괴물이다. 이래서 도깨비에게는 3대 욕망이 욱신대고 있는 셈인데 , 그것은 한국인에게서도 마찬가지다.

'돈 나와라, 와라, 뚝딱!'

해서는 무진장 챙긴 돈을 싸들고는 도깨비는 밤에 여자를 찾아간다. 더러 처녀일 경우가 아주 없지도 않지만, 그가 색을 부리는 대상의 여인은 과부, 그나마 젊은 과부이기 마련이다. 그리하여 돈을 왕창 안겨주고 여자를 독차지한다. 뒤끝이 흉하게 끝나긴 하지만 우선은 그의 약발 아닌 돈발이 여간 큰 색발을 발휘하는 게 아니다.

뒤늦게 배신을 당한 끝에도 그가 마음을 쓰는 것은 여자에게 안겨준 돈이다. 자진해서 퍼 안긴 주제에도 모조리 회수하려고 든다. 그에게 에로스는 돈을 건 장사나 다를 바 없다.

이래서도 도깨비는 한국인이다. 그나마 젊든 늙든 간에 이 땅의 사내들과 도깨비는 닮은꼴이다. 색골에 '돈골'을 겸하기로는, 아니 돈골 앞세운 색골이기로는 도깨비나 한국의 웬만한 사내들이나 별로 다를 게 없다. 대도시 밤의 환락가가 색골과 돈골들의 아우성으로 번쩍대는 것은 어제 오늘의 일이 아니다. 색이 돈을 부르고 돈이 색을 부추기면서 그 둘이 서로 주거니 받거니 한다는 것을 모르는 사람은 없을 것이다.

도깨비 그 녀석은 색골에 돈골로도 모자라서 '권력골'까지 겸하고 있다. 감투를 쓰고 나부대며 뻐기고 하는 꼴은 그가 권력골이란 것을 웅변해주고 있다.

그런데 색골에 돈골에 권력골까지, 그 녀석의 '3골'은 한국인이 꼭같이 나누어 가지고 있다. '3대 욕망'을 겹쳐서 가진 '3골'이기로는 한국인과 도깨비는 일란성 쌍둥이와 마찬가지다.

도깨비, 한국인의 백과사전

이제 우리는 또 다른 면으로도 도깨비가 한국인임을 말할 수 있게 된다.

도깨비의 하고많은 얼굴이며 모양새, 이런가 하면 저렇고 저런가 하면 이런 그의 얼굴이며 모양새는 한국인 누구나의 자화상에 비쳐져 있다. 그뿐만이 아니다. 도깨비의 수두룩한 그 심보, 이런가 하면 저렇고 저런가 하면 이런 그 심보는 한국인의 심보고 또 그 마음가짐이다.

그러기에 도깨비는 또 다른 한국인이다. 한국인의 '얼터 에고', 그게 바로 도깨비다. 우리 한국인은 누구나 거울에 제 얼굴을 비춰보듯 도깨비를 들여다보게 된다. 한국인이면 누구든 "너 자신을 알라!"라는 그 계명을 도깨비에 부쳐서 가늠할 수 있게 된다.

그건 도깨비의 속성을 조금만 눈여겨보아도 알게 된다. 도깨비는 엄청난 '복합체'다. 그 성질머리나 버릇이며 행동거지 그리고 모양 따위가 여러 가지로 두루뭉수리로 얽히고 겹쳐 있다.

그는 두루치기다. 정이 깊은가 하면 사납다. 자상한 한편으로 거칠다. 남의 잘못은 그냥 못 보아 넘기는 한편으로 무지막지한 색골이다. 남들의 흠집은 곧잘 캐내면서도 스스로는 심술쟁이다. 장난꾸러기고 변덕쟁이 주제에 갓 쓰고 감투 뽐내고 지팡이 짚고 나서기를 잘한다. 사대부는 몰라도 양반 행세는 내놓고 한다. 이렇듯이 그는 앞뒤 다르고 겉과 속이 다르다.

그래서 도깨비는 한국인의 의식과 무의식 사이에 엉거주춤 양다리를 걸치고 있다. 우리 한국인의 심리며 성질의 음지와 양지에 어뜩비뜩 걸쳐 있다.

도깨비는 한편으로는 한국인이 바라는 이데아이면서도 다른 한편으로는 어두운 그림자다. 분석심리학자인 칼 융은 인간 무의식의 깊으나 깊은 골짝을 '그림자'라고 불렀는데, 도깨비는 바로 그런 뜻으로 한국인의 그림자다.

그러나 그는 한국인의 맑고 밝은 마음을 아주 모른 척하지도 않는다. 이래서 우리는 도깨비에게서 우리 자신의 속내며 속정을 낱낱이 보아내게 된다. 도깨비는 사람으로서 마땅히 해야 할 일을 해 보이는 한편으로, 사람으로서는 차마 하지 못할 일이나 구태여 하고 싶어 안달이 나 있는 일도 해치운다. 그렇듯 도깨비는 우리 한국인의 숨겨진 욕망이며 소망을 연출해낸다. 그래서도 그는 한국인이다.

우리 한국인이 그의 이야기를 즐겨 하는 것은 이 때문이다. 민간에 돌아다니던 이야기 가운데서 한국인의 인기를 가장 크게 끄는 게 바로 '도깨비 이야기'다. 그 이야기의 정경을 얼핏 들여다보면 어떨까?

> 한여름, 한밤. 온 하늘을 가로질러서 흐르는 은하수가 눈부시다. 그 영롱한 빛살을 되받아서는 아이들의 눈망울이 초롱초롱 빛난다. 흔들대

는 모깃불을 따라서 반짝인다.

마당 가운데 멍석을 깔고는 옹기종기 모여 앉은 꼬마들은 할아버지 얘기에 귀를 기울이고 마음을 쏟아 붓는다.

"그래서 지금 같은 야밤중에 이마에 뿔이 돋고 허리에 몽둥이 찬 도깨비 무리가 별안간 눈을 부라리고 그 집 뜰에 나타나서는……."

"아이, 무서워!"

계집애가 오라비 등에 얼굴을 묻는다. 할아버지가 싱긋 웃으며 말을 멈춘다.

도깨비 얘기에 넋을 빼앗긴 사내애들은 눈이 휘둥그레진 채 큰 숨을 토한다. 그러면서 이야기를 재촉한다.

"그래서요? 할아버지, 어떻게 됐는데요? 어서요!"

이건 지난날, 한여름밤이면 으레 되풀이되곤 하던 정경, 지금도 우리의 눈에 어릿거리는, 차마 잊을 수 없는 정경이다. 그렇게 도깨비 이야기로 아이들의 여름밤은 까만 흑진주알처럼 영글어갔다.

이 책은 그와 같은 분위기에 흠씬 젖어서 우리의 도깨비를 새삼 다시한번 만나보고자 다짐하고 있다. 10년, 20년 동안 정들여온 옛 친구를다시 반기듯 도깨비 이야기를 들먹이고자 했다. 밤에 이 책을 펼치고 앉으면, 그 옛날 그 정경이 조금은 눈에 어리도록 애를 썼다.

신라 때 이미 왕궁에서도 판을 친 것을 생각하면, 도깨비는 수천 년을 두고 우리 한국인과 함께 살아온 셈이다.

신라 사람들은 도깨비를 '두들' 또는 '두두리'라고 이름 지어서 불렀다. 뭘까? 저들끼리 손바닥을 두들겨대면서 신명을 돋운 걸까? 아니면 '부자방망이'를 두들기면서 돈잔치를 벌인 걸까?

그 뒤 우리들 한국인은 도깨비를 이웃사촌 삼아서 살아들 왔다. 마을 안 고샅에서, 동구 바깥 고비길에서, 개울가의 물레방앗간에서, 고개 넘어 서낭당에서 우리는 어둠이 질 무렵, 아니면 밤중에 수시로 무시로 도깨비와 상종해서는 살아들 왔다.

그러면서 그는 우리에게 재미와 신명을 안겨주었다. 정을 듬뿍 베푸는 한편으로 무시무시한 겁을 주기도 했다. 우들우들 떨게 하고 마침내는 넋을 빼게도 했다. 우리와 사랑을 나누고도 난데없이 속임수를 써서 골리기도 했다.

그는 인간과 인간 사이에 있을 수 있는 온갖 일들, 좋은 일이나 궂은 일, 반길 일이나 삼갈 일 등을 굳이 가릴 것 없이 뒤범벅으로 해치우곤 했다. 해서 그는 조삼모사朝三暮四했다. 이랬다저랬다 했다. 그러면서 그는 괴물이고 귀물이었다. 일급의 공포물이자 '판타지 스토리'의 주역으로서도 하늘 아래 장땡이었다. 그러자니 도깨비 그는 우리들 한국인의 마음이며 의식이며 무의식의 백과사전 같은 것이 되어버렸다.

이제 누구나 옛날옛날의 도깨비 이야기를 하면서 오늘의 우리들 자신의 속내와 맞대면하기를 바란다. 그래서 이 책 한 권이 그에게 큰 빚을 져도 도깨비는 빚 갚으란 소리는 않을 것이다. 오히려 도깨비 스스로를 위해서도 보람되게 여길 것이다.

도깨비 본색, 뿔 난 한국인

2010년 5월 20일 1판 1쇄

지은이 | 김열규

편집 | 정보배·조건형·엄정원
디자인 | 백창훈
제작 | 박흥기
마케팅 | 이병규·최영미·양현범

출력 | 한국커뮤니케이션
인쇄 | POD 코리아
제책 | 경문제책

펴낸이 | 강맑실
펴낸곳 | (주)사계절출판사
주소 | (413-756) 경기도 파주시 교하읍 문발리 파주출판도시 513-3
등록 | 제 406-2003-034호
전화 | 031) 955-8588, 8558
전송 | 마케팅부 031) 955-8595 편집부 031) 955-8596
홈페이지 | www.sakyejul.co.kr **전자우편** | skj@sakyejul.co.kr
독자카페 | 사계절 책 향기가 나는 집 http://cafe.naver.com/sakyejul

ⓒ 김열규, 2010

ISBN 978-89-5828-479-6 03380

이 도서의 국립중앙도서관 출판시도서목록(CIP)은
e-CIP 홈페이지(http://www.nl.go.kr/ecip)에서 이용하실 수 있습니다.
(CIP제어번호: CIP2010001614)